CUBA: REALIDAD Y DESTINO
PRESENTE Y FUTURO DE LA ECONOMÍA Y LA SOCIEDAD CUBANA

COLECCIÓN CUBA Y SUS JUECES

EDICIONES UNIVERSAL, Miami, Florida, 2005

Jorge A. Sanguinetty

CUBA: REALIDAD Y DESTINO
PRESENTE Y FUTURO DE LA ECONOMÍA Y LA SOCIEDAD CUBANA

...EDICIONES UNIVERSAL

Primera edición, 2005

EDICIONES UNIVERSAL
P.O. Box 450353 (Shenandoah Station)
Miami, FL 33245-0353. USA
Tel: (305) 642-3234   Fax: (305) 642-7978
e-mail: ediciones@ediciones.com
http://www.ediciones.com

Library of Congress Catalog Card No.: 2004110847
I.S.B.N.: 1-59388-035-9

Diseño de la cubierta y páginas interiores: Luis García Fresquet
Composición de textos: Nury A. Rodríguez

Índice

Prefacio

Este libro es la culminación de un deseo de mi juventud de contribuir de alguna manera al desarrollo económico de Cuba, mi país natal. Tal deseo fue inspirado por mis contactos indirectos y fortuitos con la pobreza que afectaba a muchos cubanos antes del triunfo del llamado proceso revolucionario que comienza en 1959. Dicho proceso prometía, de una manera muy engañosa, desarrollar la economía cubana en un marco de libertades individuales. Todavía resuenan en mis oídos las palabras de Fidel Castro afirmando que «no queremos libertad sin pan, ni pan sin libertad, queremos pan y libertad, pan sin terror». Yo fui de los que creyeron en aquellas palabras y apoyé el proceso por un número limitado de años hasta que me di cuenta que la verdadera agenda de Castro no tenía nada que ver con los intereses de los cubanos ni el desarrollo económico del país. Con mucho dolor pero con gran determinación, conseguí emigrar con mi familia a España y luego a Estados Unidos en 1967.

Pero no hay mal que por bien no venga. El error que cometí en no haber emigrado antes, cuando muchos cubanos mejor instruidos o informados que yo en cuestiones de estado lo hicieron, me permitió vivir unos años en aquella sociedad, incluso trabajar en planificación y asuntos económicos. Creo que esa experiencia me ha ayudado a analizar y evaluar la economía cubana mediante un prisma diferente a lo que hubiera sido si hubiese emigrado antes. Una buena parte de aquella experiencia se refleja en este libro. El libro, sin embargo, es mucho más que eso, pues refleja también mi experiencia estudiando y trabajando en otras economías en procesos de reformas o transición alrededor del mundo, incluso las de algunos de los países de la antigua Unión Soviética y de los países ex socialistas de Europa Central y Oriental.

Mi objetivo al escribir el libro es ayudar a elevar el nivel de comprensión de los cubanos sobre las cuestiones económicas del país y preparar el terreno para la reconstrucción de la economía cubana, una vez que se pueda comenzar un proceso de verdaderas reformas. Yo no creo que tal proceso sea posible mientras el poder político del país continúe en manos de Fidel Castro. Además dudo mucho que ninguno de sus colaboradores más cercanos, si por uno de esos vericuetos de la historia llegara a sucederlo,

9

tenga la voluntad de instaurar un programa de reformas capaz de llevar al país a una sociedad de plenas libertades económicas.

No sabemos quién o quiénes llegarán a gobernar Cuba, ni en qué momento o condiciones. De hecho, el libro es mi contribución, si se quiere mi apuesta personal, a que mediante una mayor comprensión de las cuestiones económicas y de las características de una transición mejoraremos las probabilidades de que los futuros gobernantes decidan montar una sociedad con amplias libertades económicas y de cómo logralo. El libro no pretende sentar cátedra ni mostrar un camino único, mucho menos óptimo, para lograr un nuevo sistema económico. Su objetivo secundario es provocar la discusión organizada e inteligente entre los cubanos sobre los diversos temas económicos y de otra índole que han de afectar el devenir de una Cuba liberada del castrismo. En el tratamiento de los diversos tópicos yo trato de mostrar alternativas, pero también muestro mis preferencias y hasta algunas recomendaciones. Sin embargo, todo está planteado de una manera abierta, para ser discutido, estudiado y evaluado críticamente, para que oportunamente ese proceso sirva para iluminar e informar las decisiones que se tomen sobre la reconstrucción económica de Cuba.

En este punto deseo señalar que el proceso de montar una nueva economía es demasiado serio para dejárselo a los economistas, si me permiten parafrasear a Georges Clemenceau, cuando dicen que dijo algo parecido sobre la guerra y los militares. Son los ciudadanos en primera instancia los que construyen las economías, y los políticos en última instancia. El papel de los economistas generalmente se limita a educar y a asesorar, como le corresponde a un científico. No es típico entre los economistas escribir para el público más amplio y advertirle sobre el carácter contraintuitivo y capcioso de los fenómenos económicos. En este esfuerzo, mi esperanza es poder ayudar a los cuidadanos y también a los políticos a prepararse para la construcción de un nuevo sistema económico, el que deberá construirse sobre las ruinas que dejará Fidel Castro.

Al escribir el libro, mi deuda intelectual es enorme, en rigor, indescriptible. Comienza con el día de 1981 en que el Comandante Hubert Matos me envió un papel escrito por Felipe Pazos sobre cuál debía ser la política económica de un gobierno cubano en el postcastrismo. Ese trabajo me puso a pensar en lo complejo que sería una transición del socialismo hacia otro sistema económico. Continúa creciendo mi deuda con las innumerables y enriquecedoras discusiones que he tenido con mis colegas de la Asociación para el Estudio de la Economía Cubana desde su fundación en 1990, especialmente Roger Betancourt, Ernesto Hernández-Catá, Luis Locay, Joaquín Pujol y Matías Travieso-Díaz. En gran medida, se consolida con mi participación desde 1992 en el programa radial Debate, bajo la dirección y moderación de Angel de Fana, y que se transmitía a Cuba en onda corta por La Voz del CID (Cuba Independiente y Democrática) y el cual lamentablemente desaparece en 1997. Ese programa me hizo organizar mis ideas sobre el futuro de la economía cubana a la luz de lo que estaba sucediendo en otros países ex socialistas y de mi propia experiencia en programas de reforma y en asesorías a otros gobiernos.

Pero mis deudas no acaban ahí. Primero que nada debo agradecer a mi esposa Mercy Sanguinetty (Guerrero de Blanck) por su estímulo, los días de descanso sacrificados, sus comentarios críticos y su meticuloso trabajo editorial en varios borradores de este libro. Igualmente agradezco los valiosos comentarios de Juan A. B. Belt, Juan F. Benemelis, Efrén Córdoba, Angel de Fana, Jorge Pérez-López, Carlos Quijano y Armando Ribas los cuales me permitieron mejorar considerablemente el texto original. Por supuesto, yo soy el único responsable de los errores y omisiones que puedan haber quedado en el libro. Por último pero no menos importante debo dejar testimonio de mi agradecimiento a Juan Manuel Salvat y la Editora Universal por el apoyo dado en la publicación del libro.

Jorge A. Sanguinetty
Miami, Florida, marzo de 2004.

Introducción

El objetivo de este libro es plantear los problemas más importantes de una *transición* de la economía cubana a una de mercado y las medidas principales que deben tomarse. Al decir economía de mercado debemos entender que se trata de una economía donde los ciudadanos gozan de libertades individuales que incluyen aquéllas que pueden denominarse económicas, pero que en realidad son una parte vital del conjunto de libertades civiles. Sin libertad económica, las otras formas de libertad son insignificantes. Los términos economía de mercado, de libre empresa o de amplias libertades individuales tienen igual significado.

El uso del término transición debe interpretarse como el proceso de transformar radicalmente el sistema económico que impera en Cuba, no de reformarlo marginalmente o mucho menos de perpetuarlo. Dicho término se ha venido utilizando, desde la caída del muro de Berlín y la desintegración de la Unión Soviética, para caracterizar el proceso de transformación institucional que lleva de una economía socialista o de predominio estatal a una de amplias libertades individuales.

La transición es necesaria porque una economía de mercado no se construye simplemente levantando las múltiples restricciones de una de tipo socialista o de otra clase. Las libertades que caracterizan una economía de mercado son libertades organizadas, que operan dentro de un estado de derecho y por lo tanto hay que construir el aparato institucional que no sólo las permite, sino que las garantiza y defiende. De ahí que la transición es necesaria, pues ese aparato no se construye por decreto de un día para otro, aún cuando desde el primer día se puedan tomar medidas radicales hacia su establecimiento.

Asimismo, no se trata de recrear la economía que existía en 1959. Tal alternativa sería tan indeseable como imposible. El mundo ha cambiado de muchas maneras desde ese entonces, y el sistema económico que se pudiera desarrollar en Cuba podrá aprovechar las nuevas oportunidades y responder adecuadamente a los desafíos que presenta el llamado proceso de globalización. Globalización es una palabra nueva para un fenómeno muy viejo. No es otra cosa que el desarrollo creciente de distintas formas de intercambio entre los países, como son: el comercio internacional, los movimientos de capital, el desarrollo de múltiples formas de transporte y de comunicación, el turismo, los intercambios culturales, los movimientos migratorios, la divulgación de los conocimientos científicos y tecnológicos, etc. En los últimos años, el desarrollo de los movimientos de capital entre los países y con ellos las inversiones directas e indirectas (por ejemplo, inversiones de Japón, Reino Unido y Arabia Saudita en EEUU; inversiones de EEUU en Japón, China y México; de España en América Latina; el desarrollo de la Comunidad Económica Europea, etc.) ha contribuido a acelerar la globalización y hacerla más evidente. Es un proceso en el que los países se acercan unos a otros, a través de muchas formas de intercambio.

Los críticos de la globalización afirman que los países ricos se van a beneficiar en detrimento de los pobres, que es el viejo argumento de los ideólogos de la izquierda. La realidad es que la globalización favorece más a los países que están mejor preparados para ella, que son aquéllos que más libertades económicas ofrecen a sus ciudadanos, y por esa razón tienden a ser los países de mayor riqueza. Así y todo, los países pobres también se favorecen aunque no sea de una manera similar o proporcionalmente equivalente. Uno de los grandes problemas es que los países ricos, especialmente Japón, los de la Unión Europea y EEUU pudieran hacer más para que los países pobres se favorezcan con la globalización, especialmente abrirse al comercio con estos últimos para que ellos puedan vender en los países ricos sus productos agrícolas, sus textiles y otros renglones exportables.

Por otro lado, los países más pobres también presentan obstáculos al libre comercio, como la falta de protección de los derechos de propiedad intelectual, los derechos de autor, patentes sobre inventos, etc, que reclaman los más ricos. La falta de libertades económicas limita las oportunidades para todos los ciudadanos y hace que exista más pobreza de la que debiera. Sin embargo, la extrema izquierda prefiere no hacer un análisis completo de estos problemas y se limita a esgrimir las consignas de la antiglobalización con fines puramente políticos y sin ofrecer soluciones. En la actualidad, con el desarrollo de la globalización, ningún país por muy grande que sea, se puede dar el lujo de vivir a espaldas del resto del mundo sin pagar un alto precio en su bienestar económico, independencia y progreso. El severo deterioro económico que Cuba ha sufrido desde

1959 es un ejemplo de lo que sucede cuando un país conduce sus asuntos públicos no sólamente aislándose sino también a contrapelo de los intereses particulares de sus ciudadanos y de las grandes corrientes económicas, políticas y culturales que prevalecen en el mundo y que evolucionan continuamente.

Otra razón para no desear reconstruir la Cuba de 1959 es que aquella economía tenía características que deben ser superadas en el futuro, entre ellas: la excesiva dependencia de los ingresos externos de Cuba de un solo producto, el azúcar; la insuficiente actividad inversionista; el alto nivel de desempleo crónico y el débil crecimiento de la economía y su concomitante principal, el bajo nivel de vida de una gran parte de la población. De manera que hablaremos indistintamente de la transición y de la reconstrucción de la economía cubana entendiendo que el concepto se refiere a la reorganización institucional y modernización de la economía del país para construir una economía de mercado. El objetivo final de este proceso es lograr niveles satisfactorios y crecientes de producción, empleo, consumo y sobre todo de calidad de vida de toda la población.

El libro está dedicado a qué hacer y cómo organizar tal proceso. La economía de mercado está organizada sobre un sistema de amplias libertades individuales, de tal modo que cada ciudadano tenga el derecho inalienable a perseguir su bienestar o felicidad individual y la de sus seres queridos mientras se respetan los derechos de los demás ciudadanos. En este contexto, el papel principal del estado y del gobierno es garantizar esos derechos y no al revés, cuando el ciudadano es forzado a someterse a los dictados de un gobierno en aras de principios abstractos y de un falso patriotismo que sólo acaban sirviendo a los intereses particulares de los que ostentan el poder.

La reconstrucción de la economía cubana basada en un estado de derecho es enteramente compatible con las aspiraciones de los cubanos a tener un nivel de vida decoroso, tanto en lo material como en lo moral o espiritual, similar al nivel de vida logrado en aquellos países organizados en función de los intereses de sus ciudadanos y no de ideologías utópicas. Es por esto que no podemos limitarnos a estudiar exclusivamente la reconstrucción de la economía cubana sin referirnos, al menos someramente, a los otros aspectos de la sociedad y del estado cubanos que interactúan con lo económico de manera muy estrecha, especialmente el sistema legal y el de gobierno, además de los principios filosóficos y éticos sobre los cuales tales sistemas se justifican y desarrollan.

La transición de una economía como la cubana hacia una moderna de mercado no se limita a un ejercicio técnico de implantación de una política económica sino que es una profunda transformación institucional, que también abarca el pensamiento, las actitudes y los comportamientos ciudadanos. El gran problema es cómo conseguir un grado tal de colaboración entre el gobierno, las empresas privadas, la sociedad civil y la ciudadanía capaz de lograr las transformaciones necesarias en un cierto período. El proceso es especialmente difícil para el equipo de gobierno que tiene que conducir las tareas diarias de la política pública manejando la organización estatal que hereda, mientras que la modifica al mismo tiempo. Por eso la transición de que hablamos es un proceso de alta complejidad, como lo demuestra la experiencia de más de veinticinco países ex socialistas (incluyo los 15 que representaban la antigua Unión Soviética). Sin embargo, esta característica no debe tomarse como un obstáculo insalvable de la transición. Con un cierto grado de preparación de la ciudadanía la transición puede lograr sus objetivos. En definitiva, el proceso es indispensable para que los cubanos puedan salir del atolladero económico en que se encuentran.

Este libro está escrito también bajo el supuesto de que mientras más elevado sea el nivel de comprensión de la ciudadanía sobre los problemas económicos del país, más probable será que la evolución de su economía esté en función de sus intereses personales. Aunque esta última proposición no sea una condición necesaria ni suficiente para el desarrollo de una economía, no creo que sea muy probable que el azar o una nueva dictadura hagan evolucionar la economía cubana en las direcciones que pueden considerarse más compatibles con el interés ciudadano. Las dificultades recientes en las economías de países latinoamericanos como Argentina, Bolivia, Ecuador, Perú, República Dominicana y Venezuela, se derivan en gran medida de la incomprensión de la población sobre algunas cuestiones básicas. Esto se complica cuando los gobernantes y políticos en general, o no comprenden ellos mismos los procesos económicos que prevalecen en sus sociedades, o utilizan la falta de comprensión del ciudadano para seguir políticas populistas, o aprovechan sus puestos con fines de lucro personal. Una alta comprensión ciudadana es útil en muchas áreas, como por ejemplo la necesidad de mantener un cierto grado de control sobre el gasto gubernamental dentro de las posibilidades del estado y la importancia de que existan condiciones macroeconómicas capaces de propiciar la actividad inversionista y creadora de riqueza de las empresas. Es importante que la ciudadanía comprenda que el poder de los gobiernos es más eficaz en gastar la riqueza que genera una economía, que en crearla, como apuntó Adam Smith en su texto clásico publicado en 1776 (véase Smith1937), uno de los fundadores de las ciencias económicas.[1]

Otro punto importante de señalar en esta introducción es que el desarrollo de una economía de mercado no es equivalente al de una economía depredadora o lo que algunos denominan «capitalismo salvaje». Primeramente es necesario distinguir entre formas de capitalismo monopolístico u oligopolístico y de capitalismo competitivo. Una economía de mercado, en su estado más puro o ideal, es una economía universalmente regida por la competencia entre muchos agentes económicos, ninguno de los cuales es tan poderoso como para influenciar por sí sólo los precios u otras variables de los mercados donde opera. En la práctica no existe una economía pura o perfecta de mercado, pero sí existen sistemas económicos que se acercan mucho al modelo ideal.

Las libertades económicas típicas de una economía de mercado operan en un orden institucional en el cual, a la vez que la economía crece y mejoran las condiciones de vida de sus ciudadanos, el abuso y la concentración excesiva de poderes económicos se combaten de manera sistemática y con un elevado grado de eficacia. En la práctica, las instituciones y organizaciones económicas operan en el contexto de la sociedad en su conjunto, como se indicó anteriormente, en el cual la eficiencia de la economía y su capacidad de crecimiento dependen en última instancia tanto de factores económicos como éticos, filosóficos, jurídicos, políticos y tecnológicos. Los principios sobre los que se basan las economías más pujantes de nuestro tiempo, aquéllas que han logrado altos niveles de progreso para sus ciudadanos parten de una visión práctica y realista de la naturaleza humana y no de una concepción idealista y caprichosa de la misma, como se observa y trata de imponer con frecuencia en muchos países. El ser humano desea y es capaz de trabajar por su progreso material, aun cuando no desdeñe los elementos morales y espiri-

---

1 El término riqueza se refiere a todo lo que se produce y se acumula en una economía y que tiene alguna utilidad para la sociedad y no simplemente a lo que poseen «los ricos» o acumulan las empresas.

tuales de su propio desarrollo. Por lo tanto, las propuestas que aquí aparecen suponen un sistema económico que tiende a satisfacer esas aspiraciones, aunque sin disminuir la importancia de los valores éticos que también forman parte de la calidad de la vida humana y de las formas más elevadas de civilización.

El libro está escrito para una audiencia muy amplia, que incluye principalmente al ciudadano común, aunque sin perder de vista al economista u otros profesionales o expertos en materia de política y administración públicas, así como en asuntos jurídicos. Esto es especialmente necesario porque el estado actual de la economía cubana requiere transformaciones profundas si se desea que el país pueda recuperar y superar los niveles de desarrollo a los que, a pesar de su estancamiento, llegó antes del proceso revolucionario que comenzó en 1959. Las transiciones que ocurrieron en los países que abandonaron al socialismo en la última década del Siglo XX, y que todavía están en marcha, estuvieron dominadas por un alto grado de confusión entre la ciudadanía y entre los viejos y nuevos miembros de los respectivos gobiernos. La falta de un nivel suficiente de comprensión sobre los problemas económicos más elementales, agravada por la carencia de economistas capacitados en análisis económico moderno y de otros profesionales de la política pública y cuestiones de estado en los países en transición, contribuyó a que el proceso no sólo tuviera que ser improvisado además de azaroso, sino que se prestó para que ciertos individuos y coaliciones persiguieran intereses privados no compatibles con los de una economía de mercado.

El desarrollo de las economías es una parte intrínseca de la evolución de las sociedades y estos procesos están sujetos a factores y leyes que son objetos de estudio no sólo de la economía como ciencia sino de todo el espectro de las ciencias sociales. Aun cuando lleguemos a creer que las economías más desarrolladas lograron evolucionar «como guiadas por una mano invisible» a lo Adam Smith, sería ingenuo esperar que la transición «del plan al mercado» en Cuba se va a lograr por un medio similar. [2] Es cierto que hoy existe mucho más conocimiento sobre los factores que caracterizan a las economías más dinámicas y modernas del mundo y que las diferencian de las más atrasadas. Prueba de esto es cómo tantos países han abandonado las formas estatales y centralizadas de dirección

---

2   En el libro utilizaremos la frase abreviada «del plan al mercado» para indicar la transición de una economía planificada a una de mercado, como se ha ido utilizando en otros textos.

18

económica o «dirigismo», y han preferido intentar el montaje de economías de mercado. El lector debe tener en cuenta que tal proceso no comienza precisamente con la quiebra del bloque socialista marcado por la caída del Muro de Berlín en 1989, ni el desvanecimiento tan impredecible como sorpresivo de la Unión Soviética, sino que China y muchos otros países de Asia, Africa, Europa y América Latina comienzan programas de reformas liberadoras de mercados desde varios años antes. Y los resultados exitosos que se han ido acumulando son la evidencia empírica irrefutable de que ese conocimiento existe.

Sin embargo, no sabemos lo suficiente para definir con absoluta precisión el camino óptimo que conduce a una economía pobre y estancada a convertirse en una moderna y pujante, aunque sí sabemos de los caminos que llevan al desastre y que obviamente deben evitarse. La experiencia indica que cada país tiene que encontrar una ruta factible hacia la reforma, adaptada a lo que pudiéramos concebir como su propia «geografía» política, mental o cultural para moverse en la dirección correcta. Por otra parte, aunque el conocimiento acumulado hasta hoy nos dice mucho de cómo empezar un proceso de reforma, tal conocimiento no es perfecto y todavía no responde a muchos otros problemas que continúan acaparando la atención y el debate de los estudiosos, como es el de la pobreza crónica y los grandes contrastes o desigualdades en la distribución de la riqueza y el ingreso.

Espero también que el libro contribuya a crear un cierto grado de consenso en relación a qué clase de economía el país debe perseguir. En 1902 se inauguró la República de Cuba sin que hubiese un verdadero plan de nación ampliamente conocido y aceptado por los cubanos. El deseo de muchos de ser libres e independientes no constituye un plan de nación. Cien años más tarde, mientras escribimos estas páginas, Cuba continúa sin un plan de nación que pueda guiar y no simplemente inspirar el desarrollo de una Cuba independiente y democrática. Sabemos que no tiene sentido intentar formular un plan perfecto que sea aceptado por todos, pero en la medida en que los cubanos no se pongan de acuerdo en un mínimo de objetivos comunes y no aprendan a manejar sus desacuerdos cuando existan divergencias de opinión, de metas y de expectativas, y a negociar por encima de las diferencias para evitar que las mismas paralicen o frenen el proceso de reforma, toda reconstrucción económica será más difícil y puede que hasta imposible.

Si la instalación de un nuevo sistema económico debe llevarse a cabo paralelamente al montaje de un sistema democrático de gobierno, no es fácil lograr el grado de convergencia necesario para promulgar las leyes requeridas, de manera que una nueva economía pueda operar eficientemente. La experiencia de los países ex socialistas y las pugnas entre sus cuerpos legislativos y ejecutivos así lo indica. Ucrania ha sido un ejemplo lamentable que se debe evitar. Como lo estudia Åslund (2001) y lo he podido constatar personalmente, los políticos ucranianos después de la independencia causada por la disolución de la Unión Soviética dividieron su atención entre las luchas por el poder y el desarrollo de una nueva identidad nacional, sin comprender que parte de ese último proceso era precisamente el desarrollo de un nuevo sistema económico. Asimismo, no conocían la economía de mercado, pues casi todos provenían de las filas del viejo Partido Comunista de la Unión Soviética. Y mientras tanto, se notaba a todas luces que la ciudadanía no sabía cómo participar en el proceso, ni cómo organizarse para participar; el legado de siete décadas de socialismo y muchas más de falta de libertades civiles.

Bielorrusia es otro ejemplo que se debe evitar, como lo describe Nuti (2001). En este caso, y a pesar de que el gobierno de transición es electo democráticamente en 1994, el país continúa bajo el monopolio del Partido Comunista. Oficialmente, el gobierno ha adoptado la meta de montar una «economía de mercado orientada socialmente» en un intento de crear un sistema híbrido que compatibilice el mercado con un estado benefactor (paternalista). Lo que ha resultado es una «economía dirigida sin planificación central» para usar las palabras de Nuti, que se ha estancado como resultado de un sistema de precios administrados que distorsiona la economía y además se complica por todo un conjunto de políticas económicas contradictorias.

Hay quienes piensan que la manera más fácil de instalar una economía moderna es dictatorialmente, como se hizo en Chile bajo el gobierno del general Augusto Pinochet y en China bajo la tutela del Partido Comunista.[3] Sin embargo, la repetición del modelo de Pinochet es poco pro-

---

3 El caso chino se diferencia sustancialmente del chileno en que las libertades económicas están todavía sujetas a un alto grado de tutela e intervención estatales. Por otra parte, las reformas económicas de Chile fueron rápidamente seguidas por reformas políticas profundas. No se puede descartar, sin embargo, que el gobierno que suceda a Fidel Castro mantenga un alto grado de poder político y desee hacer reformas económicas aun sin hacer

bable pues dependería del advenimiento de una dictadura dispuesta a gestar su propia desaparición. Por estas razones, el libro discute las condiciones en que se puede instalar una economía de mercado en Cuba mediante un proceso democrático, que es el modelo que yo prefiero y propongo personalmente por considerarlo el que respondería mejor a las aspiraciones de los cubanos. Lo propongo además por considerarlo factible siempre y cuando se logre un grado mínimo de preparación por parte de una masa crítica de ciudadanos o de acuerdo y cohesión entre los miembros del gobierno que esté a cargo de las reformas.

No se trata de construir dos entidades separadas, la democracia en lo político y el sistema de mercado en lo económico, mediante la imposición a la ciudadanía de un poder superior sino como parte de un proceso de participación ciudadana en la reconstrucción del país. Aunque el énfasis del libro está en lo económico, la discusión de sus diversos componentes siempre se hace a la luz de las interacciones entre la economía y el resto de la sociedad.

Desafortunadamente, nada garantiza que el régimen castrista no sea sucedido por: a) una dictadura más brutal incluso que la actual, b) un gobierno autoritario que permita algunas libertades, c) un gobierno sencillamente incompetente y corrupto como abundan en el mundo o d) cualquier otra forma imaginable de gobierno y de régimen económico. Muchos piensan que una vez terminado el régimen actual, Cuba navegará feliz y fácilmente hacia una sociedad parecida a la que existió antes de 1959 o, mejor, antes de 1952, como movida por la fuerza de la gravedad o alguna otra fuerza misteriosa. Con relación a una transición económica hay quienes creen que el problema lo resolverán los economistas tan pronto haya un nuevo gobierno. Sin embargo, aunque tales alternativas son muy cómodas, posiblemente son tan utópicas como la de esperar el advenimiento de una dictadura benevolente. Es mi criterio que tal optimismo además de infundado es irresponsable y denota una gran inmadurez en cuestiones de estado pues conduce a la inacción y a la pasividad, a estimular la exis-

reformas políticas que puedan considerarse genuinas o plenamente democráticas. En su insularidad, no es improbable que la futura evolución de Cuba se asemeje a la de Vietnam después de su unificación. Todo dependerá de quiénes sean los que integren el primer gobierno de transición y los sucesivos. Por supuesto, ésta no es mi preferencia ni creo que sea la de la mayoría de los cubanos, pero como desconocemos lo que realmente pasará después que Fidel Castro pierda su poder político, es razonable examinar algunos de los escenarios más probables.

tencia del ciudadano espectador y no participante, atributos que han predominado en el pueblo cubano anteriormente y que permiten que los mejor preparados y organizados que tengan un sentido de propósito (como el que tenía Fidel Castro desde su juventud) tomen la iniciativa en contra del interés público. Fue precisamente lo que hizo Fidel Castro en 1959.

Deseo también anticiparme a aquellas personas que creen que es una especie de atrevimiento o herejía proponer desde fuera de la isla soluciones y estrategias alternativas para la Cuba postcastrista. Yo creo que los principales actores en una futura reconstrucción de la nación cubana residen hoy en la isla. Los que estamos afuera quizás podamos ayudar en ese proceso. Sin embargo, son muchas las razones que justifican que los que podamos proponer soluciones al difícil problema de la reconstrucción de Cuba así lo hagamos. Una de esas razones es que quienes estamos fuera de Cuba y nos formamos en disciplinas que son necesarias para un proceso de construcción nacional, además de haber podido acumular una cierta cantidad de experiencia en otros países, podemos aportar ideas que pueden ser de utilidad para el futuro del país. Además, fuera de Cuba hemos tenido la oportunidad de poder escribir, reunirnos, debatir y publicar libremente estas ideas lo cual hace que las mismas puedan desarrollarse y enriquecerse a la luz de los intercambios críticos, académicos o no académicos a que nos sometemos con frecuencia. Una tercera razón estriba en una cuestión de derecho propio que aquéllos de mi generación que no tuvimos la oportunidad de contribuir al desarrollo integral del país donde nacimos, aunque muchos lo intentamos de diversas maneras, por lo menos tengamos una última oportunidad de contribuir con nuestros conocimientos y experiencia.

Una cuarta razón, no por última menos importante, es que en el momento que Cuba se abra a un programa de reformas, el país será invadido por todo tipo de consultores y asesores, inversionistas, empresarios, funcionarios de organismos internacionales, embajadores de muchos países y hasta aventureros y buscavidas (sin mencionar la clásica colección de personas indeseables) que abrumarán a los funcionarios públicos cubanos con infinitas propuestas e ideas de reformas, proyectos de ayuda, posibilidades de préstamos, proyectos de inversión en todos los sectores, donaciones, invitaciones a toda suerte de evento internacional, etc. Entre estas columnas de visitantes habrá algunos muy bien intencionados con las ideas adecuadas y otros igualmente intencionados con ideas descabelladas. A éstos habrá que sumarles los muchos aventureros y oportunistas con proyectos que pueden parecer atractivos pero que esconden intenciones o actividades que deben ser rechazadas. Si los funcionarios cubanos a cargo de las reformas, que son los mismos que deberán recibir (o no recibir) a tales visitantes, no están preparados para evaluar las propuestas que se sucederán en avalancha de manera incesante en los primeros años, Cuba corre el riesgo de acabar con una transición muy inferior a la que puede aspirar si se prepara adecuadamente. En este aspecto, la experiencia de la transición de los países ex socialistas debe ser tenida en cuenta también, como lo estudia Wedel (2001) quien relata cómo ciertos proyectos de asistencia técnica en Rusia fueron aprovechados con fines turbios por los propios consultores internacionales.

La Cuba de antaño ha desaparecido para siempre en muchos de sus aspectos. Y aun cuando fuese posible violar la Ley de Entropía que establece la irreversibilidad intrínseca de la historia, son muchos los que no quieren un regreso a algunas de las mismas condiciones que propiciaron el advenimiento del régimen actual. Por supuesto que estamos hablando del mismo país y de la misma geografía y hasta de la misma cultura y nación, pero no de las mismas personas, ni de las mismas empresas, ni de las mismas organizaciones, ni de la misma economía. Posiblemente algunas de las instituciones y actividades del pasado volverán, tanto las deseables como las indeseables, especialmente aquéllas que resulten de una recuperación de las libertades ciudadanas. Pero ¿quién quiere el regreso de la clásica corrupción de la política cubana y de la administración del estado con la institución de «la botella»? ¿Quién añora el «tiempo muerto» de la industria azucarera con su elevado nivel de desempleo estacional pero crónico? ¿O la reaparición de las violentas luchas gansteriles entre grupos políticos? Del mismo modo ¿quién podrá desear la permanencia de la dictadura, los miembros de la nomenclatura y el predominio de un estado abusivo que superó con creces los desmanes de la dictadura de Fulgencio Batista?

Por otra parte hay que tener en cuenta que la mayor parte de la población actual en la isla nació y se educó bajo la llamada revolución y no conoció ni las virtudes ni los vicios de los regímenes anteriores. Nadie sabe a ciencia cierta cómo estos ciudadanos, impedidos permanentemente de manifestar sus opiniones y preferencias con libertad se comportarán frente a las posibilidades de cambio. No se puede descartar que sea la acción colectiva de una masa pequeña pero crítica de ciudadanos, conscientes de sus derechos y dispuestos a trabajar por sus aspiraciones, lo que permitirá evitar o por lo menos minimizar el regreso de lo malo conocido y promover el de los elementos positivos de la República cuya desaparición nunca se justificó. Idealmente, la acción colectiva relativa a la reconstrucción debiera estar guiada por el conocimiento, el sentido práctico de la realidad y el interés de los cubanos y no por el instinto, el romanticismo y la ideología. Mi intención con este libro es contribuir a ese proceso, aun cuando no pueda lograrse de una manera óptima.

Es necesario tener en cuenta que aquéllos que hoy ostentan el poder en Cuba o están más cerca del poder absoluto son los que más posibilidades tienen de influenciar el futuro de la sociedad y la economía cubanas una vez que haya terminado, de un modo u otro, el predominio castrista. Nadie sabe qué sucederá cuando Fidel Castro cese de ejercer el poder absoluto que ha tenido durante más de cuatro décadas y que ha convertido a Cuba en una especie de sociedad tribal con una gran abundancia de mendigos y una cierta dependencia de la prostitución. La experiencia de casi todos los países ex socialistas demuestra que las posibilidades de que permanezcan en el poder muchos de los individuos que actualmente lo ostentan son muy elevadas, condición que se acentúa en presencia de una ciudadanía que nunca tuvo amplias posibilidades de (o no supo cómo) compartir ninguna de las formas de poder en Cuba y que, encima de todo esto, fue mantenida (o se dejó mantener) completamente aislada e ignorante de las cuestiones de estado y de la política pública.

Es recomendable, por lo tanto, que una masa crítica de ciudadanos se prepare para el futuro de Cuba, tanto desde un punto de vista técnico como desde los puntos de vista político, ético y hasta sicológico. Esto incluye especialmente a todas aquellas cubanas y cubanos que desde posiciones independientes o abiertamente disidentes u oposicionistas quedaron marginados de la actividad pública bajo el castrismo y que sin embargo pueden jugar un papel importante en el futuro de Cuba. Los independientes (economistas, periodistas, cooperativistas, bibliotecarios, etc.) han luchado contra esa marginalización ciudadana y han tratado de mantener viva la conciencia nacional sobre los verdaderos problemas de Cuba, pero aun así tienen que prepararse para el futuro pues, si la experiencia de otros países ex socialistas es algún indicio, su incorporación a las sociedades ex socialistas no es automática ni tampoco fácil. Además, muchos de los ciudadanos comunes de hoy, los «ciudadanos de a pie», habrán de encontrarse mañana en diversas posiciones de poder y ser desde miembros del gabinete o consejo de ministros de nuevos gobiernos, hasta legisladores, empresarios, formadores de opinión, jueces, líderes sindicales y de partidos políticos y profesores.

El libro está escrito también para apoyar a los economistas de hoy y del futuro en Cuba en sus relaciones primeramente con los tres poderes de los próximos gobiernos cubanos y en segundo lugar con las múltiples misiones extranjeras, públicas y privadas, bilaterales y multilaterales, que como ya hemos indicado estarán preparadas para visitar Cuba desde el primer día en que se hagan posibles unas reformas económicas profundas. Aunque muchas de esas misiones pueden ofrecer grandes oportunidades para la rehabilitación de la economía cubana, no todas implicarán un buen negocio para el país. Los economistas cubanos y los estadistas de una nueva república deberán prepararse para negociar con esas misiones al mismo tiempo que definen sus propias agendas. Es imperativo que esos hombres y mujeres sepan lo que están haciendo una vez que tengan las riendas del poder en sus manos y no dejen que las fuerzas externas dominen sus agendas de trabajo. Objetivamente se puede afirmar que el legado de Fidel Castro es una sociedad deshecha y una economía arruinada. La generación y los gobernantes que lo sucedan se enfrentarán a un desafío posiblemente mayor que el de lograr la independencia de Cuba en el Siglo XIX. Ojalá que este libro los ayude a construir la nación por la que muchos murieron y con la que muchos soñamos todavía.

Capítulo I

LA ORGANIZACIÓN ACTUAL DE LA ECONOMÍA CUBANA

Este capítulo está dedicado a establecer las bases a partir de las cuales se ha de construir una economía de mercado. Aquí se resaltan algunas características generales de la economía cubana antes y después del proceso que comienza en 1959 para que se pueda comprender la lógica de las propuestas sobre la transición que se verán más adelante. Al mismo tiempo, aprovecho la oportunidad para introducir algunos conceptos básicos del análisis económico de manera que el lector no versado con estas cuestiones pueda comprender mejor el material del libro. Recordemos que este libro está principalmente dirigido al cubano residente en la isla, el cual no tiene libre acceso a otras fuentes de consulta sobre estos tópicos y típicamente carece de una visión de los problemas económicos del país, ni un punto de referencia de lo que ha sido la economía cubana en todos estos años.

La falta de comprensión sobre los problemas económicos de Cuba también se ha reflejado en los diversos ámbitos del exilio, donde predominan ideas sobre la economía cubana de antaño y la actual que son en alguna medida erróneas. Igualmente desalentador es el panorama que se nos presenta cuando se habla, si se llega a hablar, del futuro de la economía. Muchos hablan como si la reconstrucción económica del país no va a ser un gran problema, mientras que otros proponen fórmulas muy discutibles y hasta disparatadas. Muy pocos cubanos parecen estar conscientes de que si no existe alguna forma de acción colectiva deliberada y organizada, la recuperación económica del país puede ser muy lenta en el mejor de los casos o seguirá los mismos pasos de Ucrania, Bielorrusia, Georgia y la mayoría de las ex Repúblicas Soviéticas.

En las secciones que siguen examinaremos brevemente algunos elementos salientes de la economía cubana antes y después de 1959, primeramente desde una perspectiva de conjunto o macroeconómica, seguida de algunos aspectos microeconómicos enfocados en los consumidores y los trabajadores. Pasaremos entonces a examinar las características del estado cubano actual y algunos de sus sectores de gobierno con el objeto de dar una idea de lo que hay que cambiar en el futuro. Pasaremos después a un rápido examen del sector de empresas privadas y mixtas que existen en la actualidad en Cuba, concluyendo con una revisión de algunos de los sectores de actividad económica más importantes del país.

La economía cubana antes de 1959

El conocimiento sobre la economía cubana antes de la revolución es limitado, aunque existen algunos datos mezclados con diversas fantasías sobre la misma. La propaganda castrista ha tratado de ocultar que la economía cubana en 1959 llegó a alcanzar un nivel relativo al resto de América Latina bastante elevado si se mide en términos de Producto Interno Bruto (PIB) o Ingreso Nacional (IN) per cápita.[4] Tales indicadores se reflejaban en los estilos de vida de una gran parte de la población y en una serie de manifestaciones específicas de modernidad como fueron el desarrollo de la medicina, la educación, la ingeniería civil, la arquitectura, la prensa, la radio y la televisión, el desarrollo urbano y otros sectores. Sin embargo, la incesante propaganda revolucionaria consiguió plantar la idea en muchas cabezas, tanto internamente como en otras naciones, de que Cuba era un país muy atrasado, con altos niveles de analfabetismo y de mortalidad infantil, utilizando medias verdades con la finalidad de manejar la opinión pública por medio del control de la información y la distorsión de la historia. Además, exageraron la noción de que Cuba era una colonia económica de Estados Unidos y que, debido a esto, el país no había podido desarrollarse.

Por otro lado, los que sólo ven virtudes en la economía de la República de 1958 omiten en su análisis identificar algunos problemas estructurales que parecen haber jugado algún papel en el advenimiento del proceso político que comienza en 1959. La verdad, no obstante, parece radicar en

---

4   El Producto Interno Bruto (PIB) es una medida de la riqueza creada por una economía en un período dado, generalmente un año. Esta medida o «indicador» macroeconómico es la más utilizada para observar el resultado de la capacidad productiva de un país cada año o, cuando el sistema de cuentas nacionales de un país lo permite, cada trimestre. Aunque imperfecta, pues en el fondo se basa en algo parecido a «sumar peras con manzanas», es la variable más rigurosa en la medición y evaluación del comportamiento económico de un país. El Ingreso Nacional (IN) es igual al PIB menos la depreciación del capital o medios básicos de esa economía. Tanto el PIB como el IN suelen expresarse también en términos per cápita o por habitante para incluir el efecto del crecimiento demográfico en el análisis y poder tener una medida aproximada sobre la tendencia del nivel promedio de vida material de los miembros de la sociedad. Nótese que dichas variables no dan indicación alguna sobre la distribución de los recursos entre los miembros de la población o sus distintos estratos socioeconómicos.

algún punto intermedio de ambas versiones, pero las limitadas estadísticas disponibles nunca nos permitirán saber con mayor profundidad la verdadera situación económica de la isla antes de la revolución.

A pesar de que Cuba había alcanzado un cierto grado de desarrollo relativo en el conjunto de los países latinoamericanos, las estadísticas económicas cubanas comenzaban a desarrollarse, en especial su sistema de cuentas nacionales que mide el PIB y otros agregados económicos como los niveles de: ingreso personal disponible, consumo, ahorro, inversión, ingreso y gastos públicos, exportaciones e importaciones. Las únicas estimaciones anuales del PIB que existen en Cuba comienzan en 1947. Hasta 1960 el Departamento de Investigaciones Económicas del Banco Nacional de Cuba estaba a cargo de estimar y publicar las cifras correspondientes al Ingreso Nacional de cada año, labor que fue interrumpida ese año. Sin embargo, no existían estimados sobre otros agregados como los niveles anuales de consumo de la población hasta entonces, como se discute por Sanguinetty (1999). Las cifras existentes después de 1958 no son confiables y están sujetas a toda una serie de calificaciones.

No obstante estas limitaciones estadísticas, la evidencia fragmentaria existente muestra que la economía cubana parecía sufrir de una baja tasa de crecimiento en la mayor parte de la década de 1950, mientras existía una alta dependencia de los ingresos provenientes de los subsidios azucareros que resultaban del sistema proteccionista de Estados Unidos. La aparente prosperidad que llega a experimentar el país en los años finales del régimen de Batista fue resultado del gasto de las reservas internacionales que Cuba había logrado acumular durante los años de la Segunda Guerra Mundial y los concomitantes ingresos extraordinarios derivados de las exportaciones de azúcar. Tal programa de gasto se emprendió para reactivar la economía cubana siguiendo la teoría y la práctica keynesiana de estimulación de la demanda agregada por la vía del gasto gubernamental y la inversión. Un instrumento de canalización de estos recursos fue el Banco de Desarrollo Económico y Social (BANDES) por medio del que se hicieron préstamos a inversionistas cubanos y extranjeros. Para más detalles sobre este proceso consultar el trabajo de Sanguinetty (1999).

La economía después de 1959

Mucho se ha escrito sobre el estado de la economía cubana durante las diversas fases transcurridas desde 1959. Aquí no haremos un aburrido recuento de la situación económica que será el punto de partida para una transición futura hacia otro sistema económico. Más bien nos enfocaremos en algunos de los problemas de la economía partiendo de una visión macroeconómica.[5] Entre los problemas coyunturales y estructurales más importantes de la economía cubana actual y que deberán ocupar la atención prioritaria de los futuros gobernantes se encuentran los siguientes:

i.   Niveles de producción insuficientes,
ii.   Subutilización de la capacidad instalada,
iii. Condiciones precarias en la alimentación, el consumo y la vivienda
iv.   Predominio del estado sobre la economía,
v.   Severas restricciones a la empresa privada,
vi.   Ahorros insuficientes y baja actividad inversionista
vii. Elevado endeudamiento externo,
viii. Insuficiente capacidad de respuesta a estímulos para crecer
ix.   Insuficiente capacidad generadora de ingresos externos

Todo parece indicar que los niveles de producción que Cuba logra actualmente con sus diversas empresas no pueden mantener niveles de actividad económica y ritmos de crecimiento compatibles con los niveles de vida o de ingreso per cápita alcanzados hasta 1959. Los datos disponibles hoy indican que la economía cubana a comienzos del Siglo XXI se mantiene precariamente por los ingresos provenientes del turismo internacional y de las remesas de los cubanos residentes en el exterior. Por razones

---

5   Lo macroeconómico se refiere a aquellas variables de una economía que atañen a la sociedad en su conjunto, como un todo integrado o agregado, por ejemplo, la inflación, el balance de pagos, el total de las inversiones, el ahorro, las tasas de interés, el nivel general de empleo y el Producto Interno Bruto. En contraste, lo microeconómico se refiere a aspectos desagregados de una economía como pueden ser la formación de precios en mercados de productos específicos y los determinantes de los salarios de cada nivel de especialización y las ganancias de las empresas.

de tipo político, aunque se aducen razones de tipo ideológico, el gobierno cubano se ha opuesto repetidamente a permitir la libre operación de pequeñas empresas nacionales y liberar los mercados internos, tanto los de bienes y servicios como los de trabajo. En tales condiciones, cualquier grado de liberalización de las inversiones o los mercados de trabajo y de capital necesarios para elevar los niveles de producción en el país es impensable.

La insuficiencia productiva ha sido causada también por la incapacidad de coordinar los diversos insumos que necesita todo proceso productivo, seguida por la falta de disciplina laboral y de una buena administración y complementada por la condición de que en una sociedad totalitaria lo político siempre predomina sobre lo económico. Todos estos factores se han combinado para que Cuba haya sufrido crónicamente de una severa subutilización de la capacidad instalada en casi todos los sectores de actividad económica. Posiblemente el caso más dramático ha sido el de la industria azucarera, especialmente en los últimos años.

Las restricciones a la producción tienen como primera consecuencia mantener a la población con niveles precarios de alimentación y consumo en general, además de dificultar la recuperación económica del país, pues la base de esa recuperación está en la plena utilización de las capacidades instaladas y de la creación de nuevas capacidades. Estas últimas se logran con inversiones que a su vez se financian con producciones anteriores. O sea, no existe una espiral productiva que alimente el ciclo, producción-ahorro-inversión-más producción con suficiente intensidad, lo cual significa que una aceleración o alza significativa de la actividad inversionista del país tendrá que hacerse con recursos provenientes del extranjero. Esta es una de las paradojas legadas por un movimiento revolucionario que prometía que uno de sus objetivos estratégicos era disminuir si no eliminar la dependencia de Cuba de influencias externas.

Los niveles tan bajos de consumo también se explican como una decisión expresa del gobierno desde los mismos comienzos de la planificación central en Cuba en 1961, cuando predominaba la idea de que el gasto militar y el gasto de inversión en industria pesada debían maximizarse comprimiendo los niveles de consumo. De ahí que se estableció el sistema de racionamiento del cual el país no ha podido liberarse más de cuarenta años después. No obstante, la reducción de los niveles de consumo también tenía fines de control político y policial de la población por medio de los mecanismos de control administrativo del racionamiento y las formas concretas en que el sistema fue organizado desde su inicio.

Un resultado de la pobreza productiva y distributiva del país es que el cubano se ha mantenido por muchos años en una condición precaria en la satisfacción de sus necesidades básicas, sobre las cuales sólo ha ganado alguna autonomía en la medida en que tiene acceso a dólares en los últimos años. Lo precario en el consumo significa que cualquier error del gobierno actual o de un gobierno empeñado en reformas económicas puede conducir a una hambruna o a focos de hambruna en Cuba si se perturba el sistema actual de producción, acopio y distribución de alimentos, junto con la importación que también es precaria, antes de que se puedan liberar y movilizar las fuerzas del sector privado donde radica la solución definitiva a este problema.

Corolario de la pobreza productiva y de la decisión inicial de sacrificar el consumo en aras de objetivos mesiánicos es la situación actual de la vivienda, lo que va a costar muchos años aliviar. También desde el comienzo de la planificación en Cuba, el sector vivienda fue prácticamente abandonado para desviar los recursos necesarios hacia las construcciones militares. Para tener una idea de la carga que han representado estos gastos para la economía cubana, consúltese a Pérez-López (1996). Ni siquiera se asignaron materiales de construcción en cantidades mínimas para poder realizar labores de mantenimiento de las viviendas existente en Cuba en 1959. Esta condición, sumada al crecimiento de la población agravó el problema creando el déficit actual, pues además de la depreciación física del inventario existente se han tenido que improvisar capacidades adicionales en las viviendas disponibles mediante la adición de subdivisiones sucesivas de las habitaciones correspondientes.

Una característica estructural de la economía cubana es el predominio del estado en prácticamente todos los sectores, incluyendo aquéllos donde Fidel Castro ha permitido inversiones y empresas extranjeras. Ese predominio se manifiesta en muchos aspectos de la economía, principalmente en la estructura de la propiedad donde la privada juega un papel marginal, pero también se observa en la intervención del estado en la formación de precios, en el control absoluto sobre casi todo lo que se produce y todo lo que se invierte en el país. Este papel predominante del estado en la economía es parte de la constitución o ley fundamental del país, pero es eminentemente restrictivo y afecta de manera directa al ciudadano a quien la ley y el gobierno le niegan el derecho a las libertades que necesitaría para mejorar sus condiciones de vida, especialmente la libertad para producir, comerciar y consumir lo que desee. Con la excepción de algunas granjas, el país carece de empresas privadas propiedad de cubanos que servirían para satisfacer las necesidades de consumo de la ciudadanía en general.

La insuficiencia de ahorros y de inversión, o sea, el mecanismo mediante el cual una economía aumenta su capacidad productiva, se debe a la combinación de varios determinantes, a saber: a) la pobreza productiva de las empresas estatales que resulta de administraciones ineficientes, lo que limita tanto el ahorro como la capacidad de invertir b) la prohibición que sufren los ciudadanos de invertir productivamente sus ahorros combinada con la casi inexistencia de la empresa privada nacional y c) la carencia de una política económica del gobierno dirigida al crecimiento de la economía nacional y no sólo de sectores seleccionados. Pero cabe preguntar ¿y por qué la inversión extranjera no ha jugado un papel más visible en esta situación? Una respuesta radica en que los inversionistas extranjeros no encuentran una atmósfera propicia para arriesgar sus ahorros en empresas que no pueden operar en las condiciones en que operan en otros países. Además, la inversión extranjera se ha concentrado en ciertas industrias como la turística y la minería donde parece haber posibilidades de recuperación de la inversión a corto plazo, con ganancias lo suficientemente atractivas para compensar los altos riesgos de hacer negocios en Cuba. Las condiciones en que opera la economía cubana hace que el clima predominante para las inversiones sea de muy alto riesgo y los inversionistas prefieren arriesgar sus ahorros solamente en aquellas pocas actividades que parecen ofrecer condiciones más seguras de rentabilidad. Es importante tener esta condición en cuenta porque el volumen de los ahorros que hay que generar y la actividad inversionista concomitante durante una transición hacia otro sistema económico serán unas variables de importancia crítica para el gobierno a cargo.

Otro factor macroeconómico de gran importancia es el nivel de endeudamiento externo de Cuba, factor que aunque esté sujeto a negociaciones futuras, puede representar una limitante severa a las posibilidades de recuperación de la economía cubana en su transición al mercado. Aquí se presenta de nuevo otro mecanismo en forma de círculo vicioso, el alto nivel de la deuda externa impide que se haga la inversión necesaria para elevar la producción que se requiere para servir la deuda, hacer más inversiones y así sucesivamente. La realidad es que Cuba, como cualquier otra nación, debe tener su propia credibilidad en materia de cumplir con los compromisos que adquiere, sean de tipo crediticio, como el que atañe a las deudas del estado, o de otra naturaleza. Si un gobierno de transición adoptara la decisión de no respetar los compromisos adquiridos por el gobierno actual, la credibilidad del país se vería afectada, limitando los créditos futuros, los cuales son necesarios para que la economía crezca lo más rápido posible y se recupere de las carencias acumuladas durante tantos años.

Un factor limitante más de la recuperación económica es la poca capacidad de respuesta del sistema productivo cubano a incentivos para elevar rápidamente sus niveles de producción. La empresa estatal cubana, como es típico en las empresas estatales, es ineficiente y de baja productividad del trabajo y de los demás factores productivos, especialmente el capital o los medios básicos, con formas arcaicas de organización y administración. Este tipo de empresa no tiene la autonomía necesaria para decidir lo que produce, cómo lo produce, cuánto produce y a qué precios, etc., sino que más bien responde a órdenes de una burocracia externa que la domina con criterios ajenos a la búsqueda de una ganancia o recuperación de la inversión.

Es importante tener en cuenta que la base de todo sistema productivo está en las diversas empresas que componen una economía en cualquiera de sus sectores, tanto de manufactura, como agropecuaria, de servicios, transporte, energía y demás. La empresa o unidad productiva es la fuente de la producción de bienes y servicios y el instrumento principal en la generación de la riqueza de un país. Por lo tanto, la reconstrucción de la economía cubana depende críticamente de las empresas, pero éstas deben tener la autonomía necesaria para decidir cómo manejar sus recursos y producir lo que la sociedad demanda libremente. La política macroeconómica y los cambios que se consigan a ese nivel sólo sirven para facilitar, o para entorpecer en el peor de los casos, las condiciones productivas de las empresas. Las libertades económicas que hay que establecer y garantizar son para que las empresas puedan operar, producir, crear empleo y crecer con un máximo de eficiencia y para que de ese modo puedan satisfacer las necesidades de la población.

Desde el comienzo de la planificación en Cuba, el país sufrió de una severa insuficiencia de ingresos externos que no llegaban a alcanzar para cubrir las necesidades mínimas de importación. Téngase en cuenta de que la economía cubana ha sido tradicionalmente abierta y por ende dependiente de un gran volumen de importaciones que deben ser pagadas con los ingresos que se derivan de las exportaciones, en una alta proporción del producto de la industria azucarera. El desequilibrio provocado por la caída de los ingresos externos obligó al gobierno de Fidel Castro a negociar préstamos cuantiosos con los países del bloque socialista, principalmente la Unión Soviética, que más tarde se fueron convirtiendo en subsidios. A pesar de los mismos, sin embargo, Cuba continuó aumentando su deuda externa, pero al desaparecer su aliado soviético, el desquilibrio se agravó y el país no ha podido recuperarse de esa pérdida. Su dependencia de las remesas y del turismo no ha sido suficiente para normalizar la situación y con las nuevas restricciones que la administración del Presidente George W. Bush está implementando es de suponer que tanto las remesas directas como los ingresos derivados de los cubanos que visitan la isla con frecuencia sufrirán un descenso.

El ciudadano consumidor

Casi desde el comienzo mismo de la revolución las preferencias de los consumidores cubanos fueron ignoradas y relegadas a un plano subalterno en gran medida. Las restricciones a lo que en otros países se conoce como la soberanía del consumidor alcanzan en Cuba proporciones casi extremas. Posiblemente la restricción más severa que sufre el consumidor cubano se origina en su doble aspecto como trabajador, pues el sistema de planificación o lo que ha quedado de él hace del gobierno casi un monopsonio, o sea, el único empleador, lo cual determina que los ingresos por el trabajo estén controlados además de deprimidos, como es de esperar de un monopsonio en el mercado laboral. Pero además de que el trabajador casi no tiene opciones para aumentar sus ingresos, no importa qué nivel de educación o destrezas posea, el mismo como consumidor tampoco tiene opciones para disponer de su ingreso como quiera, pues los bienes de consumo en unos casos están estrictamente racionados y en otros casos simplemente no están disponibles.

Desde la implantación formal del sistema de racionamiento en Cuba en marzo de 1962, el conjunto de opciones de consumo se vio gradual y sistemáticamente reducido por diversas medidas del gobierno. El racionamiento cubrió alimentos, bebidas, ropa y calzado, pero otros renglones desaparecieron por muchos años del alcance de los consumidores, como fueron los vehículos motorizados, los aparatos electrodomésticos y bienes de consumo de uso duradero en general.[6] Igualmente desaparecieron del mercado prácticamente todos los materiales de construcción de manera que se hizo imposible darle un mantenimiento mínimo a las viviendas existentes. Mientras tanto, también desaparecían paulatinamente actividades de entretenimiento vivo y radial, periódicos y revistas, restaurantes y cafeterías y una cantidad innumerable de actividades productivas y comerciales como eran los pequeños negocios y expendios de todo tipo, los talleres de reparaciones, las consultas médicas privadas y muchas más. Pocos han sido los países cuyos ciudadanos han sufrido una contracción tan dramática y rápida de sus opciones de consumo como la que sufre Cuba por medio de una revolución sin que haya intervenido un conflicto bélico como causa principal.

En los últimos años, las remesas de dólares desde el extranjero por parte de cubanos exiliados y a favor de familiares y amigos residentes en la isla han aliviado, incluso mejorado significativamente la situación de algunos consumidores. Pero la proporción de los que reciben dólares directamente se ha reportado informalmente que es de un orden de magnitud de un 30 por ciento, por lo tanto muchos ciudadanos sólo tienen acceso indirecto al dólar. En cualquier caso, el gobierno cubano, con el objeto de captar una parte de las remesas ha desarrollado una cadena de tiendas donde se vende un amplio surtido de mercancías que sólo pueden comprarse con dólares, todo lo cual ha contribuido a mejorar momentáneamente las opciones del consumidor aunque a la vez ha creado una profunda segmentación en la sociedad cubana entre los que tienen acceso a esta moneda y los que no lo tienen. Tal segmentación provoca también una asi-

---

6   Debe tenerse en cuenta que el sistema de racionamiento que oficialmente se instaló era por cuotas que se controlaban en una libreta que se expedía por familia y que servía al mismo tiempo como un sistema policial de control de la población. En realidad se puede pensar que el racionamiento era sólo una excusa para controlar a la ciudadanía en un régimen totalitario. Sin embargo, las cuotas establecidas nunca se cumplieron a cabalidad, lo cual fue la causa principal de las «colas» o líneas de espera que representaban una forma adicional de racionamiento, por encima del de las cuotas. Desde 1962, las cuotas mismas fueron modificadas generalmente hacia abajo, haciendo que las opciones del consumidor sean más estrechas fuera del mercado limitado a la compra con dólares que existe desde hace pocos años.

metría en la distribución del ingreso que aunque no ha sido medida por falta de datos se puede presumir importante. Muchos también creen erróneamente que la causa de la segmentación y de su pobreza radica en la legalización del dólar y no comprenden que la verdadera causa está en la quiebra del aparato productivo cubano que queda al desnudo con la desaparición de los subsidios soviéticos.

También hay que señalar que las restricciones en el mercado de trabajo fueron aliviadas marginalmente por la promulgación de leyes que permitieron el trabajo por cuenta propia en la primera mitad de los años noventa, como una respuesta a la incapacidad del gobierno cubano de darle empleo a toda la población trabajadora, consecuencia también de la pérdida de los subsidios. Esta medida, que se tomó conjuntamente con el levantamiento de las restricciones a la circulación y tenencia de dólares fue erróneamente catalogada por algunos analistas y observadores de la escena cubana como parte de un programa de reformas del gobierno, lo cual ha sido negado por la propia tendencia del gobierno a reducir la envergadura de tales libertades limitando los permisos para los cuentapropistas. Por otra parte, las oportunidades de trabajo que se han ido abriendo en el sector turístico y en otros donde el gobierno ha permitido inversiones y operaciones extranjeras son relativamente escasas y todavía controladas por el gobierno, que sirve de intermediario entre el nuevo empleador y el trabajador, además de quedarse con una proporción leonina del salario de este último.

Una proporción desconocida de ciudadanos estrechamente vinculados al gobierno recibe suministros independientemente del sistema oficial de racionamiento y de las remesas en dólares. Funcionarios que han abandonado las filas del gobierno y marchado hacia el exterior informan que existen medios de distribución de bienes de consumo, vehículos y vivienda en cuya distribución y administración interviene personalmente Fidel Castro, operaciones que por supuesto se guardan entre los secretos de estado del gobierno cubano. [7]

---

[7] Tales privilegios existieron en Cuba desde los comienzos del racionamiento pero sólo estaban al alcance de los más altos funcionarios y algunos expertos extranjeros contratados por el gobierno. Actualmente existen indicaciones que funcionarios que se consideran claves, como es en el sector de la seguridad, reciben tratamientos especiales como consumidores pues los mismos no tienen acceso a las remesas que otros ciudadanos reciben del exterior.

El hecho es que las carencias que han sufrido los consumidores cubanos en su mayoría acarrean una serie de implicaciones para el futuro. En primer lugar, hay que señalar la acumulación de necesidades insatisfechas por muchos años, donde el problema de la vivienda ocupará uno de los primeros lugares. Todo lo que sea imaginable como objeto de consumo tendrá una demanda potencial en Cuba y un gran deseo por parte del consumidor de adquirirlo con su ingreso sin que intervenga otro mecanismo de asignación. El problema principal que el consumidor enfrentará es el obtener un ingreso con el cual adquirir lo que necesita o desea de inmediato. En este aspecto, el consumidor puede estar o no en condiciones de trabajar, si la economía crea los empleos suficientes en número y en nivel salarial. Sin embargo, también habrán muchos consumidores, de la tercera edad o minusválidos, que sólo puedan obtener un ingreso proveniente de algún régimen de pensiones que tendrá que financiarse con los ingresos que el estado pueda recaudar por medio de impuestos.

Lo que hay que tener en cuenta en un programa de reconstrucción de la economía cubana que se lleve a cabo en una atmósfera de libertades civiles es que las carencias acumuladas de consumo serán una fuente de presiones sobre las autoridades en particular y para la sociedad cubana en general, presiones para que se adopten medidas rápidas y efectivas, incluso a un nivel irrealista. Si la ciudadanía no comprende que los milagros económicos no existen y que los problemas de consumo no han de resolverse en el corto plazo y mucho menos instantáneamente, la misma puede convertirse en una fuente de inestabilidad política, incluso llegar a impedir que funcione cualquier gobierno. De esta manera, la ciudadanía es también vulnerable a las promesas demagógicas de los gobernantes que estén fundamentalmente interesados en el usufructo de los privilegios que pueden alcanzarse en posiciones de poder político y económico. El ciclo de promesas engañosas que Fidel Castro vendió a la población cubana desde 1959 puede repetirse.

El ciudadano trabajador

El ciudadano, como trabajador en el socialismo, sufre también de una serie de restricciones a su libertad de gestión. O sea, la falta de libertad de opciones del ciudadano como consumidor que discutimos en la sección anterior se suma a la falta de libertad de opciones de trabajo. El gobierno no sólo decide lo que el consumidor puede obtener, sino que también decide dónde, cuándo, cuánto y por cuánto el ciudadano ha de trabajar. Uno puede llegar a preguntarse objetivamente cómo fue que el ciudadano cubano en su doble carácter de consumidor y de trabajador dejó que las libertades que disfrutaba tradicionalmente fueran casi completamente eliminadas por un sistema económico y político que le prometió mucho pero que le ofreció muy poco a cambio y que en un balance de más de cuatro décadas ese mismo ciudadano sufrió una caída sustancial en la calidad de su vida.

En la mayoría de los casos, el ciudadano consumidor es la misma persona que el ciudadano trabajador dependiendo de la estructura demográfica (por edades) de la población y de otros factores. Es importante tener en cuenta las excepciones. Una de ellas es la del individuo que por su edad o por tener alguna incapacidad no puede trabajar, pero sigue siendo consumidor, posiblemente hasta con necesidades especiales. Por el otro lado del espectro demográfico se encuentran el consumidor infantil y el estudiante. En la medida en que la proporción de la población no trabajadora es muy elevada, la carga de dependencia sobre la población trabajadora puede ser muy onerosa. Si la productividad o capacidad productiva de los que trabajan no es lo suficientemente alta, puede que no se alcance a producir todo lo que la sociedad en su conjunto demanda como consumo. O sea, es de suponer que el consumo de los jóvenes que no están en edad de trabajar o que todavía estudian esté a cargo de sus respectivas familias. En estos casos los niveles de consumo estarán acotados por la capacidad de los trabajadores de la familia de generar suficientes ingresos, primordialmente por medio de sus salarios. Pero por parte de los consumidores mayores de edad o incapacitados, incluso los desocupados, los que no consiguen emplearse por un salario, su consumo debe ser financiado por sus familias, por caridad, por sus ahorros o por el estado. Pero el dinero que dedique el gobierno a estos menesteres va a provenir de los impuestos que se imponga al ingreso de los trabajadores o a la ganancia de las empresas o a otras actividades económicas como las importaciones o a la propiedad, fondos que también tienen un límite.

En este punto es imperativo tener en cuenta que la riqueza se produce con la contribución del trabajo. No hay nada gratuito. Alguien tiene que pagar por cualquier bien o servicio que se distribuya a la población. La educación y los servicios de salud «gratuitos» de los que se vanaglorian los gobernantes revolucionarios ocultan el simple hecho de que los salarios de los profesores y del personal de la salud se sostienen con una parte de la riqueza producida en otros sectores de la economía. Pocos se dieron cuenta que tales programas eran muy costosos y la economía socialista cubana, que en vez de crecer perdía su capacidad productiva, no podía financiarlos por lo que acabó necesitando subsidios cuantiosos de la Unión Soviética. Hoy, los que verdaderamente financian la educación que todavía subsiste son los docentes cubanos, que por no tener otras opciones de trabajo en el régimen totalitario, están obligados a trabajar por salarios depauperados. El subsidio soviético ha sido reemplazado por un subsidio implícito de los docentes medido por la parte del salario que debieran devengar pero que de hecho el gobierno confisca. Un mecanismo similar opera en los servicios médicos a la población. En ambos sectores existen subsidios ocultos que no tienen una expresión monetaria explícita, como es el de los estudiantes en los programas de la Escuela al Campo y otras formas de trabajo productivo donde se sacrifican días de descanso cuyo tiempo de hecho tiene un valor económico.

La productividad del factor trabajo

El concepto de productividad del trabajo se presta a confusión y es importante comprenderlo pues del mismo dependen muchos factores que afectan la vida diaria de los consumidores y los trabajadores. La productividad del trabajo es una medida de la eficiencia productiva del factor trabajo, de importancia cardinal en la determinación del nivel de los salarios y uno de los pilares determinantes del crecimiento de una economía y del nivel de vida de los ciudadanos. La productividad del trabajo se puede definir como la cantidad de producción que se logra por una unidad de esfuerzo de trabajo. Un ejemplo sencillo ayudará a entender el concepto. En un campo de caña se dice que un machetero logra una productividad mayor que otro cuando el primero corta más arrobas que el segundo. Por supuesto, la comparación tiene que hacerse cuando todos los demás factores son idénticos, como la variedad de caña disponible a cada machetero, cómo fue cultivada, el machete o la mocha que cada uno usa, el grado de la limpieza de la caña, etc. El ejemplo sugiere que la productividad del trabajo es resultado del esfuerzo y/o del nivel de destrezas del trabajador. Aunque en el ejemplo tal noción es cierta, debe tenerse en cuenta que en general la productividad del trabajo depende de muchas otras variables.

La productividad del trabajo también depende de otros factores de producción como maquinaria u otra forma de capital físico o medios básicos y de la tecnología incorporada en ellos. Por ejemplo, la productividad del trabajador encargado de cortar caña aumenta cuando tiene la ayuda de una cortadora eficiente, pero en estos casos la productividad del trabajo tiene que ser analizada con criterios cada vez más técnicos y complejos. Otro tipo de complicación que puede surgir en el análisis de la productividad es cuando estamos comparando productividad en diversos sectores o actividades productivas, digamos el corte de la caña contra la cosecha de naranjas, más complicado aun, la producción de azúcar contra la producción de una orquesta sinfónica. En muchos casos es posible medir los diversos niveles de productividad del trabajo por los ingresos que el trabajador devenga por su gestión productiva, por las ganancias netas de cada actividad o por el valor agregado de las mismas.

Es importante tener en cuenta que en términos generales la productividad del trabajo depende de muchos factores siendo entre los más importantes los siguientes:

i.   El esfuerzo y la dedicación del trabajador;
ii. La educación y las destrezas del trabajador combinadas con su experiencia, o sea su capital humano;
iii. La maquinaria o el equipo (medios básicos) que usa el trabajador en su actividad productiva;
iv. La tecnología de la producción con que opera el trabajador, incorporada a los medios básicos, al proceso productivo, o a los materiales o materia prima y
v.   La forma de organización de la producción o de la empresa donde el trabajador labora, especialmente el grado de colaboración y especialización del trabajo y la estructura de incentivos para producir eficientemente.

Es importante señalar que la productividad del trabajo se estimula o desestimula por medio de otros muchos factores menos tangibles que los arriba mencionados. Por ejemplo, si se reducen los incentivos que estimulan al trabajador, como son sus ingresos, la productividad puede descender. Esto no quiere decir que en circunstancias excepcionales, como son los momentos de crisis o emergencias, muchos trabajadores no sean capaces de dar el máximo si las condiciones son las apropiadas y el trabajador sabe para qué y para quién se sacrifica. Lo que no se puede pretender es que el trabajador sea muy productivo eternamente sin que exista una forma de recompensa justa por su esfuerzo. Esa es una de las más importantes limitaciones de las economías socialistas o de economías de capitalismo monopolista donde el trabajador típico no tiene todas las opciones laborales que presenta una verdadera economía de mercado.

Los incentivos a mejorar la productividad del trabajador se ven afectados cuando las mismas empresas están sujetas a políticas económicas o formas de legislación que impiden que los recursos se utilicen con máxima eficiencia. Por ejemplo, una legislación laboral que bajo el supuesto manto de proteger a los trabajadores impide que se pueda recompensar a los más eficientes y se dificulta el reemplazo de los que no cumplen afecta la productividad de todos los trabajadores y de una nación en su conjunto, limita severamente los niveles de vida que de otra manera pudieran alcanzarse.

En toda sociedad, la estructura de incentivos al trabajo y al progreso incluye elementos todavía más sutiles e indirectos. Por ejemplo, en una sociedad donde la seguridad de la propiedad privada es débil, donde los derechos de propiedad no se respetan o no se hacen respetar, hay pocos incentivos para el ahorro y la inversión, incluso el ahorro de los trabajadores con fines a largo plazo como los fondos de retiro, la compra de viviendas o la inversión en una empresa. En tales sociedades se vive más al día, sin grandes planes de largo plazo y se gasta lo que se gana en el mismo período porque no hay suficiente confianza en que se puede mantener parte de lo que se gana por mucho tiempo sin perderlo. Los trabajadores en estas sociedades no tendrán el mismo estímulo para producir que en una sociedad donde sus leyes, sus instituciones y sus organizaciones privadas y públicas garantizan la propiedad de todos tanto a corto como a largo plazo. La confianza de los trabajadores en la capacidad de las instituciones de una sociedad para contribuir a su bienestar y al usufructo de los resultados del trabajo puede contribuir a que la productividad del trabajo aumente sistemáticamente y, por ende, a que el nivel de vida de la población en general aumente también a largo plazo.

Vale la pena enfatizar que si no aumenta la productividad del trabajo en general en una economía, aunque unos sectores sean más dinámicos que otros en este aspecto, no es posible el desarrollo de esa economía ni el aumento gradual y continuo del nivel de vida de todos los ciudadanos. Es también importante tener en cuenta que el aumento de la productividad de los trabajadores de un sector de la economía tiende a tener repercusiones positivas en otros sectores pues muchas veces los aumentos de productividad están asociados con reducciones de precios de los productos cuya productividad mejora, lo cual beneficia a los consumidores de ese producto. Este fenómeno se nota más fácilmente en las etapas iniciales de los productos que salen por primera vez al mercado y los cuales, después de cierto tiempo, se ofrecen a precios cada vez más bajos. Las computadoras, los teléfonos celulares y otros aparatos electrónicos son ejemplos recientes observables en casi todo el mundo.

Una característica esencial de la economía cubana en estos años ha sido el bajo nivel de productividad del trabajo que parece haber afectado todos los sectores económicos del país. Acaso el resultado más visible o dramático de esta tendencia, además de la caída del nivel de vida de los trabajadores cubanos, es la seria contracción sufrida por el sector azucarero y su incapacidad para mantener los niveles tradicionales de producción a pesar de que Cuba cuenta con ventajas naturales que favorecen este sector. En la medida en que Cuba ha ido perdiendo sus niveles de productividad también ha ido perdiendo en competitividad, o sea, la capacidad de competir con productos similares elaborados en otros países.

Esta condición trae como consecuencia un doble efecto dañino a la economía del país y por ende a sus ciudadanos. Por un lado los productos importados cuestan relativamente más pues hay que trabajar más duro para comprarlos. Por otro lado, los productos exportables cubanos son más costosos, lo que hace que el país pierda mercados externos o que tenga que vender a precios que no alcanzan a cubrir los costos tradicionales de producción. De hecho, esto es precisamente lo que ha estado pasando con la economía cubana todos estos años y lo que explica el deterioro económico del país y del poder adquisitivo de los salarios de los trabajadores cubanos.

La calidad del recurso o capital humano

Al hablar de trabajadores aplicamos el término a todas aquellas mujeres y hombres que realizan alguna actividad productiva casi siempre a cambio de alguna remuneración. En este libro usamos el concepto más amplio de recursos humanos o capital humano, usados como sinónimos, que es la base de la oferta de trabajo, fuerza de trabajo o de mano de obra de una economía. El concepto incluye la masa de hombres y mujeres capaces de realizar cualquier trabajo útil para la sociedad, para algunos miembros de la sociedad, sus familias, o para ellos personalmente.[8] Se aplica tanto a trabajadores poco calificados, como pueden ser los peones de la construcción como a los más educados o calificados, como pueden ser los que manejan máquinas o equipos complejos, los capataces o los ejecutivos. El concepto también abarca todas las categorías y sectores posibles o necesarios en una economía o sociedad, tanto en la llamada esfera de la producción de bienes como en la producción de servicios, a los llamados trabajadores manuales como a los intelectuales. De este modo el conjunto de los recursos humanos incluye a todos los que trabajan en miles de ocupaciones como son: la producción de alimentos y de manufacturas, la generación de electricidad, el comercio en cualquiera de sus formas (minorista y mayorista), el transporte, los que prestan servicios como los músicos de toda orquesta sea filarmónica o un conjunto menor, los políticos, los periodistas, los sacerdotes de cualquier religión, los maestros, los soldados, los administradores, los dueños de empresas, los artesanos, los artistas, los escritores, los financistas, los empleados domésticos, etc.

La calidad del inventario o acervo de capital humano de un país está determinada por la educación formal y no formal que los individuos han recibido y de su experiencia práctica. Más específicamente, la calidad del capital humano depende de sus atributos cognoscitivos y afectivos,

---

8   El concepto de capital humano se propuso por los economistas Theodore Schultz, Jacob Mincer y Gary Becker y se desarrolló con el objeto de denotar que muchos procesos educativos, especialmente aquellos que los individuos persiguen con fines lucrativos, para obtener algún trabajo remunerado, es de hecho un proceso de inversión, o sea, un proceso por medio del cual el individuo sacrifica algunos recursos por un cierto período con el objeto de lograr un flujo de ingresos en un período futuro. Por medio de una fórmula matemática se pueden comparar el gasto de inversión hecho en la formación de capital humano y el valor presente de los ingresos logrados ulteriormente.

cubriendo los primeros la educación (escolarizada o no) de los individuos, sus conocimientos y destrezas, mientras que los afectivos son aquellas características o valores que tienen que ver con la motivación de las personas, sus aspiraciones, sentido de responsabilidad, capacidad de enfrentar riesgo y manejar incertidumbre, capacidad de trabajar en equipo, integridad, honestidad, actitudes, gustos, preferencias, civismo y valores en general.

Nadie sabe a ciencia cierta cuál es la naturaleza y el valor del acervo de capital humano con que Cuba puede contar en el momento en que pueda salir de la parálisis actual y maximizar su potencial de crecimiento económico. Se puede suponer que la cobertura de la educación básica ha sido casi universal, pero no se conoce con precisión la calidad de la enseñanza desde el punto de vista de la competitividad, la creatividad, la iniciativa y el espíritu empresarial de los recursos humanos del país. Hay suficientes razones para creer que la calidad de la educación, desde el punto de vista estricto de los rendimientos académicos logrados en los niveles primario y secundario ha sido elevada y los estándares académicos en esta dimensión de la calidad educativa se han mantenido y posiblemente extendido a una mayor proporción de la población. Esto hace pensar que puede existir una población laboral con suficiente educación sobre la cual se puedan desarrollar los conocimientos adicionales y destrezas que se requieren en una economía competitiva.

La revolución provocó un éxodo masivo de personal calificado y con experiencia que sin duda afectó la capacidad productiva de Cuba en todos sus aspectos, especialmente en materia de capacidad y experiencia empresarial lo cual incluye tanto la administración de empresas como actividades vinculadas directa o indirectamente con la producción como son la ingeniería industrial, la instalación y el mantenimiento de maquinaria y equipos, la mercadotecnia, los servicios financieros, los sistemas contables y de auditoría, los medios publicitarios y de información, etc. Se puede suponer que actualmente exista personal calificado en algunas de las especializaciones que Cuba necesita para reactivar su economía, pero es de suponer que en muchas otras no existirán en suficientes cantidades, como puede ser el caso de los técnicos intermedios de nivel secundario y de nivel postsecundario de todo tipo, o sea, operadores de máquinas herramientas diversas, electricistas, plomeros, técnicos en electrónica y en comunicaciones, especialistas en tecnología de la información y computadores, etc.

La verdadera capacidad productiva del trabajador cubano se irá poniendo de manifiesto cuando las empresas ya establecidas y las nuevas vayan contratando personal libremente y capacitándolo para operar en una economía nueva y presumiblemente más competitiva. Aunque no existen estudios rigurosos sobre este tema, mis muchos intercambios con personas educadas en Cuba bajo la revolución me permite ser optimista en cuanto a su capacidad para adaptarse a una economía de mercado. Es de observar, aunque sea de manera casual y asistemática, que la mayoría de estas personas parece adaptarse rápidamente a las condiciones competitivas que existen en otras economías, especialmente la de EEUU y responde positivamente a los nuevos incentivos que las libertades económicas le ofrecen. Por estas razones es importante tener en cuenta que las empresas, que son las creadoras principales de empleo, requerirán una gran flexibilidad para operar con las libertades suficientes y poder crear los incentivos que estimularán el desarrollo de un factor trabajo competente y competitivo. En este aspecto el papel del gobierno, como veremos, es crucial en la creación de las condiciones en que operarán las empresas. El gobierno mismo, como empleador, tanto en las plantas de personal administrativo de los diversos poderes (ejecutivo, legislativo y judicial), como en sus sistemas docentes, policiales y militares también requiere de las condiciones que le permitan contratar y desarrollar personal de alta calidad en las diversas calificaciones.

La Confederación de Trabajadores de Cuba y los sindicatos

La clase trabajadora nació en Cuba en el período de 1819 a 1830, según nos refiere Córdova (1995), con el comienzo de la utilización de las máquinas de vapor en la producción azucarera y la posterior expansión de la producción de tabaco. Desde entonces y hasta 1959, el sindicalismo cubano, con diversos grados de representatividad y bajo la influencia de varias corrientes ideológicas, se caracterizó por ser en la teoría y en la práctica un instrumento de defensa y promoción de los derechos y el bienestar de los trabajadores. Incluso la Confederación de Trabajadores de Cuba (CTC), que se funda en 1939 bajo un liderazgo comunista no deja de jugar ese papel independiente de los demás poderes del estado y siempre a favor de los intereses de los trabajadores.

Como parte del movimiento obrero organizado existían sindicatos sectoriales muy poderosos como la Federación Nacional de Trabajadores del Azúcar (FNTA, pronunciada Feneta), y los sindicatos que agrupaban los trabajadores eléctricos, los telefónicos, los bancarios, los portuarios y los tabaqueros entre otros. Estos sindicatos ejercían un poder que en muchos casos se podía calificar de desmesurado y no compatible con los principios de una economía de mercado, pero que en gran medida representaban mecanismos de defensa frente a las muchas distorsiones de la economía del país. En muchos casos, por ejemplo, las empresas no podían contratar o despedir trabajadores si no se hacía a través del sindicato. Lo que se denominaban las «reivindicaciones del trabajador cubano» llevaban una buena dosis de demagogia pues los que gozaban de la protección sindical eran aquellos trabajadores que habían logrado o ser miembros del gremio o trabajar en alguna de las empresas correspondientes.[9] El resto de la masa trabajadora no gozaba de esas formas anómalas e inequitativas de protección. Esto hacía que las empresas no pudieran manejarse con toda la flexibilidad que requeriría una economía verdaderamente dinámica, pero por otro lado era parte del círculo vicioso en que se debatía la economía cubana en casi cualquier período como resultado del alto desempleo crónico que afectaba al país.[10]

Sin embargo, la independencia de los sindicatos se pierde a partir de 1959 cuando la CTC y sus sindicatos miembros pasan gradualmente a convertirse en un instrumento de movilización de los trabajadores en

9 Una posible explicación es que tales sindicatos surgían precisamente en industrias altamente concentradas, o sea, donde había un bajo número de empresas incluso monopolios, lo cual en ausencia de una buena legislación antimonopólica o «antitrust» motivaba a los sindicatos a defenderse de lo que en la teoría económica se denomina técnicamente «explotación monopolística o monopsonística». Aun cuando en Cuba existían controles de los precios de la electricidad y de los servicios telefónicos, la existencia de monopolios en estos sectores debe tenerse en cuenta en un estudio profundo de este aspecto de la economía nacional.

10 Este es un tema muy polémico sobre el cual no se sabe lo suficiente. En los países latinoamericanos es igualmente típico hablar de las reivindicaciones laborales cuando en realidad los que se benefician de las mismas representan una proporción baja, muchas veces menor del 20 por ciento, de la fuerza de trabajo. Hay que tener en cuenta que una buena parte de tales reivindicaciones es legítima, pero otra parte no lo es pues depende de privilegios otorgados a ciertas empresas que representan monopolios o están protegidas de la competencia externa, lo cual les permite cargar precios mayores de los que corresponderían si tuvieran que competir en mercados libres. Parte del diferencial obtenido por esos precios mayores va a los trabajadores, pero se financia por el gasto adicional que tienen que hacer los consumidores.

apoyo irrestricto a la política del gobierno y del Partido Comunista. De este modo se pierde todo sentido de autonomía y poder, junto con la representatividad de los intereses de los trabajadores, tanto a nivel nacional como a nivel de empresa o industria específica. Paradójicamente la llamada «dictadura del proletariado», que supuestamente iba a eliminar «la explotación del hombre por el hombre» fue la que convirtió al movimiento sindical en un apéndice del gobierno y creó las condiciones extremas de explotación de los trabajadores. Una de las secuelas de este proceso ha sido precisamente la pérdida gradual de los niveles de productividad del trabajo y su concomitante en el deterioro crónico del nivel de vida de los cubanos.

La doctrina, el tamaño y la organización actual del estado

El estado es la forma en que está organizada una nación, generalmente identificada por un territorio como en el caso de Cuba. De esta manera, el estado está constituido por instituciones que definen como está organizado. Como parte de la función de gobierno, el estado administra un conjunto de recursos que son de su propiedad. La constitución del país es el conjunto de principios y reglas que definen la organización del estado. Según Juan Bautista Alberdi en su conocida obra *Bases* de 1852 (véase una edición reciente de Alberdi, 1998), "[c]onstitución y forma de gobierno son palabras que reflejan una misma cosa". El gobierno es el conjunto de personas que manejan o administran el estado y representan el poder ejecutivo. Muchas veces, en conversaciones informales hablamos del gobierno como si fuera el estado, pero esta confusión debe evitarse. El estado cubano bajo Fidel Castro incluye los organismos ocupados por el gobierno central y las empresas estatales.[11]

Antes de 1959, en Cuba se reconocían tres poderes del estado, el ejecutivo, el legislativo y el judicial. La separación de poderes sin embargo no existe en Cuba desde 1959. La doctrina política o, si se prefiere, ideo-

---

11 En teoría, los gobiernos regionales y locales son muy débiles en comparación con el gobierno central y no gozan de completa autonomía. Sin embargo, en la práctica las personas a cargo de estas administraciones acumulan mucho poder y es necesario tenerlas en cuenta cuando se den las condiciones de un cambio profundo en las esferas más altas del gobierno.

lógica o filosófica, predominante del régimen actual está basada en la existencia de un estado ubicuo, sin poderes independientes que lo controlen o restrinjan y que se entromete e impone en prácticamente todos los aspectos de la vida del ciudadano cubano, dejándole a este último poca autonomía para tomar decisiones que afecten sus intereses privados. En Cuba el interés del estado predomina sobre el interés de las personas.[12] Una de las características esenciales de este estado es la de tener un poder virtualmente ilimitado dirigido a la restricción de las libertades económicas y políticas del ciudadano cubano y a la represión y supresión de todo intento de ampliar las pocas libertades permitidas aunque sea marginalmente. De hecho, esos poderes han llegado a tal extremo que no sólo están limitados a restringir las libertades de los ciudadanos, sino que también obligan a los ciudadanos a adoptar conductas contrarias a su libre albedrío. Es esta característica la que define al estado y al gobierno cubanos como totalitarios y no simplemente autoritarios. Parte de ese poder se deriva del tamaño que el estado ha alcanzado, medido por el número de personas trabajando para el mismo y por el volumen de los recursos que maneja, especialmente por haberse convertido a la fuerza, pero con gran apoyo popular al inicio del proceso revolucionario, en el propietario de casi todos los medios de producción, comunicación, etc y prácticamente el único empleador del país.

Las excepciones han sido, al principio de la revolución, las granjas pequeñas de algunos propietarios privados y, más recientemente, las empresas extranjeras que el gobierno cubano invitó a invertir en Cuba para crear algunas capacidades de producción que le permitieran al gobierno sobrevivir la pérdida de los subsidios soviéticos. También deben sumarse las microempresas cubanas toleradas pero muy restringidas por el gobierno que surgieron en los primeros años de la década de los noventa, como resultado de la legalización de una cantidad limitada de trabajo por cuenta propia. En la práctica, tales medidas han tendido a reducir el tamaño del estado aunque no radicalmente.

La autorización del trabajo por cuenta propia por parte del gobierno fue incorrectamente catalogada como un movimiento reformista por muchos observadores de la economía cubana. En realidad la medida era

---

12 En realidad, la razón de estado (internacionalismo proletario, antiimperialismo, patriotismo, unidad frente al enemigo, socialismo, etc.) es la excusa para imponer la voluntad del jefe de gobierno sobre los gobernados.

un ajuste temporal explícitamente definido como reversible, para darle solución al grave problema del paro de muchas fábricas y centros de trabajo que no tenían los medios con que operar al desaparecer los subsidios soviéticos. A pesar de estos ajustes, el tamaño del estado cubano debe seguir considerándose hipertrofiado lo que pudiera medirse, si los datos disponibles lo permitieran, mediante la proporción de personas empleadas en el estado en relación al empleo total, o por la proporción del gasto del estado dentro del PIB.

La corrección de la hipertrofia del estado cubano no debe limitarse a reducir su tamaño mediante la privatización de las empresas, pues el gobierno central está organizativamente diseñado como un mecanismo eminentemente interventor y represivo, enemigo de toda forma de iniciativa privada, sea de tipo político, social o económico. La organización, poderío y tamaño actual del estado cubano, junto con la filosofía que trata de justificarlo es por lo tanto el primer obstáculo en el camino hacia una economía de mercado y una democracia. Aquí hay que distinguir entre la organización del estado y la del gobierno. El estado es el conjunto de instituciones y organizaciones que existe en un momento dado y que sirve para que un conjunto específico de individuos, o sea, los miembros del gobierno, administren los recursos de una nación en función de los intereses o doctrinas establecidas oficialmente o de políticas o agendas no declaradas. Esto significa que con quienes quiera que se constituya el gobierno, el estado debe reorganizarse para permitir la rehabilitación de la economía nacional.

No creo que existan muchos cubanos que piensen que la cúpula gobernante actual, especialmente Fidel Castro, desee en algún momento una reorganización fundamental del estado cubano. Por otra parte, no se sabe cuántos funcionarios cubanos en diferentes niveles están esperando una oportunidad para poder apoyar un movimiento reformista genuino. La experiencia de los 25 países ex socialistas (incluyo en la cuenta a las 15 repúblicas ex soviéticas) indica que muchos de los viejos funcionarios llegan a quedar y hasta a ser necesitados en puestos de poder y que en muchos casos algunos pueden llegar a ser los reformistas. La experiencia de Iraq en este aspecto es también digna de tenerse en cuenta, pues hemos visto las consecuencias negativas que puede tener un plan de reconstrucción que parta de un despido masivo de toda la planta gubernamental, incluyendo las fuerzas armadas y de seguridad. Una ventaja que estas personas tienen y que no debe ser subestimada es la cantidad de información que poseen sobre la administración pública, la economía y muchos otros aspectos críticos sobre cómo funciona el país. Uno de los legados más dañinos del socialismo en general y del castrismo en particular es el número muy reducido de personas que están calificadas para conducir los asuntos de estado que resulta de operar con una ausencia total de transparencia e impedir una amplia participación de los ciudadanos en los asuntos públicos. De todas maneras, habrá que correr riesgos con personal nuevo y también con personal viejo. El nuevo porque aunque no sea idóneo por un tiempo, si está dispuesto a capacitarse para ejercer las nuevas tareas, puede estar más comprometido con cambiar la naturaleza del sistema. Y el viejo, por su experiencia y sus conocimientos, siempre y cuando pueda responder lealmente a las necesidades de la transición.

La organización actual del estado cubano como obstáculo a un proceso de reformas profundas está reforzada por otro obstáculo formidable y es el de las mentalidades imperantes entre los funcionarios públicos, posiblemente apuntaladas aún más por actitudes similares por parte de la población en general. Casi cuarenta y cinco años de educación estatizante y propaganda continua no transcurren sin dejar una huella en muchas mentes, aunque, por otra parte, la percepción generalizada del fracaso tan descomunal del estado en el manejo de la economía y de los asuntos públicos puede dar alguna esperanza de que sea un factor facilitador para cambios sustanciales. Sin embargo, no lo sabemos a ciencia cierta. La experiencia en los procesos de reforma en otros países de cultura similar a la cubana indica fuertemente que los funcionarios públicos, aun cuando estén muy conscientes de las ineficiencias y hasta de la corrupción imperante en sus ambientes de trabajo, a la hora de los cambios que pueden afectar su modo de trabajar y hasta su modo de vida se paralizan ante la incertidumbre del proceso, lo que genera actitudes adversas a todo cambio.

Por eso es muy aconsejable que todo proceso de reforma sea conducido por personal ejecutivo y técnicamente capaz, que no sólo sabe lo que hace y cómo lo hace, pero que además sepa cómo se lo explica a una ciudadanía afectada por un profundo sentido de desconfianza hacia la gestión pública y hacia los gobernantes, tanto políticos como administrativos y técnicos. Para lograr un proceso de reforma lo más eficiente posible es necesario primero que nada reconocer lo que se puede denominar como la «geografía institucional y organizativa del país» elemento que fue lamentablemente ignorado por casi todos aquellos que se avalanzaron sobre los países socialistas cuando comenzaron sus respectivas transiciones sin conocer el terreno en que estaban pisando. Los errores que se cometieron, como fue el proceso de privatización en Rusia y en otros países, todavía dejan sentir sus consecuencias negativas para esas economías.[13] A continuación haremos una breve exploración de algunos aspectos sobresalientes de esa «geografía» y de algunos de los elementos que hay que tener en cuenta para poder operar en ella con éxito.

El gobierno central

Actualmente el gobierno central está formalmente constituido por el Poder Ejecutivo, cuya expresión jerárquica más alta es la Presidencia de la República; el Poder Legislativo representado por la Asamblea Nacional y el Poder Judicial. Aunque esta trilogía puede dar la impresión de que existe una separación de poderes en Cuba, en realidad hay un solo poder que opera de forma absoluta en Cuba sin rendirle cuentas a nadie. Es posible que el primer paso en la restructuración del estado y gobierno cubanos sea precisamente el de la separación de los tres poderes públicos, pero ¿cómo lograrla? ¿Con qué individuos? ¿Por medio de cuáles procedimien-

---

13 En Rusia el proceso de privatización fue improvisado de una manera que se puede calificar de irresponsable, pero no sólo por parte de algunos economistas rusos sino por parte de asesores extranjeros que carecían de un grado suficiente de comprensión sobre cómo operaban las empresas estatales en el marco de esa sociedad. Se ignoraba que la empresa estatal soviética no operaba como la empresa estatal de países como el Reino Unido donde existían economías de mercado y no había planificación central. El resultado de aquella forma de privatización ha sido principalmente el surgimiento y la existencia actual de grupos oligárquicos que concentran muchas propiedades en pocas manos y que impiden la instalación de una verdadera economía de mercado en el país. Adicionalmente, la alta concentración de poderes económicos tiende a justificar una alta concentración de poderes políticos en el gobierno lo que permite cuestionar la extensión del proceso de democratización de Rusia. Mientras se escribe esto, sin embargo, crecen las especulaciones sobre la futura trayectoria de Rusia, existiendo indicaciones que el gobierno de Vladimir Putin está comprometido tanto con el desarrollo democrático del país y una economía de mercado como con una reducción del poder económico y político de las oligarquías. Mientras tanto, la economía rusa ha estado manteniendo tasas de crecimiento anual sostenidas del 6 y 7 por ciento durante los últimos cinco años, lo cual indica el éxito del programa de reformas y la transición al mercado a pesar de sus defectos.

tos legales? ¿Cuánto tiempo se necesita para lograr los cambios en cada sector?

Estas interrogantes se suman a las planteadas arriba y no deben ser consideradas superficialmente si se quiere contribuir a una transición organizada y evitar una situación de inestabilidad pública y de empeoramiento de la ya grave situación económica del país. Habrá muchos que desean un cambio radical y casi instantáneo de organización del estado y de personal. En teoría, si se supiera cómo hacer una transformación de una economía planificada, o el híbrido orgánico en que Cuba se ha convertido, hacia una plena economía de mercado operando en el marco de una sociedad democrática en la tradición occidental, lo mejor sería un cambio tan radical como fuera posible. Este cambio radical, hecho en corto tiempo, es lo que se llamó «terapia de choque» en oposición al enfoque llamado «gradualista» al principio de la década de los noventa.[14] La realidad, sin embargo, parece aconsejar algunas estrategias eclécticas, donde algunos cambios se pueden llevar a cabo rápidamente como la liberación de los precios, el comercio y las libertades civiles, mientras que otros, como la privatización de las empresas estatales y el establecimiento de un nuevo marco constitucional y un nuevo sistema legal, requieren más tiempo de implementación.

No obstante, la velocidad de los cambios estará determinada por las fuerzas políticas que entren a jugar en cada momento. Hay muchos que creen que la salida de Castro del poder en Cuba será algo similar a la salida de Batista el 31 de diciembre de 1958, la cual estuvo acompañada de la fuga de casi todos los demás miembros clave del gobierno. Sin embargo, las condiciones actuales son muy diferentes. En aquella ocasión no se trataba de cambiar radicalmente la organización del estado cubano. Cuando Batista dio su golpe de estado el 10 de marzo de 1952 dejó la estructura del estado casi intacta. Aunque se introdujeron algunos cambios en la Constitución del 40 que regía hasta aquel momento, la economía no fue

---

14 En mi opinión había mucho de artificiosa en la polémica pues era obvio que ciertos cambios podían realizarse de un día para otro, mientras otros necesitarían más tiempo. Lamentablemente la atención de concentró en temas como éste y en la aplicación de conceptos cuya importancia era limitada como el de «monetary overhang» o excedente monetario y el de «hard budget constraint» o restricción presupuestaria rígida. Otros problemas más importantes fueron subestimados, especialmente la falta de un programa relámpago de educación u orientación pública explicando las ventajas de una economía de mercado y el rápido diseño e implementación de un programa de privatización ambos congruentes con los objetivos de la liberalización de la economía.

alterada ni tampoco la estructura general del gobierno. Cuando Fidel Castro deje de dominar la escena nacional del modo que lo ha logrado hacer desde 1959 no habrá una vuelta atrás automática, como ya hemos indicado, pero sin duda la trayectoria específica del cambio puede depender de las condiciones en que opere una transferencia de poderes.

En este libro suponemos que tal transferencia sucederá como resultado de la incapacidad o muerte de Fidel Castro y que no necesariamente este evento estará seguido de inmediato por una situación de caos o anarquía. Hay sin embargo quienes desean que antes de la desaparición de Fidel Castro sobrevenga una rebelión interna acaso de tipo militar que pueda deponer a los gobernantes actuales por la fuerza y que acto seguido emprenda un proceso de reformas económicas y democratización. Tal escenario puede parecer deseable, especialmente porque incluye la esperanza de poder aplicar alguna medida de justicia por los desmanes cometidos en Cuba durante todos estos años y supuestamente permitiría una mayor velocidad de las reformas al inicio del proceso. Sin embargo, no se puede descartar que esa alternativa hace correr el riesgo de que el castrismo sea reemplazado por otro poder autoritario o por un período de violencia que haría más difícil (no necesariamente impediría) la democratización y reconstrucción económica del país. Incluso un período inicial de violencia pudiera necesitarse para neutralizar las fuerzas que se oponen a un cambio profundo de la sociedad cubana. En este aspecto, es inútil hacer pronósticos, sólo examinar algunos de los escenarios más probables y prepararse para ellos.

Independientemente de lo que suceda y aparte de la prevalencia de una doctrina obsoleta sobre el papel del estado, los organismos del gobierno central adolecen de una serie de estilos gerenciales que deben ser sustituidos por métodos más modernos y a tono con las economías y sistemas democráticos más avanzados.[15] Los organismos actuales responden a los dictados de un régimen totalitario ante el cual sus misiones teóricas son supeditadas a los objetivos políticos del gobernante absoluto, lo que

---

15 Aquí utilizamos el término «gerencia» en lugar del inglés *management* el cual no tiene una traducción satisfactoria al castellano. Gerencia implica jerarquía mientras *management* indica el manejo eficiente del recurso humano. En Cuba, al igual que en otros países prevalece una concepción estrecha sobre este concepto que debe ser superada. El término «administración» no es una traducción satisfactoria de *management* pues implica el manejo de recursos de formas más limitadas, muchas veces con particular énfasis en los recursos físicos o financieros.

debiera cambiar mediante una reconceptualización de las misiones de estos organismos. De nuevo, en esta parte del libro sólo estamos reconociendo el terreno institucional y organizativo actual, pero más adelante entraremos con más detalle en los cambios necesarios.

En la actualidad los organismos gubernamentales que corresponden al Poder Ejecutivo incluyen ministerios que tienen un poder monopolista en la economía nacional. Aun cuando en la práctica ha desaparecido la planificación central en Cuba, por lo menos en la forma en que existió por tres décadas, muchos ministerios existen porque tienen entre sus misiones el manejo de empresas que en una economía moderna estarían en manos del sector privado. Obviamente, un proceso de privatización como el que se explica más adelante haría desaparecer tales ministerios y sus funcionarios y empleados serían absorbidos por otras actividades económicas.

Los organismos del Poder Ejecutivo (y el personal empleado en el mismo) que sobrevivan un proceso profundo de reformas y modernización del estado no sólo tendrían que abandonar sus estilos gerenciales y reconceptualizar sus misiones, sino también desarrollar la capacidad de operar eficazmente para satisfacer las necesidades de una economía y un sistema político mucho más complejo y de muchísima más participación que el existente bajo el llamado socialismo de Fidel Castro. Puede suponerse que muchos de estos organismos sobrevivirán las reformas, por ejemplo, los ministerios encargados de la educación, el de hacienda o finanzas públicas, la salud pública, el transporte, el comercio, las comunicaciones y la adminsitración de justicia, para mencionar unos cuantos. Sin embargo, sus misiones serían menos ideológicas y políticas con un grado mayor de compromiso hacia los derechos civiles y la eficiencia económica.

Qué hacer con la Asamblea del Poder Popular puede presentar una incógnita para el equipo de gobierno a cargo de una transición. Muchos pueden pensar que lo mejor es hacerla desaparecer de inmediato y tratar de reemplazarla oportunamente con un cuerpo legislativo que sea más genuinamente representativo. Como quiera que sea, dicha asamblea ha sido un simple instrumento para legitimizar las decisiones de Castro y no parece haber servido ni para llevar a cabo un debate medianamente serio sobre algún tópico de interés nacional. Pero cabe preguntarse si en una atmósfera de libertades de expresión dicha asamblea pudiera jugar un papel útil en una transición, al menos por un período transitorio hasta que se puedan convocar elecciones libres para elegir a nuevos legisladores. Sí, es cierto, los asambleístas actuales parecen haber sido electos por votación popular, pero fueron preseleccionados por el aparato político de Fidel Castro, posiblemente por él mismo y no necesariamente cuentan con la confianza de sus electores. Es muy probable que en su conjunto, la asamblea sea un órgano más que inservible, obstaculizador de cualquier cambio al régimen actual.

Este es un tema a debatir y a solucionar inteligentemente para lo cual hay que plantearse algunas interrogantes y enfrentarlas con valor, paciencia y sabiduría. Son muchos los que de buena fe apoyaron la revolución y los designios supuestamente socialistas y hasta humanistas de Fidel Castro. ¿Van a excluirse de toda actividad pública todos aquellos cubanos que en algún momento apoyaron al gobierno? ¿Cuántos hombres y mujeres hay en la asamblea que si tuvieran una oportunidad podrían ser capaces de hacer contribuciones a la rehabilitación de la república? Pero del mismo modo ¿cuántos pueden haber que si tuvieran la oportunidad sabotearían u obstaculizarían la marcha hacia una democracia y una economía de mercado como ocurrió en Rusia, Ucrania y en otros países ex socialistas? Yo no tengo en este momento suficientes elementos de juicio para recomendar una cosa u otra, sólo cautela al principio y firmeza en una decisión final al respecto. Lo que no me parece tolerable es que se le permita a un grupo de personas que tenga el poder de impedir o dificultar la construcción de una nueva nación. La asamblea debe ser disuelta sin dilación a la primera señal de que no está en condiciones de unirse a los cambios que Cuba necesita.

Algo parecido podemos decir del Poder Judicial. El problema principal es cómo construir uno desde cero si ninguno de los miembros actuales del sector judicial debe o puede mantenerse en sus cargos respectivos. Un nuevo sistema legal se construye con personas calificadas y sus calificaciones no se desarrollan en poco tiempo. Es muy posible que una solución gradualista sea la más inteligente, pero antes es necesario que los que estén más allegados al poder judicial en Cuba comiencen a estudiar, discutir y escribir sobre las condiciones que imperan actualmente en este sector. Ya sabemos que éste ha sido el sector que ha contribuido a enviar al presidio político a decenas de miles de ciudadanos. Por lo tanto puede suponerse que sin una depuración mínima de personal responsable por abusos de poder como violaciones a los derechos individuales, la confianza que la población debe tener en los nuevos organismos del estado para que se logre una transición satisfactoria puede estar comprometida desde el principio. Además, es necesario separar de sus cargos aquellos funcionarios que aunque no tengan cuentas pendientes en materia de abusos se muestren reacios a los cambios necesarios para construir una nueva república.

Las empresas estatales

Bajo el socialismo, la empresa estatal en comparación con la privada sufre una reducción extrema en la complejidad de su organización y sus operaciones, además de su autonomía para funcionar interactivamente con las demás entidades de la economía. Desaparecen por ejemplo las funciones de gobernabilidad, las financieras, las de mercadeo, las de gerencia de personal y muchas otras. Al ser nacionalizada, la empresa socialista deja de decidir sobre sus niveles y surtido de producción, sobre los precios a que vende y compra, sobre los trabajadores que debe contratar o capacitar, sobre las inversiones nuevas o de reposición y sobre las diversas formas de financiamiento de su gestión.

De hecho, la empresa socialista típica se convierte en un taller que recibe órdenes desde arriba y cuenta en la práctica con grados mínimos de libertad para realizar su gestión eficiente y eficazmente. De esta manera, la empresa estatal recibe directivas de producción física, para ser «vendida» o entregada de acuerdo con el plan, cuando se logra, a precios generalmente arbitrarios. En lugar de adquirir libremente lo que necesita para producir, recibe asignaciones de materiales también dictadas por alguna autoridad superior, aunque no siempre la misma es capaz de cumplir con sus decisiones o directivas. De hecho, una de las plagas permanentes de la empresa socialista es la continua falta de cumplimiento de los planes de entrega de los diversos suministros, desde la materia prima necesaria, hasta el mantenimiento, las inversiones, las piezas de repuesto o los trabajadores calificados.

Como taller, la empresa estatal es altamente ineficiente pues además de las restricciones que tiene que sufrir para operar, está afectada por decisiones políticas y por movilizaciones que reducen la capacidad productiva que le queda a cada instante. Todo esto hace que la productividad del trabajo y la de todos los demás factores productivos desciendan hasta niveles que en muchos casos hacen que la empresa genere pérdidas. También como parte del predominio de la política y la ideología sobre las consideraciones económicas, la empresa estatal acaba contratando más personal del que necesita para operar eficientemente, lo cual presenta un problema cuando se trata de hacerlas costeables.

La falta de sistemas de contabilidad y de controles internos o el deterioro de los que existían al momento de las expropiaciones, además de contribuir a la caída general de la productividad, provocó otra de las plagas que afectan la eficiencia de las empresas estatales en Cuba y son las continuas filtraciones tanto de materias primas como de productos terminados en los inventarios de la empresa. Tales filtraciones están principalmente motivadas por la extrema escasez que sufre la población cubana. Las mismas tienen diversos destinos, entre ellos: la satisfacción de necesidades de consumo inmediato de algunos trabajadores o funcionarios de la empresa misma; la necesidad de «comprar protección» por la policía oficial; la necesidad de satisfacer demandas de altos funcionarios del gobierno, militares, diplomáticos, el partido u otras organizaciones políticas o de masas y el «desvío» de productos al mercado negro o para el canje o trueque por otros productos. Cuando sucede alguna catástrofe, por ejemplo un huracán, los funcionarios de estas empresas aprovechan la oportunidad para declarar pérdidas excesivas que borran las filtraciones anteriores. Por otra parte, el fenómeno de las filtraciones aparece con mayor incidencia en aquellas empresas que elaboran productos de gran atractivo o valor para la población, como son los tabacos y las bebidas alcohólicas y ciertos alimentos.

Aunque no se sabe, por supuesto, su medida exacta, estas filtraciones parecen ser cuantiosas y no sólo sirven para el consumo directo de los bienes afectados por los individuos que los usufructan, sino que también alimentan una proporción presumiblemente elevada de las transacciones del mercado negro y de los suministros de algunas actividades privadas, como son los llamados «paladares» o restaurantes pequeños que suelen cobrar en dólares y atienden a turistas principalmente.

El lector debe tener en cuenta que la ineficiencia intrínseca de la empresa estatal fue la célula que dio al traste con el sistema económico soviético. A pesar de todos los esfuerzos políticos e ideológicos, las empresas socialistas casi nunca lograron producir a costos lo suficientemente bajos como para poder competir con sus equivalentes en las economías de mercado. El conjunto de estas empresas hizo que las economías de los países socialistas tuvieran que ser mantenidas en condiciones precarias lo que incluía un bajo nivel de vida para sus trabajadores. El sistema socialista mundial se viene abajo precisamente cuando encima de estas ineficiencias, las condiciones políticas internacionales que determinaron lo que se llamó la guerra fría desde fines de la Segunda Guerra Mundial forzaron a los países socialistas a invertir parte de su economía en armamentos cada vez más caros. En el caso de Cuba es también la incapacidad productiva de la empresa estatal la que impide el desarrollo de su economía y provoca el empobrecimiento agudo de su población.

El aparato de seguridad

Cuando hablamos de la seguridad generalmente pensamos primero que nada en el personal que la constituye y proseguimos con la imagen de un aparato que ha tenido como principal objetivo la represión de las libertades civiles. Este sistema, sin embargo, también incluye facilidades físicas e informativas (archivos sobre las actividades posiblemente de cientos de miles de personas) que deben ser tratadas con mucho cuidado. Si bien es cierto que muchos de estos recursos deben ser dedicados a otras actividades y los archivos dispuestos de manera que no caigan en manos inescrupulosas, también es cierto que parte de la información cubrirá actividades de tipo criminal común que puede ser útil para un gobierno democrático respetuoso de los derechos ciudadanos. En cualquier caso el tema es delicado y las alternativas que se puedan definir deben ser estudiadas para adoptar las medidas más deseables desde el punto de vista del interés nacional.

Debe tenerse en cuenta que el gobierno revolucionario, desde sus primeros años, se dedicó a reclutar jóvenes de gran talento y educación para sus servicios de seguridad. En qué medida este personal puede y debe jugar un papel en el futuro del país es un tema que idealmente debiera ser debatido antes de que llegue el momento de un cambio radical de sistema. No cabe duda que el aparato represivo en su conjunto deberá ser desmantelado para que no pueda convertirse en una fuente de oposición al establecimiento de una sociedad democrática, pero ¿cuántos individuos son recuperables para que puedan poner sus talentos a contribución en una nueva república?

Otro problema al que se enfrentará el equipo a cargo de una transición es que el país necesitará un sistema interno de seguridad, tanto contra amenazas externas como para enfrentar problemas internos. Por ejemplo, los archivos actuales de seguridad pueden contener información útil sobre traficantes de drogas en el país o fuera del mismo, así como información sobre ex convictos o criminales que no han sido procesados. Una buena parte del aparato de seguridad parece estar constituido por informantes o «chivatos», que no tendrían cabida en un estado de derecho por ser delatores de actividades políticas. No obstante, los informantes son necesarios para combatir el crimen común y otras amenazas a la seguridad pública. En general debe suponerse que el sistema de seguridad nacional deberá sufrir una reducción sustancial de su presupuesto y una reestructuración que deberá comenzar por un cambio de filosofía en cuanto a las misiones de la seguridad nacional en un contexto democrático. Como parte de la política de reforma que se siga en este sector debemos suponer que los odiados Comités de Defensa de la Revolución dejarán de operar desde el primer día de un proceso de reformas.

Las fuerzas armadas

Otro aspecto verdaderamente hipertrofiado del estado cubano está constituido por sus fuerzas armadas. A pesar de la consigna de Fidel Castro en 1959 de convertir los cuarteles en escuelas, el país entero fue virtualmente convertido en un cuartel. El militarismo cubano bajo la dictadura de Batista era más aparente que real y quedó muchas veces empequeñecido con el desarrollo del militarismo castrista. Las fuerzas armadas se desarrollaron con el doble objeto de jugar un papel en teatros y conflictos internacionales que enaltecerían la figura del jefe de la revolución aunque fuera a costa del desarrollo económico del país y el de movilizar, por medio de la milicia, la mayor cantidad posible de hombres y mujeres con fines de control de masas y de intimidación y neutralización de toda forma de oposición al nuevo régimen. Esas fuerzas armadas, cuyo desarrollo inicial se justificó oficialmente para defender al país de una posible invasión de Estados Unidos llegaron a considerarse entre las mayores del mundo en términos per cápita, compitiendo en esa categoría con las de Israel.

Tal aparato bélico representó y posiblemente todavía representa una desviación tan exagerada de recursos para un país del tamaño y riqueza de Cuba que se puede afirmar que ha sido uno de los principales factores explicativos de la pobreza crónica que sufre la mayoría de los cubanos en la actualidad. El desvío de los recursos consiste, primeramente, en el personal que además de estar separado de actividades productivas, debe consumir parte del PIB para poder operar normalmente. Aun cuando en diversos momentos, las fuerzas armadas han estado a cargo de actividades productivas en la agricultura, no se sabe a ciencia cierta qué proporción del PIB las mismas producen y consumen. En un estudio reciente como el de Amuchástegui (2000), se afirma que dicha participación ha ido creciendo considerablemente en los últimos años, desde la desintegración de la Unión Soviética. Sin embargo, en un estudio anterior, Pérez-López (1996) muestra una participación elevada hasta los años noventa que decrece en los primeros años de esa década. No obstante, ambos estudios confirman el elevado peso del gasto militar en la economía cubana. Parte del recurso humano desviado lo forma también el conjunto de líderes que pudieran estar aplicando sus capacidades organizativas y de mando en empresas productivas. De hecho, el gobierno revolucionario ha utilizado frecuentemente militares para resolver problemas económicos. Esta tendencia se ha ido acentuando últimamente como lo expresa Mora (2004), cuyo trabajo se enfoca en la creciente capacidad productiva de los militares, lo cual invita a plantear toda una serie de interrogantes no ya sobre el peso del gasto militar en el presupuesto de la nación, sino también sobre la proporción del PIB que este sector está generando. El aumento de la importancia de los militares en la economía se debe a que las fuerzas armadas han sido la única cantera de formación de personal disciplinado con que cuenta el país, después de sufrir el éxodo catastrófico de personal ejecutivo como secuela de las expropiaciones del comienzo de la revolución.

La otra gran forma de desvío de recursos se nota en los equipos y suministros en general, los cuales operan bajo el costo de oportunidad representado por los ingresos dejados de percibir si ese material estuviese dedicado a actividades productivas, o sea, si en lugar de tanques y aviones el país tuviera su equivalente en maquinaria industrial y agrícola, etc. Nótese que aun cuando estas fuerzas armadas hayan quedado obsoletas, incluso si siempre lo fueron con relación al nivel de tecnología militar del adversario principal del gobierno cubano, el costo de oportunidad continúa siendo el mismo, aunque obviamente la justificación del gasto desde el punto de vista estricto de la defensa nacional sería mucho más difícil. No obstante, la crisis económica que afecta al país con la desaparición de la Unión Soviética obliga al gobierno cubano a adoptar severas medidas de ajuste en todos los sectores, incluyendo el militar, medidas que supuestamente continuarán por un tiempo indefinido.

Por encima del estado en que se encuentren las fuerzas armadas cubanas en el momento en que se puedan realizar reformas, la masa de recursos materiales y humanos que controla este sector es cuantiosa y se presenta el mismo problema que en otros sectores, ¿qué dejar y qué reducir? Por muchas razones, se puede justificar que Cuba tenga su propio sistema de defensa nacional pero es un tema que debe ser objeto de un gran diálogo nacional. Una de las cuestiones a dilucidar y que abordaremos más adelante es ¿de qué tamaño deben ser y qué poder, alcance y naturaleza deben tener las fuerzas armadas cubanas en el futuro?

Las relaciones exteriores

Paralelo al esfuerzo militar en su empeño por conseguir una posición influyente en la arena mundial, Fidel Castro persiguió una política internacional muy agresiva que efectivamente proyectó una presencia cubana en muchas regiones del mundo. Uno de los legados de esa política exterior es también un aparato hipertrofiado de relaciones exteriores que acaparó una buena cantidad de talentos nacionales para trabajar en el servicio exterior, como diplomáticos y técnicos de toda índole. Parte de ese aparato puede ser de gran utilidad para los gobiernos que sucedan a Fidel Castro en sus esfuerzos por reformular una política exterior menos politizada y más económica y comercial. Es importante no subestimar el hecho de que la formación de cuadros del servicio exterior que dominan idiomas extranjeros, que conozcan las interioridades del mundo diplomático en los diversos países y que puedan defender los intereses de una nueva república en el exterior no se logra en corto tiempo. Al igual que otras dependencias del estado, el sistema de relaciones exteriores, desde el ministerio hasta las embajadas y todas las dependencias correspondientes se enfrentará a los dos extremos de un plan de reformas, o dejarlo intacto o comenzar desde cero. No será posible en este libro elaborar en detalle lo que se deberá hacer, pero debemos suponer que la solución deberá estar en algún punto intermedio entre esos dos extremos. Dejamos este tema para retomarlo en el Capítulo IV.

El Partido Comunista y otras organizaciones políticas

El Partido Comunista de Cuba y sus organizaciones subsidiarias o dependientes son una parte integral del aparato estatal de Cuba y se sostiene financieramente con recursos públicos. Seguramente, además de asignaciones presupuestarias del Gobierno Central del país, el Partido posee, usufructa o controla recursos físicos y financieros diversos, como pueden ser propiedades inmuebles, terrenos, equipos, cuentas bancarias en moneda nacional y en monedas extranjeras, tanto en Cuba como en otros países, armas y equipo bélico y propiedades en empresas de tipo productivo semiprivadas, mixtas o enteramente privadas. La falta de transparencia con que operan el estado y la sociedad cubanos desde el comienzo de la revolución impide saber con alguna precisión el volumen de los recursos directamente controlados por el Partido, todo lo cual hará que un gobierno de transición que pueda operar sin su influencia tendrá que inventariar esas posesiones.

Es muy posible que los miembros del Partido Comunista, especialmente los de mayor rango jerárquico, previendo la pérdida de poder e influencia, tanto en lo político como en lo económico, cuando desaparezca el castrismo, adopten una serie de medidas para disminuir el impacto negativo de los cambios que se avecinan.[16] Por otra parte, muchos de los funcionarios del Partido no lo son necesariamente a tiempo completo, sino que también ocupan cargos en otras dependencias del gobierno. Tal vez muchos de ellos, impedidos de expresar sus verdaderos sentimientos con relación al gobierno actual, abandonen este credo cuando existan las libertades civiles que se lo permitan. Dependiendo de lo que suceda en este aspecto, es incuestionable que un programa de transición democrático tendrá que recuperar no sólo los poderes políticos extraordinarios de

---

16 Aquí adoptaremos la hipótesis de trabajo de que el control del Partido sobre el gobierno no durará mucho sin los hermanos Castro, aunque en teoría puede suponerse que se prolongue por algún tiempo. No es descabellado pensar, por otra parte, que algunos miembros del Partido inicien una transición a lo Gorbachev previendo que las reformas son inevitables y prefiriendo adoptar una estrategia reformista que ellos puedan controlar para salvarse de un cambio más violento y potencialmente peligroso desde el punto de vista de su integridad física. Quedaría por ver si la población cubana tendría la paciencia, la generosidad o la confianza para esperar los resultados de semejante alternativa.

este partido sino también sus privilegios económicos y las propiedades que hubieran podido acumular desde su ascenso al poder en Cuba.

La educación

Bajo el régimen actual, la educación es una parte esencial del mecanismo de control de la población actual y de las futuras generaciones. En Cuba no se educa para crear un productor eficiente, ni para aprender a ser un ciudadano libre, sino uno obediente y dócil. Dada su importancia política, el sector educativo se caracteriza por ser un receptor de grandes volúmenes de recursos, hecho posible por cuantiosos subsidios soviéticos a la economía cubana hasta finales de la década de los ochenta. Esto permitió una gran expansión de la cobertura educativa, pero también incluyó una férrea orientación ideológica y política que nunca admitió ideas contrarias a la línea oficial. Los que se mostraban adversos al sistema no tendrían las mismas oportunidades educativas que los más leales al régimen (estudiantes o padres).

Pero aun desde un punto de vista estrictamente económico, cuando anteriormente discutimos la calidad de los recursos o capital humano legados por el proceso revolucionario, planteé unas dudas sobre si el sistema educativo había formado un número lo suficientemente elevado de personas aptas para trabajar competitivamente en los diversos sectores de actividad económica del país. La realidad es que no se conoce una evaluación independiente u objetiva del producto educativo de Cuba desde el comienzo del régimen revolucionario. Se supone y parece ser cierto que aumentó considerablemente la cobertura en todos los niveles de educación, especialmente en el secundario y en el universitario, pero poco se sabe de la educación técnica tanto a nivel secundario como la post-secundaria y otras formas de desarrollo de trabajo calificado. Por otra parte, hay indicaciones de que el aumento significativo del gasto en educación por parte del gobierno revolucionario parece haber tenido un impacto positivo sobre el crecimiento de la economía cubana aunque no tan fuerte como lo ha sido en otros países, según las investigaciones de Madrid-Aris (2000). Estos resultados son congruentes con los altos resultados que los estudiantes cubanos logran obtener en estudios comparativos internacionales sobre rendimiento académico. En estas investigaciones se reporta que Cuba obtiene puntajes muy elevados que incluso superan los obtenidos por países más desarrollados.

Por otra parte, en Cuba no existe educación privada en ninguna de sus modalidades. Una excepción es una escuela que opera para los hijos de personal diplomático acreditado en Cuba. Otro problema que parece estar afectando seriamente al sector educativo es el éxodo de maestros y la falta de motivación en el trabajo como resultado del empobrecimiento crónico de sus salarios y lo poco atractivo de la profesión en las condiciones en que está operando en el país. Así y todo, el sistema educativo mantiene una masa docente importante gracias a que el resto de la economía ofrece muy pocas oportunidades de empleo alternativo. Por otra parte, es probable que el más difícil de los problemas del sector sea la incapacidad del estado cubano de financiar los programas educativos que Cuba llegó a tener gracias a los subsidios soviéticos ya mencionados.

Un subproducto educativo

Después de discutir las condiciones actuales de la educación en Cuba, es necesario tocar un problema correlativo a la educación que surge de las políticas del régimen y de gran transcendencia para el futuro del país. Se trata de lo que actualmente se ha dado por denominar el capital social de una nación. Aunque hay varias concepciones sobre el mismo, aquí utilizaremos la definición que se basa en los grados de confianza que los ciudadanos de un país tienen entre ellos. Primero que nada es necesario conceptualizar la confianza como un factor de múltiples dimensiones, muchas de ellas independientes entre sí. Puede haber confianza, por ejemplo, de un ciudadano sobre la integridad de otros ciudadanos, su capacidad de discernimiento, de llegar a acuerdos y cumplirlos, sobre su puntualidad y su patriotismo. No siendo éste el lugar para desarrollar toda una taxonomía sobre las diversas formas o dimensiones en que se nos manifiesta el capital social, es importante que el lector tenga presente que hay otras muchas formas de capital social para comprender las implicaciones de los cambios que han operado en Cuba en los últimos años sobre este concepto.

También debemos tener en cuenta, aunque sea someramente, que las diversas formas de capital social se desarrollan en la mente de los ciudadanos con el pasar de los años y como resultado de sus conocimientos y experiencias sobre otros ciudadanos. Por ejemplo, yo puedo confiar en que alguna persona paga sus deudas o cumple sus compromisos sólo si la he visto actuar consecuentemente por un largo período de tiempo, observándola en el cumplimiento de sus compromisos o si una tercera persona en la cual yo confío me asegura que esa persona es de confianza en ese aspecto. Es también necesario observar que el hecho de que yo confíe en alguien en algún aspecto, como por ejemplo, el cumplimiento de compromisos o contratos, no quiere decir que yo pueda confiar en otros aspectos, digamos, en su valor personal frente a un peligro físico o en su capacidad de ganar un torneo de ajedrez o de ser un gobernante competente.

En la Cuba dominada por el socialismo, la represión de toda forma de expresión libre, la disrupción sufrida por la familia y la sociedad cubana desde 1959 ha hecho que muchos ciudadanos, acaso una mayoría, tengan poca confianza en sus vecinos, compañeros de trabajo, colegas y hasta familiares cercanos, para no hablar de los gobernantes y autoridades. Como parte de las estrategias oficiales de mantenimiento del poder político y así evitar coaliciones y conspiraciones que hubieran atentado contra el poder del gobierno, el mismo precisamente desarrolló la desconfianza ciudadana con el fin de desalentar los acuerdos clandestinos necesarios para luchar contra un gobierno represivo en extremo. Hoy por hoy, el cubano desconfía del cubano en gran medida cuando se trata de acuerdos que puedan ser interpretados como adversos al gobierno. De hecho, el gobierno ha sido contrario a las asociaciones privadas de casi cualquier tipo, precisamente para evitar intercambios que conduzcan a generar la confianza necesaria para aglutinar individuos en torno a un objetivo político. Un ejemplo de este fenómeno es la reacción del gobierno ante la iniciativa conocida por el Proyecto Varela y al mismo tiempo, como dicho proyecto se puede interpretar como un esfuerzo, por parte de un grupo de ciudadanos, de ganar un poco en materia de confianza. Es interesante y significativo el que muchos cubanos hayan acogido tal proyecto con un elevado nivel de desconfianza, especialmente en círculos del exilio.

Como resumen de esta sección debemos tener en cuenta que el acervo de capital social en sus diversas formas en las condiciones actuales y posiblemente en las condiciones que seguramente habrán de prevalecer en el momento en que pueda haber un cambio radical en Cuba debe considerarse muy bajo, no importa si podemos o no medir ese capital con un cierto grado de precisión. El capital social actualmente se ve como uno de los ingredientes que ha servido de elemento de cohesión en las sociedades más avanzadas, componente indispensable de su propio desarrollo. Es un ingrediente que sirve para explicar los diversos grados de facilidad o de dificultad con que los miembros de una sociedad pueden organizarse, desarrollar empresas, cumplir acuerdos de mutuo beneficio y llegar a tener gobiernos compatibles con sus intereses ciudadanos. Volveremos a tocar este tema cuando nos concentremos en las estrategias de la reconstrucción, pero lo hemos colocado aquí como correlativo (aunque no exclusivo) a la educación porque su tratamiento futuro depende en gran medida de nuevas estrategias educativas.

La salud pública

Al igual que el gasto educativo, el gobierno revolucionario aumentó considerablemente el gasto en salud pública, incluyendo los programas materno-infantiles y los servicios preventivos y asistenciales con énfasis en las áreas rurales. Tal política tuvo un elevado impacto propagandístico para el gobierno, tanto nacional como internacionalmente, pero dejó la falsa impresión de que los servicios de salud pueden ser gratuitos como si no se necesitaran recursos para producirlos.

En general la ciudadanía cubana ignoraba que la expansión del gasto y los servicios en este sector se pudo lograr gracias a los subsidios soviéticos, los que al desaparecer tuvieron y tienen todavía un considerable impacto negativo en el país. Los informes de observadores procedentes de Cuba indican que para los estratos más modestos de la población tal impacto ha sido catastrófico. Son muchos los aspectos del sector de la salud que se han deteriorado severamente en Cuba y que presentarán serios problemas a un gobierno reformista. Uno de esos aspectos está en los servicios asistenciales o curativos, los cuales han sufrido, por un lado, la falta de suministros y por otro, un aumento de problemas de salud como resultado de las deficiencias nutricionales de la población y del deterioro notable de las condiciones generales de salubridad que rodea al ciudadano en los centros urbanos y en sus mismas viviendas.

La seguridad social

Una de las áreas de la sociedad cubana donde más dramáticamente se presenta la depauperación de su economía es en los niveles de ingreso que

69

están recibiendo los cubanos que se retiran del mercado de trabajo. Las cifras de ingreso que se mencionan sólo alcanzan magnitudes ridículas especialmente cuando se convierten a dólares. El observador se queda con la impresión de que retirarse en Cuba actualmente es equivalente a la indigencia a menos que se reciban ingresos adicionales por concepto de remesas desde el exterior. Lamentablemente, esta situación se prolongará por varios años en Cuba aun cuando el país acometa un plan agresivo de recuperación económica, pues los niveles de ingreso que se requieren son considerables.

Las evaluaciones de Mesa-Lago (2000 y 1998), Pérez (1998) y otros autores sobre el estado de las pensiones en Cuba muestran un cuadro desolador y representará uno de los dolores de cabeza más agudos para un gobierno reformista o de transición. El régimen de pensiones cubano no es de capitalización, sino de reparto, que se financia directamente del presupuesto de la nación que a su vez recibe las contribuciones de los que están trabajando y devengando ingresos. La esencia del problema radica en que el total de los ingresos provenientes de las contribuciones no crece a un ritmo suficiente para cubrir el crecimiento de los egresos totales, tendencia que acabará por crear una profunda crisis. Posiblemente no exista problema social más serio que la quiebra de los regímenes de pensiones en Cuba como resultado de dos grupos de factores: a) el envejecimiento proporcional de la población cubana y b) la crisis de la economía que no genera suficientes ingresos para financiar las pensiones de los que dejan de trabajar, aunque en teoría los mismos estén cubiertos por el seguro social. Mientras se escriben estas líneas, ya hay manifestaciones de la alta incidencia de mendicidad que existe entre los que forman ese grupo de ciudadanos y ciudadanas que se ha dado por denominar de «la tercera edad». Más abajo discutiremos las posibles soluciones a este problema.

Las empresas privadas o mixtas

Estas empresas consisten de una combinación o mezcla de propietarios u operadores extranjeros actuando como socios de cubanos autorizados o miembros del gobierno que parecen actuar como propietarios. Muchas sorpresas se descubrirán sobre la naturaleza de estas empresas aparentemente híbridas que se fueron estableciendo en Cuba por iniciativa del gobierno cubano, proceso que comienza para burlar las restricciones del embargo de Estados Unidos que se desarrolla en la década de los ochenta pero que cobra mucha más fuerza después de la desaparición del bloque socialista y la Unión Soviética. Las operaciones de estas empresas han estado cubiertas por el mismo manto de misterio detrás del cual se ocultan todas las operaciones del gobierno cubano. Algunas de estas empresas han sido denominadas mixtas y es posible que todas las extranjeras que se instalaron en Cuba lo hayan tenido que hacer bajo la condición de tener al gobierno cubano, o a algún representante del mismo, como socio o accionista obligatorio. Tampoco se sabe con precisión qué empresas fueron verdaderos inversionistas, o sea que invirtieron fondos significativos en Cuba y crearon capacidades productivas o de servicio y cuáles fueron primordialmente administradores y conocedores de mercados externos y su acceso a los mismos. Las empresas e inversionistas que se instalaron en Cuba con el visto bueno de Fidel Castro lograron diversas condiciones contractuales, las que probablemente serán examinadas por un gobierno de transición para establecer su legitimidad.

También debe tenerse en cuenta que tales empresas se establecieron en Cuba en condiciones de total desamparo legal ya que no existe un sector judicial independiente en el país que pueda decidir o mediar en disputas entre las empresas y el gobierno. Esto significa que al establecerse en Cuba, las empresas negociaron sólo con el gobierno y confiaron en una relación contractual precaria y de gran inseguridad, lo que sugiere que estaban dispuestas a correr grandes riesgos bajo las expectativas de ganancias elevadas. Aunque muchas empresas pueden haber desarrollado expectativas optimistas a largo plazo, pensando que posicionarse en Cuba antes que otras empresas era de por sí una buena inversión, también consideraron que con la bendición del gobierno podían obtener ganancias significativas, al menos en principio, dadas las condiciones imperantes en Cuba, como la existencia de mercados cautivos de trabajo, condiciones de monopolio y otros privilegios. Por otro lado se escuchan reportes frecuentes de que muchos inversionistas extranjeros no han logrado realizar sus expectativas en Cuba por distintas razones, entre ellas, la falta de cumplimiento del gobierno de algunas de las condiciones acordadas durante la creación de cada empresa.

Es natural que muchos ciudadanos cubanos guarden un profundo resentimiento hacia estas empresas por varios motivos. Acaso el más justificado sea que las mismas aceptaron un régimen de contratación laboral que representa una explotación infame del trabajador mientras que la mayor parte de su salario en moneda extranjera es cobrado por el gobierno cubano. Estas personas pensarán que tales empresas no tuvieron escrúpulos en asociarse con el gobierno aprovechándose de la situación de Cuba para realizar sus ganancias, compartirlas con sus socios en el gobierno y de ese modo ayudar al régimen a sobrevivir la severa crisis que afectó al país al comienzo de los años noventa.

Sin embargo, es preciso tener en cuenta los intereses de la nación cubana a largo plazo antes de tomar medidas drásticas que estén únicamente motivadas por un deseo punitivo o de venganza. La realidad es que el capital puede ser muy mercenario, indolente y oportunista. Cuando el capital funciona dentro de los cánones de un sistema legal que garantiza los derechos de todos los ciudadanos puede ser muy beneficioso para la sociedad. Pero si se aplica en presencia de trabajadores cautivos donde casi no existen otras oportunidades de trabajo, muchos empleadores se aprovecharán de la situación y su impacto en la sociedad puede no ser tan beneficioso. Las moralizaciones o consideraciones éticas, sin embargo, aunque plenamente justificables y legítimas, no deben ser los únicos elementos de juicio en las decisiones que se adopten.

Otros sectores y entidades

En esta sección examinaremos someramente algunos de los sectores más importantes de la economía cubana con el objetivo de destacar elementos que han de jugar un papel crítico en un futuro programa de liberalización.

La industria azucarera

Bien sabemos la importancia que la industria azucarera ha tenido en la historia económica de Cuba, como principal fuente de ingresos externos o divisas por muchos años. Antes de la revolución de 1959, el azúcar fue sin lugar a dudas, la principal fuente de riqueza nacional. Tal era su importancia y su reconocimiento que el apotegma «sin azúcar no hay país» era parte del folklore cubano. También sabemos que esta industria siempre tuvo un carácter estacional cada año, lo cual implicaba que una gran masa de los que laboraban en ella sólo tuvieran empleo alrededor de cien días al año. Aunque también es bien sabido, pero no igualmente comprendido por los cubanos, que una buena parte de los ingresos que el azúcar generaba se debía al subsidio de Estados Unidos que compraba una parte de la producción cubana a precios preferenciales, lo cual era parte del sistema de protección del azúcar que producía la industria de ese país. O sea, la economía cubana era una economía parcialmente subsidiada mucho antes de la revolución de 1959, lo cual beneficiaba a un segmento importante del país pero introducía distorsiones en la economía cubana cuyas consecuencias, positivas y negativas, no han sido debidamente evaluadas.

La falta de atención a los problemas económicos que caracterizó al gobierno de Fidel Castro desde el comienzo de la revolución, sumada a la expropiación o socialización de los ingenios y de las grandes plantaciones de caña fue afectando la industria en su conjunto de diversas maneras, prácticamente todas negativas. Sin embargo, al analizar las condiciones en que opera esta industria, es necesario tener en cuenta que tales condiciones no dependen sólamente de las características internas del sector y sus partes componentes, o sea, sus empresas, sino también de las condiciones imperantes en el resto de la economía nacional y de la internacional. Por ejemplo, los salarios que predominan en esta industria depende eminentemente de las condiciones de los mercados de trabajo en el país. Si hay mucho empleo, como resultado del nivel de actividad inversionista en los sectores no azucareros, los salarios tienden a ser más altos porque hay mayor demanda de mano de obra, lo que eleva los costos de operación de cualquier sector, condición que puede hacer incosteable ciertas empresas o hasta sectores enteros si la productividad del trabajo no fuese lo suficientemente alta.

O viceversa, si hay mucho desempleo en el país, cualesquiera que sean las causas, el nivel general de salarios debe ser muy bajo, lo que puede reducir los costos de operación de algunas industrias haciéndolas más competitivas. Al mismo tiempo, debe tenerse en cuenta que cuando el nivel general de los salarios es muy elevado, los niveles de ingreso y por ende los de consumo tienden a ser altos también, mientras que, al revés, cuando los salarios tienden a ser muy bajos los niveles de ingreso también lo son. Como los ingresos de la industria azucarera dependen especialmente de los mercados externos, las condiciones de la demanda interna de azúcar no influyen tanto en la rentabilidad del sector, pero las condiciones de la oferta de trabajo sí tienen un peso en los salarios y por ende en la costeabilidad y rentabilidad de sus empresas.

Finalmente, hay que tener en cuenta que en cualquier sector de toda economía en que operan un determinado número de empresas, tanto agrícolas como manufactureras, las mismas se diferencian entre sí y consiguen distintos niveles de eficiencia productiva, siendo unas más rentables que otras. Esto significa que en caso de un aumento general de salarios por condiciones ajenas al sector, algunas empresas pueden llegar a ser incosteables, situación que de prolongarse puede determinar el cierre de las mismas.

A la luz de lo dicho anteriormente cabe preguntarse por qué la industria azucarera cubana en la actualidad parece no ser rentable a pesar de que el nivel general de los salarios en Cuba es tan bajo. La falta de rentabilidad se refleja en la decisión reciente del gobierno cubano de cerrar una serie de centrales azucareros que se explica oficialmente por la baja eficiencia de los mismos. La respuesta posiblemente radica en que precisamente la depauperación salarial es tan aguda que los trabajadores cañeros no están tan forzados a laborar en las arduas tareas del cultivo y la cosecha de la caña como lo estaban en el pasado. Incluso cabe plantearse que el empobrecimiento del trabajador cañero ha sido tan severo bajo la revolución que puede hacer de la mendicidad una alternativa más rentable para el trabajador. La falta de mano de obra impide producir los volúmenes necesarios de caña para alimentar los molinos de los ingenios y la poca caña que se produce debe concentrarse en las plantas más eficientes. Algunos también informan que la falta de caña afectará la producción ganadera del país pues los subproductos de la caña son un componente esencial de su alimentación.

El turismo

Cuba siempre tuvo un gran potencial turístico internacional, pero el mismo fue dejado de lado al comienzo del proceso revolucionario pues tal actividad no era compatible con los designios de Fidel Castro y sus planes de mantener a la población en constante movilidad con tales fines. En 1959 incluso se dio la impresión de que el gobierno revolucionario favorecería el desarrollo turístico del país como un sector productor de ingresos externos, pero muy rápidamente los años subsiguientes se encargaron de demostrar que las agendas eran distintas.

Irónicamente no fue hasta la desaparición de los subsidios soviéticos que la economía cubana, al quedar al descubierto, requiere de medidas urgentes para obtener ingresos externos que permitieran por lo menos mantener un nivel de subsistencia para sus ciudadanos. Es como una medida de emergencia que se redescubre el sector turístico con el cual la economía cubana podía contar con plena independencia de la ayuda de la Unión Soviética.

Sin embargo, el redescubrimiento de la riqueza turística potencial del país llega después de décadas de abandono. Para entonces Cuba ya ha perdido su capacidad gerencial, productiva y de mercadeo para reactivar con urgencia la industria turística y generar la capacidad productora de ingresos al máximo nivel posible. Por esta razón, las autoridades cubanas se vieron en la humillante obligación de llamar a operadores capitalistas extranjeros para ayudarlos a generar esa capacidad en corto tiempo. Dichos operadores y sus inversiones se vieron atraídos a Cuba por las pingües ganancias que podrían obtener como resultado de la depauperación crónica del nivel general de los salarios de los trabajadores cubanos y la completa subordinación de éstos a los poderes monopsoníticos del gobierno.[17]

O sea, después que los trabajadores cubanos sufren por décadas la caída de su salario real (medido por el poder adquisitivo de bienes y servicios) y su concomitante pérdida de nivel de vida (menos consumo, menos vivienda, menos ropa, menos transporte, menos electricidad, menos viajes, menos entretenimiento) sus necesidades de consumo se acumulan, lo cual los pone en condiciones de trabajar por salarios equivalentes a los de los países más pobres del mundo.[18] El sector turístico, aparte de los salarios que podía pagar, que no son dramáticamente más elevados que los que predominan en el resto de la economía nacional,

---

17 Aquí cabe preguntarse por qué el gobierno cubano no utilizó la misma estrategia de atraer inversionistas u operadores extranjeros para mantener la producción de la industria azucarera. Una posible respuesta radica en la Ley Helms-Burton que ha impedido a terceros ocupar las instalaciones expropiadas años antes.

18 No hay estadísticas oficiales sobre salarios reales al momento de escribir estas páginas pero se reporta que el salario promedio de los trabajadores cubanos es equivalente a menos de diez dólares por mes.

ofrece además el incentivo de las propinas en dólares y el contacto directo con turistas proveedores de esa moneda y que pueden ser invitados o conducidos a otras actividades privadas (como los paladares y la prostitución) a cambio también de dólares.

El desarrollo actual del turismo, aunque controlado mayormente por el gobierno es un indicio del futuro de la economía cubana y continuará siendo una importante fuente de divisas para Cuba por mucho tiempo, como lo es para muchos países en el mundo, incluyendo los más desarrollados, siendo una gran fuente de empleo y por lo tanto un medio de mejorar rápidamente las condiciones de vida de los cubanos.

El comercio

Desde que comenzó el socialismo en Cuba, el comercio quedó relegado a un sector marginal por varias causas. La principal fue controlar al ciudadano por medio de la libreta de racionamiento lo cual le permite al gobierno saber dónde cada persona vive, especialmente en las ciudades. El control de los abastecimientos, especialmente de los artículos esenciales para la vida, le da al gobierno un poder ilimitado sobre la vida de los ciudadanos pues antes de la invasión de las remesas del exterior no existían fuentes alternativas de abastecimientos que no fueran clandestinas. Tanto el comercio al por menor o al detalle como el comercio al por mayor están drásticamente reducidos y con ellos todos los servicios colaterales como los de transporte, mercadeo, financiamiento, etc., con la excepción reciente de las tiendas que sólo venden en dólares y que pertenecen al gobierno. El racional ideológico inicial era que, de acuerdo a los principios marxistas, el comercio es una actividad parasitaria donde no se crea la plusvalía, la cual se genera exclusivamente en la llamada «esfera de la producción material».

Esta falacia, que surge de un concepto eminentemente arbitrario, sirvió para justificar ante el segmento más educado de la población, los cuadros políticos del gobierno y el partido y algunos intelectuales la noción de que el comercio debía ser llevado a su mínima expresión. No se tenía en cuenta que este sector es el que intermedia entre la producción y las necesidades de los individuos y que de hecho sirve para guiar la producción de bienes y servicios hacia la satisfacción de las necesidades de la sociedad. Una tercera razón para la subordinación del sector comercial a los designios del gobierno fue la supuesta necesidad de maximizar la tasa de ahorros de manera de maximizar las inversiones para el desarrollo de la economía. Al igual que el principio ideológico, esta supuesta razón servía para justificar ante muchos ciudadanos el sistema de racionamiento y todas sus implicaciones. Después de todo, era el ciudadano quien iba a sufrir las dolorosas consecuencias de tal política sin saber que el verdadero fundamento era su sometimiento ante un gobierno totalitario cuyos objetivos estarían completamente divorciados del interés público.

La reducción de este sector a una expresión mínima es característica universal de los regímenes socialistas de planificación centralizada, con todos los factores explicativos enunciados en el párrafo anterior. Es además una de las maneras de eliminar todo vestigio de independencia ciudadana ya que el comercio, en su infinidad de formas, es capaz de dar a las familias un grado de autonomía y de iniciativa empresarial que ha sido el motor del desarrollo económico a través de la historia, pero de un desarrollo económico que depende de la participación ciudadana en gran escala y no de las iniciativas gubernamentales. La reactivación y crecimiento ulterior de este sector deberá ser una de las metas más importantes de un gobierno de transición, como ha sido en los países que lograron librarse del sistema socialista.

El sector agropecuario

Es imposible en una breve sección como ésta reflejar la magnitud de la devastación del sector agropecuario cubano, pero hay que señalar, en primer lugar, que el profundo deterioro sufrido por este sector es resultado de las mismas fuerzas que devastaron el comercio en Cuba. El análisis del sector agropecuario cubano requiere identificar varias ramas de actividad, que aunque afectadas por las mismas fuerzas, han tenido sus propias características y requerirán tratamientos diferenciados en un proceso de reconstrucción.

Una de estas ramas es la de la producción de caña de azúcar, la cual ha sufrido tal deterioro que se llega a convertir en el principal cuello de botella para la producción de azúcar en el país, como ya discutimos. Otra rama es la producción agrícola no cañera, especialmente tubérculos, frutas y vegetales que representan una importante fuente de abastecimientos para la ciudadanía, pero cuyos volúmenes no cubren todas las necesidades del país. Esto no quiere decir que Cuba tenga que auto-abastecerse de alimentos, pero sí debe llegar a tener volúmenes de producción y niveles de costos compatibles con sus necesidades. De nuevo, tanto en volúmenes de producción (incluyendo su distribución hasta llegar al consumidor final) como en costos de producción, esta rama de la agricultrura ha sufrido los embates de la intervención estatal dirigida a controlar el consumo de los ciudadanos e igualmente la producción tanto de los agricultores independientes como los de cooperativas o granjas del estado. La infinidad de anécdotas que se relatan (no existe una evidencia sistemática sobre este fenómeno) indican que plantaciones enteras de frutales fueron demolidas para plantar cañas que a la postre no fueron lo suficientemente productivas contribuyendo así al empobrecimiento de la agricultura.

A la debacle de la agricultura hay que sumar la del sector ganadero en todas sus formas. Se mencionan estimados que sugieren que la masa de ganado vacuno en Cuba ha disminuido en un tercio desde 1959 hasta la fecha, mientras que la población del país se ha duplicado. O sea, en términos per cápita Cuba está actualmente dos tercios por debajo del nivel alcanzado hace cuatro décadas y media. Es precisamente en la ganadería vacuna donde se puede medir el atraso que la revolución ha significado para el país, por el simple hecho de que el conteo de cabezas de ganado facilita la cuantificación de su evolución. Hoy, como el ciudadano cubano conoce, la carne vacuna ha desaparecido virtualmente de la mesa cubana y sólo se puede adquirir con dólares en las pocas tiendas que están autorizadas a venderla. Una situación similar se reporta en la producción de aves y de ganado porcino.

El resultado de más de cuatro décadas de intervención estatal en la agricultura, exacerbada por un estilo administrativo donde impera el desorden, la indisciplina y la improvisación ha dejado un saldo cuya magnitud sólo se podrá comenzar a medir cuando existan más libertades en el país. La estela de destrucción en el campo cubano complica su recuperación, pero la lección aprendida es que el estado no sólo es un productor ineficiente, sino que llega a ser un elemento devastador de los sectores que interviene pues ni siquiera es capaz de mantener adecuadamente las capacidades productivas que posee. Esto debe ser tenido muy en cuenta para aquéllos que a pesar de esta experiencia y la de otros muchos países todavía piensan que, en una futura transición, el estado deberá jugar un papel predominante en la recuperación de aparato productivo cubano.

La vivienda

No existe un sector en todo el espectro de la actividad económica del país donde la devastación revolucionaria y el descenso del nivel de vida del cubano se haga más claramente visible que en el sector de la vivienda. Desde antes de la incepción del racionamiento en Cuba en 1962, el gobierno cubano adoptó una política deliberada de asignar una mínima cantidad de recursos al sector vivienda. Los recursos asignados se reflejaban en los planes de inversión y en los planes llamados de abastecimiento técnico material y eran a todas luces insuficientes para ir a la par del crecimiento de la población. Sin embargo, a pesar de la insuficiencia de los planes y de los múltiples estudios que lo señalaban, los incumplimientos eran aun mayores pues los planes se violaban sistemáticamente sin que el gobierno cubano mostrara una gran preocupación al respecto. Esta situación se agravó con la ausencia total de materiales de construcción para hacer reparaciones o trabajos de rutina de mantenimiento. Por muchos años el cubano no ha podido comprar cemento, pintura o madera, mucho menos herramientas, para hacer las tareas de mantenimiento mínimo. Los materiales que algunas personas conseguían eran generalmente robados de alguna manera de obras oficiales.

Todo esto trajo como consecuencia el deterioro físico del acervo de viviendas en el país, especialmente visible en las ciudades, pero igualmente importante tanto en otras áreas urbanas como rurales. Además, en la medida en que la población continúa su crecimiento vegetativo, las necesidades de vivienda se han ido satisfaciendo mediante la subdivisión improvisada de las viviendas existentes. Las pocas viviendas que el gobierno permite construir representan la clásica gota de agua en el océano.

Pero la falta de una capacidad física para la construcción de viviendas es sólo una parte del problema. Las viviendas son costosas, incluso las más modestas, si es que van a disponer de un cierto nivel mínimo de comodidades modernas como agua corriente y conexiones al alcantarillado y de electricidad y teléfonos. Esto significa que la adquisición de viviendas debe ser generalmente financiada por mecanismos que facilitan su producción y adquisición mediante hipotecas. O sea, lo que permite la construcción de viviendas es que parte de los ahorros de una nación sean dedicados a estos fines. Los ahorros generalmente son realizados por unos individuos o entidades distintos de los que compran las viviendas y que requieren préstamos a largo plazo. Los mismos existen en países con un sistema bien desarrollado de intermediación financiera, bancos especializados capaces de evaluar a los sujetos de crédito en los que se pueda confiar, con un nivel razonable de riesgo e incertidumbre para que la hipoteca se pague regularmente durante un número prolongado de años.

Además de la intermediación financiera, un desarrollo sólido del sector de la vivienda requiere un sistema legal capaz de garantizar los derechos de propiedad que respaldan y aseguran tanto la propiedad de los que habitan sus viviendas como los que las financian o de muchas otras maneras contribuyen a que el sector cumpla con sus funciones social y económica.

Estos mecanismos, o sea, la capacidad de construcción, de financiamiento y las garantías legales, aunque en etapas preliminares de su desarrollo, existieron en Cuba antes de la revolución e hicieron posible un cierto desarrollo del sector. Los mismos, sin embargo, fueron desmantelados bajo la imposición que eliminaba los derechos ciudadanos a toda forma trascendental de propiedad. De más está decir que esto representa otra de las tantas dimensiones de la devastación económica de Cuba. Una buena parte de la transición hacia su reconstrucción deberá contemplar este sector y su desarrollo como uno de los que medirá la eficacia del proceso. Una de las cuestiones a definir es cuál deberá ser el papel del estado en la reconstrucción de este sector y cuál el del sector privado en el proceso.

La infraestructura física

Por infraestructura física entendemos el conjunto de obras, instalaciones y sistemas de apoyo logístico y administrativo que ofrecen bienes y servicios a grandes segmentos de la población y a las empresas. Principalmente son partes de la infraestructura física los sistemas de: abastecimiento de agua potable, desagüe y tratamiento de aguas negras, suministro continuo y estable de electricidad, transporte de todo tipo y telecomunicaciones en todas sus formas.

Paralelamente al deterioro de la vivienda hay que evaluar el de la infraestructura física heredada por la revolución en 1959. A pesar de la falta de documentación sobre estos problemas se sabe con certeza que sus diferentes componentes sufren de un serio deterioro. Este sector ha carecido de nuevas inversiones, de inversiones de reposición de viejas capacidades y de un mantenimiento regular. La falta de mantenimiento ha acelerado la depreciación física de casi todas las instalaciones, exceptuándose aquéllas que son privilegiadas por el gobierno. Press (1996) describe la situación en el sector de las telecomunicaciones. El proceso de deterioro tuvo igualmente los dos componentes que determinaron el empeoramiento de la vivienda, la falta de recursos para construir nuevas capacidades y la de recursos para mantener las instalaciones existentes o reponerlas completamente. Del mismo modo que el deterioro de la vivienda fue simultáneo al de la infraestructura, es obvio que la reconstrucción de ambos deberá ser simultánea, un desafío que se suma a los muchos que tendrá que enfrentar la reconstrucción del país.

Los economistas

El estudio de la economía como una carrera o campo profesional independiente apenas comenzaba a desarrollarse en Cuba en 1959. En la Universidad de La Habana, la principal del país, no existió una carrera de economista hasta que se fundó en 1962 en lo que después se convirtió en el Instituto Juan F. Noyola.[19] Anteriormente hubo una carrera de economía en la Universidad Católica de Villanueva, que graduó una sola promoción antes de ser cerrada por el gobierno revolucionario y otra en la Universidad de Oriente. Los pocos economistas que Cuba tenía se formaron en el exterior, mientras que otros se formaron de modo autodidacta o habían tomado los cursos de economía suplementarios a la carrera de Ciencias Comerciales de la Universidad de La Habana que calificaban para el grado de economista. Casi todos los que podían llamarse economistas cubanos a principios de la revolución, abandonaron el país en los primeros años del proceso.

Al comienzo de la carrera de economía en el Instituto Noyola, el programa se concentró en asignaturas de marxismo y de matemáticas, con

---

19 Yo fui miembro del primer grupo de 500 estudiantes de economía admitidos en el Instituto, pero tuve que abandonar los estudios en el cuarto año del plan de cinco en 1966 para emigrar. En aquel momento ya quedaban sólo 105 estudiantes de los 500 iniciales. No sé cuántos lograron graduarse.

algunos cursos instrumentales entre los dos, como por ejemplo, la investigación operativa y la estadística matemática, pero prácticamente no se enseñaba análisis económico como se entiende en las universidades de otros países. O sea, en la carrera de economía el dogmatismo y el predominio de la ideología sobre el conocimiento científico prevalecieron y acabaron privando a Cuba de por lo menos una generación entera de economistas formados con los instrumentos más modernos de la disciplina.[20]

La Junta Central de Planificación, el organismo teóricamente rector de la economía en una sociedad socialista, no tenía de dónde reclutar economistas cubanos. Sólo fue en 1965 que pudieron emplear algunos de los estudiantes que partieron en 1960 becados hacia los países socialistas a estudiar economía y planificación y que regresaban al país. Sin embargo, esos mismos economistas adolecían de serias lagunas en el conocimiento de temas fundamentales como teorías micro y macroeconómica, finanzas internacionales, política fiscal, evaluación de proyectos y teoría y política monetaria, entre otras muchas deficiencias. Aunque muchos de estos jóvenes profesionales eran talentosos carecían, sin embargo, del instrumental mínimo para operar en una economía como la cubana. De hecho, el marxismo nunca desarrolló la base teórica de una economía planificada y, por lo tanto, no existían los instrumentos necesarios para conducirla.

Hacia finales de los años setenta y posteriormente se comenzaron a introducir modificaciones a los planes de estudio y algunas asignaturas que en los años iniciales de la revolución se consideraron de origen «burgués» y por ende contrarrevolucionarias. Por una parte los estudiantes comenzaron a estudiar a economistas hasta entonces prohibidos en Cuba, como los austríacos y los primeros neoclásicos, seguidos de Keynes, Friedman, Samuelson y otros vigentes después de Marx, pero no hay evidencia de que esos estudiantes pudieron nutrirse con los desarrollos de la economía moderna. Los de más talento y ambiciones intelectuales pudieron superar parcialmente sus lagunas con estudios por cuenta propia con el material que podían encontrar por su cuenta. Por otra parte, los programas de economía vieron la adición de asignaturas como mercadotecnia y

---

20 Incluso la señora Joan Robinson, economista de fama mundial de la Universidad de Cambridge en Gran Bretaña, en un seminario en La Habana muy a comienzos de los años sesenta, bajo la invitación de Carlos Rafael Rodríguez, contribuyó, posiblemente sin saberlo, al oscurantismo de los estudios de economía en Cuba, al disertar en contra de la econometría. Al terminar su charla ante una audiencia muy nutrida, Rodríguez preguntó si «algún econometrista en retirada tenía algún comentario que hacer». Nadie respondió.

otras correspondientes a carreras de administración de empresas pero no a economía, lo cual mostraba la confusión prevaleciente en el país sobre qué debe saber un economista y cómo formarlo.

Cuba se encuentra ahora con un elevado número de profesionales, pertenecientes a muchas promociones universitarias que necesitan mejorar sus conocimientos de economía. Todos ellos y ellas, tanto los que sufrieron las peores años como los más recientes deberán preparse para manejar la economía cubana y, especialmente, para ayudar a reformarla pues serán ellos y no otros los que estén a cargo de semejante labor. Es posible que se pueda contar con economistas extranjeros para estas tareas. incluso economistas cubanos exilados que no sólo se formaron fuera de Cuba en programas avanzados de estudio y en universidades prestigiosas, sino que también acumularon una práctica de muchos años tanto en el diseño y ejercicio de la política económica y los programas de reforma, sino también en la enseñanza y la investigación científica en economía. Hasta hoy, la economía cubana ha estado totalmente dominada por políticos sin interés ni competencia en los asuntos económicos del país, lo cual ha resultado en un altísimo costo para el ciudadano cubano en cualquier esfera de la vida. Aquellos economistas que han tratado de ejercer su profesión con independencia del gobierno han pagado un alto precio. Marta Beatriz Roque Cabello, Oscar Espinosa Chepe y Arnaldo Ramos Lauzurique fueron condenados en 2003 a años de cárcel por exponer con precisión los problemas económicos del país. En una Cuba democrática y económicamente racional, los economistas tendrán una mayor influencia y la oportunidad de contribuir al desarrollo del nivel de vida de sus conciudadanos.

Los periodistas independientes

En las condiciones actuales, los periodistas independientes tienen un acceso muy limitado a las fuentes de información y noticias de Cuba. Y lo que es peor, declararse independiente en cualquier profesión es equivalente a quedarse sin empleo ya que el gobierno no sólo es el principal empleador del país, sino que también controla la proporción de empleo creado por las empresas extranjeras que operan en Cuba bajo una estricta tutela oficial. Todo esto aisla a los periodistas independientes de una buena parte de la sociedad, en especial de las actividades del gobierno, que por su propia naturaleza totalitaria tiende a ser secreta. Como resultado de esta vida precaria, los periodistas independientes nunca tienen la oportunidad de entrevistar a funcionaros de ningún nivel sobre cuestiones de interés público.

Los mismos tienen que operar en condiciones sumamente adversas, sin medios de transporte, de comunicación o impresión, sin ingresos seguros que les permita una vida decorosa, sin materiales de referencia, bibliotecas, archivos o medios de investigación. Tampoco tienen acceso a la prensa extranjera, ni posibilidades de viaje y generalmente viven acosados por el gobierno a través de sus órganos represivos. Los periodistas independientes subsisten, en gran medida, gracias a su valor personal y el de sus familiares y, en alguna medida, al reconocimiento que se les da en el exterior, bien a través de algunas publicaciones, o de Cubanet, que recibe sus reportajes por teléfono y los publica en Internet. Al escribir estas páginas muchos periodistas independientes están cumpliendo largas condenas en prisión por el simple hecho de intentar ejercer su profesión con independencia del gobierno.

La oposición y los disidentes

El movimiento de los disidentes cubanos ha representado la vanguardia de una sociedad civil incipiente en Cuba, realizando un esfuerzo titánico en condiciones de alto riesgo personal para los protagonistas y para sus familias, riesgo no sólo de tipo económico, sino también de tipo físico frente a las muchas formas de represión con que el gobierno responde a sus actividades. Sin embargo, la importancia de este grupo de mujeres y hombres para la reconstrucción de Cuba cuando ese momento sea factible es que se espera que de entre ellos surjan algunos de los líderes o guías que Cuba necesitará para llevar a cabo el monumental proyecto de reconstrucción. En su labor de oponerse a las arbitrariedades y abusos de poder del régimen cubano bajo Fidel Castro, estas personas ya han ido mostrando condiciones de liderazgo que son indispensables en las grandes empresas. La necesidad de liderazgo no se refiere a que exista un líder para todo el proceso, sino de que existan muchos líderes que se puedan hacer cargo de las múltiples tareas que a lo largo y ancho de la isla tendrán que ser acometidas con gran energía y eficiencia. Por eso es importante que desde mucho antes de que sea posible el comienzo de la reconstrucción, la sociedad civil cubana, diezmada casi hasta su extinción, pueda recuperarse y prepararse para dicho proceso.

La ciudadanía en general

El éxito de una transición hacia una economía de mercado dependerá en gran medida del comportamiento de la ciudadanía cubana durante el proceso. En la medida en que la ciudadanía pueda actuar en coordinación con el gobierno a cargo de la transición, el proceso se hará más expedito y la reconstrucción del país podrá marchar a pasos acelerados. Esto no quiere decir que la transición llegue a ser fácil. Como hemos discutido anteriormente, los procesos de transición en los países ex socialistas han sido muy complejos y muchos de los mismos ni siquiera han logrado hoy por hoy comenzar el desarrollo de economías de mercado.

Muchos observadores de los asuntos cubanos frecuentemente expresan dudas en cuanto a la capacidad ciudadana de adoptar los comportamientos adecuados a un proceso de transformación profundo de la economía cubana junto a una reforma de su sistema político. Hay grupos que piensan que tantos años de régimen totalitario en que casi toda forma de iniciativa privada trascendente estuvo prohibida han dejado una marca en la población. Esto puede haber dado lugar al predominio de un ciudadano que no sólo es apático, sino profundamente escéptico en cuanto a sus posibilidades individuales de actuar de acuerdo a lo que define una sociedad moderna y pujante.

Por otra parte, sería un error idealizar las formas de comportamiento que se necesitan para una transición eficaz. La realidad es que durante muchos años, el cubano promedio ha tenido que sufrir muchas privaciones, como hemos venido analizando en las páginas anteriores y un cambio profundo de régimen, especialmente hacia uno con más libertades, lógicamente generará algunas expectativas de mejoramiento. La gran interrogante es si durante la transición predominará entre la ciudadanía un sentido de realismo sobre el simple hecho de que las mejoras en el nivel de vida no pueden lograrse en muy poco tiempo, o si esa masa ciudadana será vencida por la impaciencia y motivada por voces demagógicas o populistas que prometan milagros imposibles. Aun cuando Cuba logre tener un equipo de gobierno responsable capaz de conducir un proceso de transición de una manera adecuada, una ciudadanía impaciente puede generar un clima de inestabilidad que dé al traste con el proceso. Es preciso tener en cuenta que uno de los legados más negativos del proceso revolucionario puede ser una ciudadanía que dificulte la transición del país hacia una democracia y una economía de mercado. Ejemplos de inestabilidad que llegan a detener el avance de los países abundan actualmente en países como Argentina, Bolivia, y otros que ya hemos mencionado.

Los exilados

La misma diversidad que se comienza a observar entre los grupos disidentes y organizaciones independientes en Cuba existe con creces en las distintas geografías del exilio, especialmente entre los grupos de cubanos residentes en la ciudad de Miami. Esta diversidad se pone de manifiesto en todo el espectro temático cubano, pero aquí nos vamos a referir a la diversidad con relación al futuro de Cuba, la variedad de expectativas que existen y la importancia que las mismas pueden jugar en una transición.

Las diversas actitudes que encontramos entre los cubanos residentes en el exterior es en gran medida una función de la estructura demográfica de los mismos y, en especial, del momento de su salida de Cuba. Aunque tampoco podemos desarrollar aquí todo un estudio sobre este tema, podemos señalar algunos rasgos interesantes. Con tales fines voy a plantear una clasificación que permite separar algunos de los factores que pueden tener un valor explicativo de importancia para la transición. En esta clasificación me voy a referir especialmente a los cubanos adultos, aunque muchos de ellos salieron con sus hijos jóvenes.[21]

---

21 La distinción es importante tanto con relación a este libro como a estudios que puedan emprenderse en el futuro por una razón fundamental y es que los jóvenes que emigraron en los dos o tres primeros años de la revolución tienden a tener puntos de vista distintos de sus padres. Una de las causas es que ellos no tuvieron las experiencias de sus padres antes y después de 1959. Una segunda causa es que habiéndose formado en los Estados Unidos, incluso desde el nivel de enseñanza primaria, sus categorías y formas de análisis, junto a las experiencias ganadas mediante su inmersión en otras culturas, acaban enfocando la revolución cubana y definiendo sus expectativas con relación al futuro de una manera propia. Muchos de sus padres viven pensando en Cuba y hasta en un posible regreso, actitud raramente compartida por los hijos. Por supuesto, estas son las percepciones del autor en base a lo que se llama «empiricismo casual» derivado de sus relaciones con muchos otros cubanos, pero de ninguna manera como resultado de un estudio rigurosamente científico. Sin embargo, creo que muchos lectores familiarizados con los diversos estratos y cohortes del exilio cubano tienden a estar de acuerdo con esta percepción.

Primeramente, se puede distinguir el grupo de cubanos que salió del país en los primeros años y que de hecho no se puede decir que tuvieron una experiencia de vida intensa bajo el totalitarismo socialista. Muchos de estos cubanos decidieron salir porque esperaban el advenimiento de una férrea dictadura o incluso algo parecido a una guerra civil (o una invasión de Estados Unidos) y no querían correr los riesgos correspondientes. No habiendo visto la profundidad de los cambios revolucionarios en Cuba, predomina en este grupo la noción de que una vez desaparecido Fidel Castro habrá una especie de retorno a la normalidad, un proceso parecido al que pocos años antes de su salida vieron en la huída de Batista cuando fue derrotado por el movimiento insurreccional del propio Castro. En este grupo también tiende a predominar una noción superficial de lo que sería una transición hacia una economía de mercado y hacia una democracia. Al mismo tiempo, es el grupo de individuos que más sintieron las arbitrariedades iniciales de la revolución y los que han mantenido una actitud intransigente hacia el régimen castrista y todo lo que lo representa.

Además de este grupo existen dos que tienden a ser más o menos contemporáneos. Uno está constituido por los hijos del grupo descrito en el párrafo anterior, muchos de los cuales, posiblemente una gran mayoría, no se identifican con los asuntos cubanos como sus padres. Con las excepciones de siempre, no hay razones para creer que este grupo en su conjunto vaya a jugar un papel importante en el futuro de Cuba pues está muy compenetrado con el modo de vida de los Estados Unidos y Cuba representa un país remoto del cual conocen muy poco.

El otro grupo es el de exilados tardíos, muchos de los cuales o nacieron con la revolución o la apoyaron en sus comienzos y se desencantaron en distintas etapas del proceso. Es posible que una proporción mucho mayor de este último grupo pueda jugar un papel importante en la reconstrucción del país, en parte por los conocimientos que han conseguido pulir en los Estados Unidos y en parte porque su juventud y los contactos que parecen mantener con cubanos residentes en la isla (en contraste con los del primer grupo) los hacen más familiarizados con los asuntos de la isla. Además, para estos cubanos será más fácil ser aceptados por los residentes en la isla que para los exilados que se autodenominan «históricos» y que por esa misma razón han contribuido a una diferenciación que puede ser mal entendida por muchos. De hecho, los históricos no se caracterizan por enviar remesas de dinero a Cuba, pero este último grupo sí, lo que deberá ser un factor importante en determinar cómo cada grupo sería recibido en Cuba en el postcastrismo si deseara regresar al país.

Las remesas

Las transferencias de fondos de cubanos en el exterior hacia la isla han cobrado una importancia extraordinaria como resultado del quiebre de la capacidad productiva y exportadora de la economía cubana y de la desaparición de los subsidios de la antigua Unión Soviética. Existen estimados que colocan su volumen en un orden superior a los mil millones de dólares anuales, pero hay observadores como Betancourt (2000) que piensan que una parte de esos volúmenes representan transacciones ilegales como «lavado» de dineros provenientes del tráfico de drogas. El ingreso que produce el turismo extranjero más las remesas de divisas constituyen en la actualidad las dos fuentes principales de ingresos externos de Cuba. Es de esperar que tales remesas jueguen un papel muy importante en un proceso reformista y que de hecho crezcan considerablemente y continúen siendo importante para la economía cubana por muchos años, del mismo modo que lo experimentan países como Jordania, España, Turquía, México, República Dominicana, Colombia y El Salvador, por mencionar sólo unos cuantos.

Sin embargo, no todos los cubanos reciben dólares de familiares y amigos residentes en el extranjero. Aunque no hay estadísticas disponibles sobre el número de personas que reciben o no remesas, posiblemente existe una mayoría de cubanos que no tiene acceso a estas transferencias. Y no hay duda de que los que las reciben, junto a aquéllos que logran ganarse una cierta cantidad de dólares viven mejor que los demás. Esto ha puesto de manifiesto una serie de desigualdades que muchos resienten y que erróneamente le achacan a la dolarización de la economía cubana. Sin embargo, la solución a los contrastes existentes no está en la eliminación de las remesas ni de la dolarización, pues dichas medidas, especialmente al comienzo de una transición, serían muy dañinas para la economía del país y para su recuperación. La solución está en abrir la economía y dejar que los cubanos busquen sus medios de vida con libertad, alternativa que no parece factible mientras exista el predominio de Fidel Castro en el gobierno.

Capítulo II
LOS OBJETIVOS DE UNA NUEVA ECONOMÍA

El capítulo anterior se enfocó en aquellas características de la economía cubana que han de tener alguna influencia o que de algún modo van a condicionar o restringir su transición hacia una economía de mercado. En este capítulo, entramos en el terreno de cómo orientar y organizar esa transición. En la lectura que sigue es bueno que el lector tenga en mente que el éxito de la reconstrucción económica de Cuba depende críticamente de tres grandes grupos de protagonistas. Uno de esos grupos será la ciudadanía, que hoy está desorganizada aunque muchos están tratando de desarrollar y fortalecer una sociedad civil, independiente del gobierno actual. El segundo grupo será el equipo de gobierno que esté a cargo de la reconstrucción en cada etapa de la reconstrucción. El tercer grupo estará formado por los inversionistas y las empresas que se desarrollen como parte de la transición. Los tres grupos son como los tres pilares sobre los que se ha de sustentar una nueva economía. Los tres son igualmente importantes. Si uno de ellos falla, se verá afectada la transición entera

Pero, antes de proponer qué clase de sistema económico Cuba debe adoptar y cómo llegar a él, presentaremos en este capítulo una serie de supuestos básicos necesarios para darle una base lógica a las proposiciones que se presentan después. Aunque es solamente la población cubana residente en la isla la más autorizada para determinar las prioridades económicas que el gobierno del país debiera formular y perseguir, la falta de condiciones o información mínima para conocer las preferencias del público nos obliga a adoptar algunos supuestos para proseguir con este trabajo. De este modo proponemos como primer supuesto que una alta prioridad para la población cubana residente en la isla sería el aumento de sus niveles de consumo, especialmente en materia de alimentación, vestido y calzado, higiene personal, vivienda, transporte, comunicaciones, servicios de salud, educación y entretenimiento, sin desdecir de otras necesidades de consumo según las defina la población haciendo uso de la libre expresión de la demanda. Esto significa que no se presupone la existencia de una economía regida por un aparato estatal que le dicta al consumidor lo que debe comprar.

Para lograr un mayor consumo es necesario lograr, simultáneamente, un aumento de la producción, el empleo, el comercio, la distribución, el transporte y las inversiones. Esto quiere decir que rechazamos un supuesto idealista y hasta irresponsable de que las primeras prioridades del ciudadano cubano están definidas por su amor a la patria, su espíritu de sacrificio colectivo y las otras muchas consignas con que el socialismo trata de ganar una posición moral superior ante las otras tendencias ideológicas y políticas que se le oponen. Lo que aquí estamos proponiendo no ignora la validez de categorías sublimes como el amor patrio, etc., pero pone en primer lugar el deseo ciudadano de lograr una vida decorosa con una base material que le fue prohibida por la revolución. De hecho, este enfoque implica que el verdadero amor a la patria se fundamenta en el deseo de que todos los ciudadanos gocen de las mismas libertades para perseguir sus propios intereses dentro de las reglas que impone un estado de derecho.

Si aceptamos esta premisa, veremos que la primera prioridad de un gobierno comprometido seriamente con la reconstrucción de la economía cubana será adoptar aquellas medidas que permitan a las empresas aumentar los niveles generales de producción para el consumo de la población y para todas aquellas actividades complementarias. Aunque hay muchas maneras de lograr estos aumentos, la experiencia acumulada demuestra sin lugar a dudas que las economías llamadas de mercado, o sea, de capitalismo competitivo, no de capitalismo monopólico u oligopólico, son las que más rápidamente crecen y las que logran los más elevados estándares de vida de los ciudadanos. Si además, estas economías existen en sociedades democráticas, el crecimiento económico suele ser estable y sostenido por largos períodos de tiempo, aun cuando sufran fluctuaciones. En este aspecto, Seigle y Betancourt (1998) han presentado evidencia que confirma esta norma y que se suma a los resultados de otros investigadores.

¿Qué es una economía de mercado?

La característica esencial de una economía de mercado es la existencia de un amplio espectro de libertades que todo ciudadano tiene para realizar aquellas actividades que crea que pueden mejorar sus condiciones de vida. Pero la libertad de los ciudadanos como agentes económicos es una libertad organizada, sometida a ciertas reglas o restricciones, de manera tal que el esfuerzo que cada cual dedica a perseguir su propio bienestar contribuya lo más posible al bienestar general de la sociedad. En este contexto el papel principal del estado es el de garantizar esas libertades y hacer que las reglas que las organizan se cumplan.

Un supuesto subyacente pero muy importante en las sociedades donde existen amplias libertades para todos los ciudadanos es que los mismos saben qué hacer con sus libertades. Al contrario de los estados paternalistas o totalitarios, las sociedades más libres dan por sentado que sus ciudadanos son los responsables principales por su destino y el modo de conducir sus vidas y que, por lo tanto, el estado no debe tener injerencia alguna sobre esas libertades que no sea el asegurar que las mismas estén garantizadas. No depende de que un gobierno generoso o idealista conceda esas libertades a sus ciudadanos. La base de las mismas está en los valores y deseos de esos ciudadanos que de alguna manera se las agencian para elegir unos gobiernos capaces de representar esos intereses por encima de todo.

Pero ¿de qué libertades estamos hablando? Estas libertades no son libertades abstractas sino muy concretas y directamente ligadas a lo que el individuo puede y no puede hacer. De hecho podemos hablar de la libertad ciudadana en singular, pero la realidad apunta a muchas formas de libertad. Por ejemplo, la libertad de movimiento, la que permite que un ciudadano pueda transportarse a cualquier lugar del país o incluso fuera del país sin tener que pedir permiso a nadie, especialmente al gobierno o estado.

Otra forma de libertad es la de tener propiedades y disponer de ellas como más convenga al propietario, de manera que pueda modificarla, venderla, aumentarla, rentarla, regalarla o dedicarla a los menesteres que más le complazca. Del mismo modo se define la libertad de disponer del ingreso según las preferencias del ciudadano, de manera de poder comprar lo que desee, tanto en el mercado doméstico como en el exterior, o simplemente ahorrar una parte del ingreso para su uso futuro. Y así podemos continuar con una larga lista de libertades de diversos tipos, de pensamiento y de expresión, de culto o religión, de asociación y reunión, de formar parte o no de partidos políticos o sindicatos o cualquier tipo de organización, etc.

Ninguna de estas libertades existe sin algunas restricciones. De una manera u otra hay restricciones que precisamente existen para garantizar los derechos y las libertades de otros ciudadanos. Por ejemplo la libertad de movimiento no incluye la de penetrar en la vivienda o en las propiedades de otros ciudadanos, ni la libertad de comprar lo que uno quiera con su ingreso incluye la libertad de alquilar los servicios de un matón para hacerle daño a otro ciudadano. La diferencia entre civilización y barbarie, para utilizar las palabras de Sarmiento radica precisamente en que la sociedad se organice de acuerdo a leyes y reglas que equilibren las libertades de cada ciudadano con los derechos de todos para que no predomine la ley de la jungla o del más fuerte.

Una economía de mercado es una economía capitalista, pero no toda economía capitalista es de mercado.[22] De hecho y como apuntamos anteriormente, las economías de mercado en su estado más puro no existen, pero hay algunas que se aproximan bastante, como son las de Hong Kong, Singapur, Nueva Zelandia, Luxemburgo, Irlanda, Estonia, el Reino Unido, Dinamarca, Suiza y Estados Unidos, que ocupan en ese orden los diez primeros lugares según el Indice de Libertad Económica de Miles, Feulner y O'Grady (2004), publicado por The Heritage Foundation y la Dow Jones. Según este mismo índice, Cuba ocupa en este año el lugar 144 encima de los últimos diez que son Bielorrusia, Tayikistán, Usbekistán, Turkmenistán, Birmania, Laos, Zimbabue, Libia y Corea del Norte. La publicación demuestra de manera fehaciente el alto grado de correlación entre prosperidad y libertad económica.

En una economía de mercado, las libertades del ciudadano hacen que el mismo tenga muchas opciones para dirigir sus esfuerzos y administrar sus recursos de las maneras que él mismo prefiera sin coacción ni presiones del estado. Unos individuos prefieren, por ejemplo, consumir más y ahorrar menos hoy, lo cual hará que tengan menos mañana; mientras otros prefieren consumir menos y ahorrar más hoy para tener más mañana. Del mismo modo unos prefieren dedicar más años a su educación, sacrificando ingresos hoy para tener mejores ingresos mañana, mientras otros pre-

---

22 Fue Karl Marx el que propuso la definición de capitalista y curiosamente su contribución fue aceptada universalmente, incluyendo a los propios capitalistas. De hecho este fenómeno es una muestra de las libertades que tienden a imperar en estas sociedades. Sin embargo, la denominación no nos debe llevar a pensar que la característica esencial es el capital. El capital, sin duda un ingrediente críticamente importante de estas economías, es sólo uno de los factores que intervienen en el proceso productivo en todas sus manifestaciones. Pero si hay un ingrediente que realmente define las economías de mercado es la libertad de gestión de todos los agentes económicos, sean trabajadores, empresarios o capitalistas propiamente dicho.

fieren trabajar antes para tener ingresos ahora a cambio de mayores ingresos mañana. Estas diferencias interindividuales en materia de preferencias en los usos alternativos del ingreso es una de las fuentes de las desigualdades en la distribución del ingreso y de la riqueza.

En las economías de mercado, no se sacrifican las libertades económicas por una concepción simplista de la igualdad. De hecho, los movimientos políticos más preocupados por la igualdad que por la libertad de sus ciudadanos tienden a adoptar medidas que redistribuyen la riqueza de los que más producen a los que menos producen, en lugar de adoptar políticas que generen riquezas. Las causas determinantes de la pobreza o de las grandes desigualdades en la distribución del ingreso y de la riqueza entre los ciudadanos de una nación son generalmente muy complejas y obedecen a un conjunto de variables cuyos efectos cambian a lo largo del tiempo y de región en región. Las ciencias económicas o sociales en general no cuentan todavía con explicaciones científicas rigurosas y comprensivas que expliquen las diversas maneras en que se manifiesta la distribución del ingreso y la riqueza entre los individuos. Lo que sí sabemos es que muchas de las políticas, si no todas, que se persiguen para disminuir las desigualdades acaban reduciendo el ingreso y la riqueza de todos y hasta haciendo más profundas las desigualdades. La concepción de igualdad o equidad que resulta más importante en una economía de mercado se refiere a la igualdad del derecho de cada ciudadano a disfrutar de las libertades existentes. De hecho, lo que llamamos mercado no es otra cosa que una de las formas en que existen las libertades civiles, donde los ciudadanos pueden realizar una amplia gama de transacciones sin que el gobierno intervenga en las mismas (por supuesto, con la excepción de transacciones estimadas ilegales, como el comercio de esclavos, el de estupefacientes, la venta de alcohol a menores, etc). El concepto de mercado no es un simple concepto económico sino una expresión de libertad individual con la misma valoración ética que se le otorga al resto de las libertades civiles

Las economías de mercado más prósperas y que más oportunidades han dado a sus ciudadanos han sido aquéllas donde ha predominado una ética y una filosofía basada en el reconocimiento de que el ser humano tiene entre sus características esenciales el amor a sí mismo y una preocupación permanente por su bienestar personal y el de los suyos. No debe sorprender a nadie que, por regla general, el ser humano piense primero en su bienestar y el de su familia inmediata antes que en el de los demás. Esto no quiere decir que no haya espacio para el pensamiento y el comportamiento altruista. Reconocer esta condición humana es esencial para organizar un sistema económico basado en la realidad del comportamiento humano y no en una idealización o conceptualización caprichosa del mismo. En la medida que insistamos en forzar al ciudadano a comportarse como lo que no es, como si fuera un ángel o un miembro de una sociedad utópica, estaremos contribuyendo a someter sus libertades a los dictados de una entidad que tendría más derechos que el ciudadano, lo cual conduce a la tiranía.[24]

Ese interés personal, que surge del instinto de conservación del ser humano como de todos los demás seres vivos, es el motor principal del progreso en las sociedades más libres, hecho corroborado en los múltiples estudios comparativos de las economías del mundo. Pero las libertades estrictamente económicas no son suficientes para satisfacer a plenitud los intereses individuales. De hecho, ni siquiera es perfectamente separable lo que es libertad económica de otras libertades. Por ejemplo, no existe una libertad económica de expresión sin que existan las mismas en otras esferas de la vida de una nación. En la práctica, nuestra clasificación entre lo económico de un lado y lo político y social de otro es una convención práctica pero arbitraria y artificial, si se quiere, con un cierto valor didáctico o expositivo y para facilitar la especialización en los estudios y en la práctica profesional de las disciplinas. De hecho, las libertades ciudadanas se limitan severa y peligrosamente cuando no incluyen libertades económicas, especialmente los derechos de propiedad privada. Para una exposición brillante, práctica, no ideológica y muy convincente sobre este tema se debe consultar a Friedman (1962).

Por otra parte una economía de mercado, para que funcione a plenitud, debe operar en el marco de una sociedad de amplias libertades civi-

---

23 La economía estudia fenómenos que suelen ser contraintuitivos y engañan frecuentemente a los que no están versados en ella y a veces hasta a los propios especialistas. Algunas de las decisiones que se toman para resolver un problema a menudo acaban empeorando la situación.
24 Dawkins (1976) presenta un tratamiento científico del interés personal (o egoísmo técnicamente hablando) como una condición genética que determina ciertas formas de comportamiento en los seres vivos. Reconocer la importancia del interés personal en los seres humanos no significa adoptar una ética inaceptable, mientras que ignorarlo conduce inexorablemente a juicios equivocados y a abogar por formas de organización económica que no son congruentes con los intereses de una sociedad de individuos libres.

les. Estas, que de hecho incluyen lo que podemos denominar más específicamente las libertades económicas, le ofrecen al individuo las mejores oportunidades para dedicar sus energías físicas y mentales, su creatividad y sus demás recursos a la generación de riquezas que tienden a beneficiar a todos los miembros de la sociedad en la medida en que exista igualdad de oportunidades o igualdad de libertades para todos. La libertad que los individuos tienen para actuar según sus preferencias, en combinación con los derechos de propiedad privada que se garantizan en una economía de mercado, hacen que sea el individuo el que reciba los frutos de sus decisiones cuando las mismas son acertadas.

De igual modo, cuando las decisiones no son acertadas, es el mismo individuo el que enfrenta principalmente las pérdidas o consecuencias de sus decisiones. O sea, la economía de mercado le da al individuo muchas opciones con diversos grados de riesgo, costos y beneficios esperados, pero el individuo decide. En todo caso, tanto las ganancias como las pérdidas de los individuos son ganancias o pérdidas para la sociedad pero la diferencia con una economía socializada es que en la primera el individuo tiene una participación proporcionalmente mucho más elevada que en la segunda. La economía socializada diluye las ganancias y las pérdidas entre sus miembros y nadie es responsable ni de unas ni de las otras.[25] La historia nos enseña que el resultado de esta dilución de responsabilidades individuales en la generación de ganancias, o sea, en la creación de riqueza, es una disminución en la creación de la riqueza colectiva o hasta su destrucción.

El interés nacional

En todo conglomerado humano, incluso en aquéllos formados por personas que comparten un mismo idioma o las mismas raíces culturales o de nacionalidad, existe una gran diversidad de valores, gustos, percepciones, preferencias y modos de actuar y todos residen en los ciudadanos. Unos, por ejemplo, prefieren dedicarse al arte y otros a las ciencias, a unos les atrae la vida urbana mientras que otros prefieren la vida rural. Hay quienes disfrutan más la música popular que la clásica, los que prefieren

---

25 La revolución cubana ha demostrado que ni siquiera los procesos socializantes son tan igualadores de las oportunidades como lo indica su doctrina, ya que las pérdidas tienden a caer más sobre los que no están en el gobierno (la llamada nomenclatura) mientras que las ganancias que se logran son usufructuadas por aquéllos que no las producen.

oír más clásica y hasta los que gustan de ambas. Cuando la diversidad de preferencias es sobre bienes y servicios privados, la misma se resuelve mediante la soberanía del consumidor y la libertad de gestión en una economía de mercado.

Sin embargo, la diversidad de preferencias comienza a complicar las decisiones de gobierno cuando se trata de bienes o servicios públicos. Los bienes y servicios públicos son aquéllos cuyo consumo es colectivo, que benefician a grupos de ciudadanos, incluso a una nación entera. La característica esencial del bien público, en contraste con el privado, es que el primero no puede excluir de su consumo a un cierto número de individuos, mientras que el segundo puede ser consumido por cada individuo separadamente. Un ejemplo típico de bien público en los libros de texto de economía es el del alumbrado público que beneficia a todo el que vive o deambula por la zona en que este servicio existe (no confundir con el consumo privado de electricidad medido para cada casa).[26] Otros ejemplos son: la seguridad ciudadana, la ausencia de crimen o su baja incidencia, la salubridad y limpieza de las calles, la confiabilidad de la administración de justicia, la seguridad nacional frente a amenazas externas, la estabilidad de la moneda, el respeto general a los derechos humanos, la convivencia con una ciudadanía culta, la buena organización y la belleza de los espacios físicos, la presencia de instituciones económicas progresistas, un clima político donde prime la honestidad y la competencia y una administración pública donde se combate y se reduce la corrupción. La lista de bienes públicos es interminable. Algunos se producen naturalmente, como son los paisajes y un clima agradable, pero muchos son resultado de la civilización y del desarrollo económico, como la belleza arquitectónica de las ciudades, sus grados de salubridad y la calidad de la vida. Muchos de los bienes públicos se pueden producir por el gobierno o mediante su intervención aun cuando participen en su producción entidades privadas.

Sin embargo hay toda una categoría de bienes públicos en cuya generación el gobierno puede jugar un papel pero más bien depende de la acción individual o colectiva de los ciudadanos según el caso. Por ejemplo, cuando hay muchos ciudadanos educados para valorar el cumpli-

---

26 Nótese que el concepto de bien o servicio público que aquí se presenta es distinto de lo que en Cuba se denomina servicio público con referencia a la generación y distribución de electricidad, los servicios telefónicos, la producción y distribución de gas y el suministro de agua potable.

miento de las leyes de tráfico u otras leyes, las condiciones de vida de una nación se consideran mejores que las de naciones donde ese respeto no existe. Esa atmósfera de respeto a las leyes es un bien público, del mismo modo que lo es la existencia de una ciudadanía educada, amante del ordenamiento urbano, las artes y preocupada por la calidad de la vida. De este modo, enfatizo, siguiendo a Olson (2000) que la existencia de una democracia plena con amplias libertades económicas, que crezca sostenidamente debemos considerarla un bien público de alto valor para el futuro de Cuba o de cualquier país.

También es un bien público la existencia de lo que discutimos en páginas anteriores bajo el concepto de capital social. Cuando los ciudadanos confían entre sí en materia de, por ejemplo, el cumplimiento de las obligaciones contractuales (financieras, laborales, de paternidad, etc.) los costos de transacción se hacen más bajos y se estimulan las diversas formas de colaboración económica que pueden existir en una sociedad. Esto contribuye significativamente al desarrollo de la economía y al bienestar de todos. Por supuesto, hay otras formas en que se manifiesta el capital social como es en la capacidad de los ciudadanos de ser puntuales de tal modo que todos confían que los demás serán puntuales en sus citas. Aunque la puntualidad es un atributo que ayuda a una economía, es también un factor positivo que facilita las meras relaciones sociales y de amistad entre los miembros de una comunidad o una familia.

Regresemos, sin embargo, a los bienes públicos de más fácil gestación. Dentro del deseo de los ciudadanos porque ciertos bienes públicos se garanticen, pueden existir preferencias diversas por el modo de lograrse. Por ejemplo, unos ciudadanos pueden preferir que exista un estado de mano dura frente al crimen mientras que otros pueden creer que el crimen se deriva de condiciones socioeconómicas que deben corregirse de otros modos y no solamente con el peso de las leyes. Otro ejemplo frecuente de diversidad de preferencias es si el estado debe abarcar muchas actividades incluso de tipo privado, o si debe limitarse a la producción de bienes públicos. Un tercer ejemplo de discrepancias se refiere a cuánto pagar en impuestos para cubrir gastos gubernamentales. Hay quienes pueden preferir un sistema de salud asistencial financiado por el estado (y que requiere que se paguen más impuestos) y hay quienes prefieren un sistema privado pero donde haya que pagar menos impuestos. Algo parecido puede existir con respecto a la educación donde puede haber quienes prefieran que la educación sea enteramente financiada por el estado. Un segundo grupo puede preferir que la educación esté completamente en manos privadas y un tercer grupo puede inclinarse hacia un sistema mixto.

En este libro, cuando hablemos del interés nacional nos estaremos refiriendo a cuestiones que pueden considerarse de interés privado común a los ciudadanos, lo cual a su vez se va a referir generalmente a bienes públicos. Sin embargo es necesario señalar que estos temas se han estudiado y se continúan estudiando como la rama de los estudios económicos que se conoce por economía pública o la antigua denominación de hacienda pública. En esta rama se incluyen los estudios y los especialistas en cuestiones de tributación, gasto público y política fiscal y cubre uno de los aspectos más interesantes de las ciencias económicas, a la vez que trata de cuestiones de profundo interés ciudadano en cualquier país. Hay que señalar también que el tratamiento de la economía pública está íntimamente ligado a la organización política de todo país y las posibilidades del ciudadano común de participar en la toma de decisiones que lo afectan a él directamente.

Vale la pena recordar que fueron las cuestiones relativas a los impuestos y el gasto de los reyes lo que motivó los movimientos de democratización gradual que comenzaron en Inglaterra todavía en la Edad Media, seguida por la Revolución Gloriosa del siglo XVII en el mismo país y que después tuvo su gran expresión en el movimiento de independencia de Estados Unidos que comenzó con la famosa frase «no taxation without representation», que significa que sin representación no puede haber tributación. Desde entonces, es una característica permanente de la democracia de Estados Unidos y también de la Gran Bretaña la lucha continua por controlar el gasto público que hace el gobierno y el nivel de impuestos que tiene que pagar la población. Es sobre estos factores de índole eminentemente práctica como es el uso del ingreso y de la riqueza que genera la economía que la democracia se realiza y no sólo en celebrar elecciones cada cierto número de años. Es también este tipo de fenómeno que muestra que en estos países democracia y economía son aspectos inseparables de la sociedad.

Democracia y economía, por lo tanto, son inseparables en la medida en que la primera se puede orientar hacia la satisfacción de lo que entendemos como interés público o nacional. Parte de ese interés es económico en cuanto a sus objetivos, por ejemplo, que la economía sea capaz de

generar empleo para todos y que el gobierno adopte las políticas conduci-
vas a ese objetivo. Pero aunque lo económico no define todos los aspectos
del interés nacional, es importante tener en cuenta que la economía determina el alcance con que las políticas públicas pueden satisfacerla, por ejemplo, que haya suficientes fondos para pagar buenos salarios a los maestros
y a los jueces, para tener una educación y una administración de justicia de
alta calidad. La economía es la que produce los bienes y servicios con que
se puede satisfacer el interés nacional y por muchas y muy legítimas que
sean las aspiraciones de una sociedad en ese sentido, si los recursos no son
suficientes, la satisfacción del interés nacional estará restringido

Mientras más ciudadanos comprendan el concepto de interés público
o nacional, mejor podrán evaluar en qué medida los políticos que elijen
tienen las calificaciones y el compromiso de ejercer los deberes para los
que son electos. En muchos países los ciudadanos adoptan una actitud
fatalista o pesimista con relación a sus servidores (en teoría) públicos. A
veces la corrupción está tan extendida que el concepto de interés público
no aparece en los diálogos políticos de muchos países. Esto representa un
síntoma de que el gobierno no está actuando en función de los intereses
de sus ciudadanos lo cual acaba socavando las posibilidades de que la economía de los países así afectados puedan prosperar a la par con las más
modernas y pujantes.

Lo que desea el ciudadano

Aunque mucho se ha escrito sobre los milagros económicos (el milagro alemán, el japonés, el brasileño, el de los tigres de Asia, etc.), la realidad es que los milagros económicos no existen. Ninguna economía se
desarrolla de un día para otro, ni la pobreza masiva ni el atraso se eliminan en pocos años. Sin embargo, cuando los países tienen gobiernos que
saben lo que están haciendo y además no están dominados por la corrupción, sus economías pueden experimentar tasas de crecimiento aceleradas
y conseguir año por año el mejoramiento de las condiciones económicas
en prácticamente todos los frentes.

No obstante, el desarrollo económico, por acelerado que sea, no beneficia a todos los miembros de una sociedad a la vez del mismo modo.
Unos ciudadanos están mejor preparados que otros para aprovechar las
ventajas del crecimiento económico y las oportunidades del desarrollo no

se distribuyen de manera homogénea o equitativa. Generalmente el grado de preparación está directamente relacionado con la educación del individuo. Debido a esto, las disparidades que existen en una sociedad aun cuando está desarrollándose rápidamente usualmente están correlacionadas con disparidades en los niveles de educación entre los ciudadanos. Es irrealista exigirle a un gobierno que defina, implemente y logre políticas económicas que beneficien a todos por igual. Es difícil lograr el desarrollo económico y además conseguir que se mantenga estable por un largo número de años. El desarrollo económico sostenido a largo plazo es lo que más se acerca a un milagro económico. Por supuesto que lo ideal sería un desarrollo económico que desde su comienzo beneficie a todos, pero esto casi nunca sucede a corto plazo.

En muchas ocasiones los deseos de los ciudadanos de progresar rápidamente generan reacciones y movimientos que en lugar de ayudar al avance del proceso de desarrollo acaban atrasándolo. En el caso cubano, después de varias décadas de sufrir una verdadera regresión en materia de niveles de vida con relación al resto del mundo, es sin duda legítimo que el ciudadano promedio sufra de una gran impaciencia por mejorar su nivel de vida lo más rápidamente posible. El gobierno, por otro lado, aun cuando esté formado por los funcionarios más competentes, dedicados y honestos posibles, no podrá crear las condiciones tan rápidamente como todos lo desean. Aquí se presenta la necesidad de que la ciudadanía, en realidad cada ciudadano, encuentre una posición de equilibrio entre lo que desea y lo que debe exigir razonablemente a las autoridades en materia de resultados de la gestión de gobierno.

Primeramente, es preciso que la mayor parte de los ciudadanos comprendan que la recuperación económica de Cuba y su desarrollo ulterior es algo que no puede lograrse solamente con la gestión del gobierno. En realidad, el gobierno deberá jugar un papel crucial en ese proceso, pero la verdadera recuperación económica del país la harán las empresas y sus trabajadores a todo nivel, desde la alta gerencia hasta los conserjes y el papel del gobierno en tales condiciones es el de facilitar el proceso, evitar obstaculizarlo.

Por otro lado, Cuba como país relativamente pequeño en el contexto de la economía internacional, siempre estará sujeto a choques externos que vienen en diversas formas, como pueden ser aumentos en los precios de los bienes importados, caída de los precios de los bienes que exporta, movimientos internacionales de capital y desarrollos tecnológicos. Además, no siempre tales variaciones en la economía internacional tienen que ser negativas. A veces los precios de ciertas importaciones bajan o los de las exportaciones suben mejorando las condiciones económicas internas.

Pero lo que el ciudadano medio debe tener siempre en cuenta es que la economía de un país estará sujeta a toda suerte de fluctuaciones. Muchas de ellas son impredecibles, algunas como resultado de elementos puramente económicos, otras veces como resultado de factores políticos, catástrofes naturales o guerras. Las economías más modernas se caracterizan por su capacidad de absorber estos choques externos positivos o negativos y continuar su desarrollo aun cuando las consecuencias sean serias. Y en este contexto es importante notar que la capacidad de adaptación de una economía depende en gran medida de sus propias empresas, adoptando cada una las medidas que más les convenga en cada caso.

Esto no significa que el estado o gobierno no tenga un papel que jugar frente a las variaciones de las condiciones que afectan la economía desde el exterior. Para eso existen las políticas macroeconómicas que pueden jugar un papel dentro de ciertos límites. Por ejemplo, una crisis económica mundial que disminuya las exportaciones del país puede generar una cantidad de desempleo que alcance límites alarmantes y haga aumentar el número de familias pobres hasta un nivel que se considere grave. El gobierno pudiera considerar algunas medidas de emergencia en alivio de la pobreza temporalmente y pudiera desviar recursos de obras públicas programadas hacia el establecimiento de seguros de desempleo y hasta el de cocinas populares para atender a los más necesitados.

Lo que es posible

En todo momento es importante que la ciudadanía esté consciente de los límites del gobierno y el estado para resolver problemas que atañen a toda la sociedad. En una situación de crisis como la acabada de apuntar, el gobierno no puede hacer milagros ni se puede esperar que movilice recursos que sólo son generados por el sector productivo de la economía. Los recursos del gobierno provienen de ese sector pero cuando la ciudadanía no tiene en cuenta esas limitaciones cae fácilmente presa de las manipulaciones de los políticos que acaban prometiendo o exigiendo lo que no es factible. Esto genera crisis aun más profundas en los países, pues los gobiernos acaban gastando volúmenes de recursos que sólo pueden financiarse agotando las reservas que puedan existir (como pasó en Cuba a fines de los años cincuenta durante la dictadura de Batista); adquiriendo préstamos internos y externos que cuando sobrepasan un cierto nivel no pueden pagarse (como le ocurrió a la Argentina recientemente) o emitiendo moneda que conduce a inflaciones o hasta hiperinflaciones (como le ocurrió a Bolivia en la década de los ochenta).

El ciudadano ayuda mucho a que la gestión de gobierno sea eficiente y transparente cuando está informado y posee una comprensión básica de las cuestiones fiscales de su país. No obstante, cuando el ciudadano desarrolla expectativas irrealistas sobre lo que puede hacer el gobierno, especialmente en sociedades donde el gobierno ha jugado un papel dominante en la economía, sus demandas pueden crear situaciones de gran inestabilidad o hacer que el gobierno adopte políticas engañosas para ganar tiempo y postergar cualquier enfrentamiento o crisis. Las expectativas irrealistas crean un terreno fértil para que políticos hagan promesas que no pueden cumplirse, especialmente los que aspiran a cargos o los que ya los tienen en los poderes ejecutivos y legislativos de la nación.

En los países de América Latina las promesas incumplidas no sólo han sido palabras al viento sino que han creado políticas muy perjudiciales para los países que las han adoptado. Por ejemplo, en el Uruguay los políticos prometieron beneficios en los planes de retiro que hicieron que tales planes quebraran muchos años después, lo cual incluso contribuyó al establecimiento de una junta militar y a la pérdida de la continuidad democrática que dicho país había disfrutado por muchas décadas hasta los años setenta. El Presidente Chávez en Venezuela salió electo bajo promesas de empleo que no pudo cumplir y que llegó a generar grandes tensiones en el país. Lo mismo le acaba de suceder al Presidente Toledo en el Perú. El propio Fidel Castro consiguió hacerle creer a grandes segmentos de la población cubana en 1959 que construiría una economía más próspera, sobre cuya creencia pudo destruir las instituciones existentes, arruinar una economía que todavía tenía mucho que desarrollarse y hacer retrotraer al país a una forma primitiva de gobierno extremadamente centralizado y absolutista.

En el postcastrismo, Cuba correrá el mismo peligro si la población cree todo lo que le digan los próximos gobernantes o aspirantes a gobernantes. En este aspecto, es necesario que existan medios de información variados e independientes para que puedan informar, evaluar y criticar los planes de gobierno para beneficio del ciudadano. Ninguno de los medios de información a través de sus diversas modalidades es perfecto, sea prensa escrita, telerradiada o de cualquier otra índole. Ninguno puede garantizar por sí solo la veracidad u objetividad perfecta de lo que afirma. Una sociedad donde imperan las libertades individuales supone que los ciudadanos saben hacer uso de esas libertades para su propio beneficio y por lo tanto es responsabilidad de ellos el evaluar las informaciones u opiniones que recibe de distintas fuentes. La libertad de prensa o expresión no garantiza la veracidad de las informaciones pero le da a todos, por un lado, el derecho a expresarse y por otro lado, el derecho a informarse por los medios que escoja.

Sin embargo, no es suficiente que el ciudadano tenga libre acceso a muchas fuentes informativas si no tiene la capacidad de discernir lo que dicen. Es necesario que el ciudadano tenga un mínimo de educación para evaluar e interpretar lo que lee y escucha de estas fuentes. Esa educación también es necesaria para poder tomar decisiones acertadas como votante o incluso como miembro del gobierno. No es posible concebir una sociedad avanzada sin que predomine entre sus miembros un cierto nivel de educación sobre cuestiones públicas. Es cierto, recordando las palabras de Mancur Olson sobre lo que el llamó la *ignorancia racional* que el ciudadano no siempre tiene todo el tiempo que se requiere para estar bien informado y poder tomas decisiones calificadas. Pero no se trata de que el individuo sea un experto en todo sino que tenga un nivel mínimo de educación para no sólo ejercer sus derechos en un momento dado, sino precisamente para que contribuya a la estabilidad de una sociedad que garantice esos derechos a largo plazo.

¿Socialismo o capitalismo?

Existe un número indeterminado pero aparentemente elevado de cubanos, dentro y fuera de la isla, que creen que la economía nacional debe mantenerse dentro de los cánones de una economía socialista, pero operando con muchas más libertades de las que han existido bajo el gobierno de Fidel Castro. De hecho, hay razones poderosas para argumentar que desde 1959 Cuba nunca llegó a desarrollar un verdadero régimen socialista porque la agenda del gobierno no incluía precisamente el desarrollo económico del país. Muchos entienden por socialismo un tipo de régimen donde impere la solidaridad humana, donde todos puedan tener oportunidades de alcanzar una vida decorosa, donde nadie pueda acumular fortunas mientras otros son pobres, donde impere la compasión humana sobre el egoísmo y, sobre todo, donde la propiedad y la creación de riqueza estén supeditadas a una meta de igualitarismo forzoso.

En realidad, nadie puede estar en desacuerdo con muchos de los ideales de comportamiento humano que se esgrimen. El problema es cómo lograrlos a través de algún tipo de ingeniería social y económica. Cuando se desea lograr estos objetivos por medio de la organización de una economía, generalmente los proponentes piensan que una entidad todopoderosa y racionalizadora es la que debe encargarse de hacer que tales objetivos se cumplan y vigilar los procesos por medio de los cuales han de cumplirse. Esa entidad acaba siendo el estado, el cual estará inevitablemente formado por seres humanos que junto a sus virtudes también son falibles y se rigen generalmente por sus propios intereses y no los del prójimo. Si el mandamiento de «ama al prójimo como a ti mismo» se cumpliera en cada momento para cada ser humano en toda sociedad, entonces la utopía del estado benefactor pudiera acercarse a lo factible. Pero la realidad es otra y la insistencia en armar un superestado que acaba restringiendo las libertades individuales en aras de objetivos que parecen nobles pero que son irrealistas acaba contribuyendo a desarrollar una sociedad donde el individuo ve sus libertades reducidas en manos de una burocracia que se supone sepa más que él o ella. Es muy fácil imaginarse un estado benefactor con gobernantes bien intencionados y competentes, pero es muy difícil determinar a priori las consecuencias no deseadas de crear un aparato donde los individuos que ocupan las posiciones de poder estatal habrán de tener más poder que el ciudadano común.

El mecanismo de reducción de las libertades que se necesitan para prosperar opera a partir del designio de que la igualdad es más importante que la libertad de gestión y por lo tanto sirve para justificar un sistema administrativo mediante el cual mientras se restringen las libertades de los más energéticos y creativos, se fuerza la redistribución del ingreso y de la riqueza de los más a los menos productivos. No se distingue entre los que son menos productivos por imposibilidades físicas o mentales de los que son menos productivos por decisión propia. Y aun cuando los mecanismos redistribuyan funciones y se sostengan por cierto tiempo, a la larga el sistema llega a un equilibrio de estancamiento en la medida en que los más productivos pierden los incentivos para generar riquezas que ellos no pueden disfrutar. De este modo el empobrecimiento de los que hubieran sido más ricos acaba empobreciendo más a los más pobres simplemente porque el estado carece de la capacidad y de los incentivos para reemplazar a los creadores de riqueza.

No obstante, hay que reconocer que en un momento dado de la historia de un pueblo o nación las preferencias de una mayoría pueden llegar a determinar la instalación de unos sistemas económicos y políticos congruentes, al menos en principio, con esas preferencias. En este libro yo abogo a favor de la noción de que el establecimiento de una economía de tipo socialista o altamente estatizada, aun cuando incluya libertades políticas y respeto a los derechos humanos tal como se enuncian en la Carta de las Naciones Unidas no es lo más aconsejable para Cuba por varias razones. Primero, el fracaso del socialismo en los países de la antigua Unión Soviética y sus llamados satélites debe ser una fuerte indicación de lo limitados que son tales sistemas. Segundo, el propio estancamiento de países como Suecia, la Gran Bretaña hasta el triunfo de Margaret Thatcher y casi todos los países latinoamericanos y africanos que han adoptado modelos si no similares, muy estatistas, es evidencia adicional de lo absurdo de condenar a Cuba a seguir el mismo camino, además de los últimos cuarenta y cinco años de regresión. En tercer lugar, la evidencia generada por un gran número de estudios económicos que demuestran que los países de mayor grado de libertad son los que más progresan. Estas razones no son de tipo ideológico, sino que están basadas en hechos incontrovertibles que pueden ser evaluados objetivamente por cualquiera que se tome el trabajo de conocer las realidades económicas y que no esté sujeto a los cuentos de hadas sobre utopías económicas.

Cabe preguntarse entonces ¿por qué hay tantos que favorecen algunas formas de socialismo o de que el estado juegue un papel rector en la economía? En mi opinión los motivos entre los socialistas son diversos y afectan a distintas personas según sus características personales. Una de las razones es la falta de comprensión de la economía de mercado. De hecho, muchos no saben a ciencia cierta lo que es una economía de mercado ni se les conoce una formación económica profesional, si no que se han formado en otras disciplinas. No conocen la diferencia entre capitalismo monopolista y capitalismo competitivo. Piensan que todo lo que sea libertad empresarial se transforma automáticamente en abuso, en muchos casos basados en sus propias observaciones o vivencias de formas de capitalismo que se basan en privilegios y no en la competencia. En este punto no se dan cuenta del papel que juegan los derechos de propiedad en las economías de mercado y los sistemas legales que los garantizan.

Otra razón, posiblemente inspirada en muchos casos en buenas intenciones, es la de creer que el ciudadano, especialmente el que proviene de los países o sectores más pobres de la población, debe ser protegido de los poderes de las empresas. Esta actitud implica una gran arrogancia al pensar que unos ciudadanos saben más que los demás y por lo tanto deben tener poderes extraordinarios para dictar lo que es bueno para todos. Entonces proponen la creación de entelequias estatales sin darse cuenta que las mismas llegan a convertirse en empresas monopolistas tan poderosas que el ciudadano necesita protección de las mismas, pero ¿quién lo hará? ¿Se necesitará otro ministerio para proteger al ciudadano de los poderes de los primeros ministerios? ¿Por qué no confiar en que el ciudadano es el mejor custodio de sus intereses y de sus preferencias y que apoyado por los derechos de propiedad y de un sistema legal que funcione adecuadamente, independientemente de los poderes ejecutivos y legislativos de un país, puede defenderse muy bien de los avatares de la economía de mercado e incluso prosperar en ella? Es cierto que habrá un buen número de ciudadanos que por diversas razones no cuenten con las capacidades de enfrentarse o aprovechar todas las oportunidades que ofrece una economía de mercado. Sin embargo, una economía de mercado no tiene que ser indiferente a los llamados problemas sociales. Por medio de la tributación y de los mecanismos públicos y privados adecuados, una economía de mercado puede ser tan compasiva y solidaria como la teoría de la socialista y lo puede hacer con creces porque cuenta generalmente con una base económica mucho más amplia.

Hay también los que se oponen a la economía de mercado porque le temen y piensan que personalmente les iría mejor en una economía donde imperan los burócratas que no tienen que rendir cuentas a nadie en comparación con el mercado en donde hay que rendir cuentas a toda la sociedad. Es en el mercado (o los mercados) donde se combinan las dos grandes formas de libertad, la del productor que busca crear algo que una parte de la sociedad necesite o desee y la del comprador que está buscando que

108

existan los productores que puedan satisfacer sus múltiples necesidades y deseos. El mercado es encuentro de necesidades y capacidades, el mercado es búsqueda de ambas partes y es, por lo tanto, incertidumbre. Hay muchas personas que le temen a la incertidumbre del mercado, acaso porque no confían en sus habilidades para producir algo que alguien necesite en la sociedad a donde ellos pertenecen. Pero el mercado es también convergencia y equilibrio, donde los precios que se determinan como resultado de esos dos grandes encuentros de oferta y demanda sirven como señales de qué y cuánto debe producir una economía. El mercado es el gran computador social que hace precisamente lo que nunca pudo hacer el sistema socialista de planificación estatal con el mismo nivel de eficiencia y eficacia a través del llamado sistema de balances materiales, o sea, equilibrar necesidades de consumo y capacidades de producción de la mejor manera posible siempre que se haga con plena libertad de todos los agentes económicos.[27]

Desafortunadamente, la historia de los países de América Latina y de otros continentes indica una alta incidencia ciudadana de preferir un papel fuerte para el estado. Y Cuba no está enteramente libre de estas inclinaciones, aunque cabe esperar que el desastre económico de la era de Castro pudiese haber sido una especie de vacuna o antídoto contra la creencia de que un estado poderoso es la solución a todos los problemas de una economía y una sociedad. Esto no lo sabremos hasta que los ciudadanos cubanos tengan la oportunidad de expresar libremente sus creencias y preferencias de política pública. Mientras tanto, debe estimularse el diálogo entre los ciudadanos cubanos para elevar primero que nada el nivel de conocimiento sobre las experiencias y estudios existentes al respecto. En segundo lugar debe elevarse el grado de comprensión ciudadana sobre la noción de que es él y no el estado, actuando en conjunto con los demás

---

27 Por otra parte, no hay que pensar que el mercado es la solución de todos los problemas que una sociedad puede tener en un momento dado de su historia. Al afirmar que el mercado puede lograr una solución óptima cuando todos los agentes económicos gozan de plenas libertades nos estamos refiriendo a lo que en teoría económica se denomina un estado paretiano de equilibrio competitivo a largo plazo, lo que significa en la práctica lo mejor que se puede lograr en cada momento con la dotación existente de recursos físicos y humanos de una sociedad y su distribución entre diversos ciudadanos.En un momento dado, una situación dada de equilibrio puede ser insatisfactoria, pero el problema no se resuelve destruyendo el sistema económico inventando otro arbitrariamente, sino pasando de la situación de equilibrio existente a otra superior para la sociedad en su conjunto.

ciudadanos, los que determinarán no sólo el ritmo de crecimiento de la economía cubana sino también la calidad de la misma.

Las grandes alternativas de la política pública

En esta sección examinaremos brevemente las tres grandes alternativas o modelos a las que la sociedad cubana se enfrenta en materia de organización de su economía. A los tres modelos los denominaremos Modelo de Continuidad, Modelo Mixto y Modelo de Mercado y los pasaremos a discutir de inmediato.

El Modelo de Continuidad, como su denominación lo indica, representa la organización actual de la economía cubana sin más cambios estructurales o profundos. Las características esenciales de este modelo son la existencia de dos regímenes de propiedad, al menos oficialmente, el de los inversionistas extranjeros y el estatal. Los cubanos no tienen ningún derecho a la propiedad. Prácticamente cualquier cosa que poseen, generalmente muy poco, es para su usufructo personal o el de sus familias. Nunca incluye activos productivos o medios básicos de producción, con la excepción de los agricultores pequeños que aun así no tienen libertad para vender o comprar sus tierras. Los que han logrado montar pequeños talleres o establecimientos de servicios en muy pequeña escala ha sido generalmente al margen del gobierno. A partir de esta manera anómala de permitir derechos de propiedad para unos y no para otros, la economía cubana sufre de una incapacidad productiva intrínseca y aunque este modelo se prolongue sin reforma alguna, no se considera sostenible en el largo plazo. Es de esperar que en algún momento (muchos creen que ese momento será el de la desaparición de Fidel Castro) el Modelo se transforme de alguna manera en el Mixto o en el de Mercado. Es imposible predecir cómo y cuándo será el proceso de transición de uno a otro.

El Modelo Mixto consistiría en un crecimiento gradual del sector privado doméstico como propietario de empresas pequeñas y medianas. Las grandes empresas continuarían siendo estatales o mixtas con capital extranjero y nacional público, pero sin accionistas nacionales privados. Este modelo se desarrollaría muy lentamente y aunque mejoraría las condiciones de vida de un número indeterminado de cubanos, especialmente de los que hoy ocupan posiciones en el gobierno, la economía cubana no desarrollaría su pleno potencial. Este sería el modelo preferido por los que abogan por una economía socialista o de corte social demócrata o. De hecho, éste es el modelo de los que sueñan con una utopía y se dejan arrastrar por una concepción caprichosa de las sociedades y de cómo las economías deben ser dirigidas o planificadas para resolver los problemas sociales, en lugar de que sean los propios ciudadanos los que resuelvan sus problemas haciendo uso de sus libertades. Lo paradójico de seguir ese camino es que a pesar de sus designios igualitaristas *ex ante*, el dominio de la economía por el estado no resolvería las desigualdades existentes hoy y posiblemente tenga que coexistir con una alta proporción de la población viviendo en la pobreza.

El Modelo de Mercado es el ideal para una rápida recuperación económica y un crecimiento de la economía al máximo ritmo posible. Por estas razones este libro se dedica a este modelo y no a los anteriores. La característica esencial del modelo de mercado, ya discutido más arriba, es el de plenas libertades para todos los agentes económicos, una administración de justicia que garantice esas libertades y una administración pública que nunca tiene más poder que la ciudadanía. En esta concepción de organización económica el papel del estado se limita a proveer los bienes públicos, especialmente a garantizar el funcionamiento de un estado de derecho. En este marco institucional el empleado público, desde el jefe de gobierno o poder ejecutivo, los niveles más altos del poder legislativo y del poder judicial, hasta los niveles más modestos de empleo en estos poderes, es un empleado al servicio de la ciudadanía.

Capítulo III
LOS COMPONENTES
DE UNA
LIBERACIÓN ECONÓMICA

En este capítulo entraremos directamente a discutir alternativas y propuestas concretas a ser consideradas por el gobierno de transición y la población en general para construir una economía de mercado para Cuba. Aunque lo hemos indicado anteriormente, no es ocioso insistir que el proceso no será fácil por dos razones fundamentales. Una, porque la revolución que comienza en enero de 1959 ha devastado al país de una manera extensa y profunda. La economía cubana que encontró Fidel Castro cuando bajó de la Sierra Maestra fue el resultado de un largo proceso de desarrollo que tomó varios siglos. Eso no quiere decir que regresar al equivalente económico de 1959 requiera un período similar, pero sí es indicativo de que el proceso será complejo y tomará un cierto tiempo. La segunda razón porque la velocidad de la recuperación dependerá en gran medida de cuán organizado sea el proceso de formulación e implantación de políticas y no sabemos qué grado de consenso y coordinación de esfuerzos se pueda lograr entre los ciudadanos cubanos y las autoridades a cargo de la transición.

También, como hemos indicado en otras ocasiones, el objetivo principal de estas ideas es provocar el pensamiento creativo de los ciudadanos cubanos en relación a los problemas de una transición hacia un régimen de amplias libertades individuales y un estado de derecho. Muchas de las propuestas concretas son universales, pero deben entenderse y estudiarse para adaptarlas mejor a las condiciones cubanas o, en caso de rechazo, deben poder ayudar a formular alternativas viables y prácticas. En este sentido vuelvo a insistir que una transición tan compleja, una empresa tan enorme como la reconstrucción de la República de Cuba es, más que un esfuerzo de titanes, un desafío a la capacidad de una sociedad de actuar colectivamente en función de sus intereses. ¿Serán los cubanos capaces de superar el legado de Castro y organizarse para llevar a cabo la reconstrucción eficazmente?

Según los estudios de Mancur Olson (1965), los grandes grupos humanos no son capaces de actuar colectivamente en función de sus intereses comunes de modo voluntario, a menos que exista un sistema de incentivos que fuerce a los ciudadanos a comportarse de acuerdo con esos intereses, lo que él llama incentivos selectivos. Un ejemplo de tal mecanismo es cuando los ciudadanos de un país aprueban democráticamente la creación de un sistema fiscal que establezca impuestos para poder financiar los gastos del estado que ellos también aprueban. El sistema tributario fuerza al ciudadano a pagar los impuestos establecidos, lo cual no sucedería si el pago dependiera exclusivamente de la acción voluntaria de los contribuyentes.

La máxima olsoniana sin embargo puede aplicarse a muchas otras situaciones. Una interrogante aplicable a lo que estamos estudiando es si la ciudadanía, o una masa crítica de la misma, actuando conscientemente, está dispuesta a adoptar las leyes necesarias para montar una democracia con plenas libertades económicas. En gran medida este libro se basa en el supuesto de que, como ya hemos señalado, elevando el nivel de comprensión de la ciudadanía cubana se puede contribuir a la instalación de una economía moderna. Hay muchos que tienen actitudes diversas. Unos, por ejemplo, creen que no vale la pena intentar nada pues la conciencia o los conocimientos ciudadanos no son modificables. Otros, más optimistas, creen que no hay que hacer nada porque tan pronto desaparezca Fidel Castro las cosas volverán a un cauce normal. Aquí yo adopto y propongo una actitud ecléctica que partiendo de la base de que es difícil mover las conciencias ciudadanas hacia una convergencia programática enteramente voluntaria, una retórica adecuada puede convencer a muchos de las ventajas de la economía de mercado.

Más concretamente, ahora pasamos a identificar *tres fases de la política económica* que el gobierno de transición deberá enfrentar. Estas fases constituyen una forma de organización del pensamiento y de las políticas a seguir y por ende deben ayudar a que los agentes decisorios no se pierdan en la complejidad del proceso. *La primera fase* es de muy corto plazo, debe comenzar desde la hora cero de una transición y consiste en la necesidad de adoptar una política de estabilización macroeconómica que cree las condiciones básicas para las fases siguientes. *La segunda fase*, que se yuxtapone a la primera, es la reactivación de la economía y consiste en adoptar una serie de medidas conducentes a elevar lo más rápidamente posible los niveles de producción, consumo y empleo. *La tercera fase*, que en sus inicios se confunde un poco con la segunda, consiste en la adopción de las reformas para que la liberación económica del país se haga dentro del marco institucional de lo que se conoce como una economía de mercado que no es otra cosa que la extensión de las libertades de una democracia plena.

En *la primera fase* la más alta prioridad del gobierno de transición radica en manejar con gran destreza la economía que recibe, de lo contrario se pueden crear rápidamente condiciones que obstaculizarían la reactivación y las reformas. El conjunto de medidas que el gobierno adopte en este sentido es lo que constituye su política macroeconómica, la cual se denomina así porque afecta la economia nacional en su conjunto y no simplemente una parte o sector de la misma. Un objetivo cardinal de la política macroeconómica es la estabilización financiera del país que consiste en que el nivel general de precios se mantenga aproximadamente constante, en otras palabras, que no haya inflación, el caso ideal, o que de haberla, la misma se pueda mantener lo mas bajo posible. La inflación se mide por medio de una tasa que se calcula como una especie de promedio entre los precios de todos los bienes y servicios del país. Esta tasa, que se expresa por un porcentaje anual, debiera ser de un solo dígito, o sea, por debajo del 10 por ciento anual, si fuera posible, un 2 o 3 por ciento. Tasas de inflación mucho mayores de estos niveles comenzarían a dificultar las decisiones económicas de las empresas, especialmente en materia de ahorro, inversión y generación de empleo y crearían condiciones adversas a la reconstrucción económica del país.

Para evitar la inestabilidad en los precios, el gobierno debe mantener el equilibrio entre sus gastos y sus ingresos. Simplemente hablando, si el gobierno comenzara a gastar más de lo que recibe por concepto de impuestos, los precios empezarían a subir y podrían descontrolarse. Todo gobierno tiene una gran responsabilidad en mantener la estabilidad financiera de su país y el primer gobierno de transición en Cuba no será una excepción. Desde el primer día en que Cuba esté liberada del régimen actual, la ciudadanía pondrá una gran presión en el gobierno para asumir gastos que sumados sobrepasarán sus posibilidades de financiamiento. La tentación será muy grande para ceder ante las presiones, sobre todo si existe una amenaza seria de inestabilidad política. Hernández-Catá (1991) explica cómo los países que tienen menos inflación logran tasas de inversión y de crecimiento más elevadas que los que sufren de tasas más altas de inflación lo cual tiene también implicaciones importantes para el manejo de la política monetaria del país tanto a corto como a largo plazo.

La segunda fase es una especie de catálogo de medidas a tomar para, primero que nada, reactivar la economía cubana y estimular su capacidad productiva de manera urgente y liberar al cubano de la humillación diaria de tener que buscar el alimento de cada día y vivir constantemente al borde de una crisis alimentaria o incluso una hambruna. Pero las medidas también son las preliminares que corresponden a la instalación de una economía de mercado. Aunque parezca un catálogo, las medidas que se definen y discuten a continuación no son medidas inconexas. Como veremos muchas se refuerzan entre sí y deben ser implantadas siguiendo ciertas reglas administrativas y de coordinación entre las mismas. En este punto es importante recalcar que el desarrollo de una economía de mercado requiere todo el conjunto de medidas y no simplemente la adopción de algunas de ellas. Precisamente el fracaso de algunas economías que pretendían haber hecho reformas para introducir plenas libertades económicas se debe a que se adoptaron algunas de las medidas necesarias sin la ventaja de ser apoyadas por otras de carácter complementario pero esencial. Primeramente agruparemos las medidas principales en doce categorías o pasos a tomar para lograr una visión panorámica de la inmensidad de las reformas que hay que llevar a cabo. Inmediatamente después pasaremos a discutirlas en detalle. Los doce grupos de medidas son los siguientes:

Legalizar la libertad de comercio, gestión y empresa. Esto consiste en el levantamiento inmediato de los impedimentos hacia el libre comercio, la libre contratación de factores productivos, la liberación de los precios y los salarios y el establecimiento de nuevos negocios y empresas productoras y distribuidoras de bienes y servicios.

Restaurar los derechos a la propiedad privada. Definición de una política de restauración de la propiedad privada de los medios de producción que incluya la restitución y/o la compensación de propiedades confiscadas, la privatización de todas las empresas estatales y la legalización de las empresas creadas por ciudadanos cubanos.

Normalizar las relaciones internacionales de Cuba. En este grupo el primer paso pudiera ser el reconocimiento de las obligaciones contraídas por el gobierno actual (la deuda externa) y la definición de una política o estrategia de negociación. Otro paso es la normalización de las relaciones con otros países, especialmente Estados Unidos y el levantamiento del embargo a la economía cubana.

Facilitar las inversiones. Crear las condiciones necesarias para atraer la inversión directa (nacional y extranjera) en todos los sectores de la economía cubana, pero especialmente en el sector exportador.

Estimular el ahorro. Crear las condiciones para que los ciudadanos ahorren parte de sus ingresos con fines productivos y de construcción de viviendas.

Reforma fiscal. Definición e instalación de un sistema tributario compatible con la base económica del país según se recupera y capaz de satisfacer las necesidades de mayor prioridad del gasto público.

Redefinir el régimen monetario. Establecimiento de un régimen monetario y formulación de las políticas monetarias que ayuden a maximizar la inversión y mantengan la estabilidad cambiaria y de precios internos.

Modernización del estado. Redefinición del papel del estado en la nueva sociedad, favoreciendo la reducción del tamaño de los gobiernos central y locales, un alto nivel profesional y salarios competitivos para los servidores públicos, la descentralización fiscal y la eficiencia en la administración de justicia.

Desarrollo constitucional y sistema legal. Desarrollo de las bases necesarias para la formulación de una constitución moderna que facilite el desarrollo de la economía e impida la introducción de distorsiones y la intervención en los mercados.

Creación del sector financiero. Creación de las condiciones para estimular el desarrollo de bancos privados con participación de entidades nacionales y extranjeras y de todos los tipos de empresas que forman un sector financiero moderno.

Reforma educativa. Depuración ideológica del sistema actual y desarrollo de la base de capital humano del país cubriendo todas las formas en que el mismo se hace necesario para el desarrollo económico de Cuba, desde la enseñanza preescolar y básica, hasta la técnica y superior y sistemas de financiamiento.

Reforma del sector salud y del seguro social. Implantación de una política de recuperación de gastos combinada con mecanismos de financiamiento de las pensiones y de programas preventivos y asistenciales de salud. Desarrollo de los sistemas de pensiones que permitan hacerle frente a las necesidades de una población con una proporción alta y creciente de personas de la tercera edad.

La tercera fase de la política económica de una transición comienza a operar en el mediano plazo y se debe prolongar varios años. La misma consiste en el desarrollo y consolidación de las medidas correspondientes a la segunda fase (los objetivos de la primera fase seguirán siendo válidos para las demás, especialmente la estabilización) más la adopción de medidas o actividades de alta complejidad y participación ciudadanas, como pudiera ser la adopción de un nuevo marco constitucional, el pleno desarrollo del sistema legal incluyendo la formulación de una normativa jurídica (las leyes), el desarrollo de las organizaciones del sistema (por ejemplo, los tribunales) y el desarrollo de la práctica de los individuos que lo operan (magistrados, abogados, fiscales, etc). También es un componente esencial de la tercera fase el desarrollo de las inversiones, las nuevas empresas, el crecimiento del comercio y demás formas de desarrollo sectorial. A continuación nos detendremos a analizar los componentes de la segunda fase, dejando para los capítulos siguientes el estudio de algunos de los componentes de la tercera.

La libertad de comercio, gestión y empresa

La primera acción de un gobierno de transición debiera ser la liberación de todas las formas de intercambio entre ciudadanos de manera de estimular lo más rápidamente posible la producción nacional con los medios disponibles a corto plazo, especialmente la producción de alimentos y de bienes de consumo de primera necesidad. La libertad de intercambio incluye cualquier forma legítima de intercambio o comercio entre agentes que actúan libre y voluntariamente, sin estar forzados o coaccionados a llevar a cabo o cerrar la transacción. Esto incluye tanto la transacción o intercambio casual o informal entre dos individuos, como el intercambio más formalizado por medio de empresas o establecimientos dedicados a esta actividad de manera regular. La libertad de intercambio o comercio debe promulgarse desde el primer instante en que un gobierno de transición esté a cargo de un programa de reformas. Al mismo tiempo, deberán levantarse todas aquellas restricciones típicas de la variedad extrema de control estatal que caracterizó la revolución de 1959, por ejemplo, el acceso a los centros de enseñanza superior reservado sólo para aquellas personas aprobadas por el gobierno y el acceso a muchas otras actividades o entidades, como playas, hoteles, restaurantes, hospitales, etc.

Simultánemante a la liberación del comercio, el gobierno deberá promulgar la eliminación del sistema de racionamiento y el cese de operaciones de toda forma de control de precios en todo el territorio nacional. La oficina encargada de control de precios pudiera pasar a efectuar otras funciones como recoger estadísticas de precios, para lo cual el personal disponible o una parte de él tendría que ser capacitado en las técnicas y métodos apropiados a esta función.

La eliminación del racionamiento y el aumento concomitante de precios de los alimentos que tal medida puede provocar de inmediato puede ocasionar algunos desajustes o empeoramientos en los presupuestos de las familias de menos ingresos, especialmente aquéllas cuyos ingresos provienen de personas jubiladas. Como medida de emergencia, la liberación de los precios puede tener que estar acompañada de medidas temporales como comedores populares a nivel de barrio donde se inscribirían las personas más necesitadas.

La liberación del comercio y de toda forma legítima de intercambio incluye la liberación de los salarios, que representan el precio de la fuerza de trabajo en cada una de sus modalidades. Esto no significa que los salarios de todos los trabajadores tengan que ser aumentados para poder ajustarse a los nuevos precios, probablemente crecientes. Esto pudiera desatar una inflación galopante (hiperinflación) y extremadamente difícil de controlar en las condiciones de la economía cubana durante una transición, sobre todo al principio. La liberación de los salarios significa que tanto los salarios como el empleo de los trabajadores quedarían liberados para que pudiesen llegar sin restricciones artificiales a los niveles de equilibrio de libre oferta (los trabajadores) y demanda (los empleadores) en el mercado laboral, especialmente en el sector privado. Los trabajadores podrían cambiar de empleo sin restricciones del gobierno y/o podrían renegociar las condiciones de su empleo en las empresas respectivas, las cuales podrían o no ajustar los salarios según puedan o lo estimen aconsejable, de acuerdo a sus condiciones financieras, o según la importancia de cada trabajador para la empresa. Habrá empresas que sólo puedan mejorar los salarios de unos pocos trabajadores, acaso porque tienen un exceso de mano de obra, situación frecuente en las empresas estatales o porque mantienen en sus nóminas a personas que ejercían labores ajenas a la producción como vigilancia política-policial, o ser miembros del Partido Comunista o de algunas de las organizaciones llamadas «de masa».

Este proceso de ajuste de precios y de salarios debe afectar a todas las empresas por igual. Las empresas privadas extranjeras que hasta el momento de escribir estas páginas han estado forzadas a contratar sus empleados a través del gobierno, cesarán de hacerlo de este modo y contratarán directamente a los trabajadores. Los organismos gubernamentales intermediarios de empleo deberán ser cerrados o transformados en otros según las necesidades de modernización del estado cubano, tal como se define más abajo. Las empresas estatales que debieran ser privatizadas en su momento también podrían adoptar estrategias de renegociación con sus trabajadores pero las mismas van a depender de las condiciones financieras de tales empresas que debieran perder sus subsidios de inmediato en caso que los hubiere. Tales empresas tendrían que ajustar sus precios a las condiciones imperantes de oferta y demanda buscando la manera de ser financieramente autosuficientes.

En todo caso, los trabajadores de las diversas empresas deberán abstenerse de hacer demandas colectivas de salarios antes de que las empresas puedan ajustarse a las nuevas condiciones de operación. Me refiero especialmente a los precios de los productos que venden y a los costos que se determinan por los precios de los insumos que requieren y a la productividad y eficiencia en que se usan los mismos en el proceso productivo. Si los trabajadores de un conglomerado o colectivo laboral comenzaran a hacer demandas irrazonables, la economía encontraría grandes dificultades para recuperarse. Los problemas económicos creados por los muchos años de revolución no se pueden resolver en un solo día con ajustes salariales. Los ajustes salariales de que hemos hablado aquí representan un primer paso hacia la corrección de las enormes distorsiones creadas por el sistema que se trata de desmontar, así como para poder disminuir la posible brecha entre el costo de la canasta familiar de consumo y los ingresos de las familias que se derivan por concepto de los salarios.[28] Tales ajustes pueden reflejar los mejoramientos que una economía de mercado ha de producir *si y sólo si se toman todas las medidas necesa-*

---

28 La canasta familiar se define como un conjunto de bienes y servicios de consumo cuyos precios se observan de vez en cuando para medir las variaciones en el costo de la vida y las tendencias del nivel general de precios. Es un instrumento metodológico que también sirve, con otros indicadores, para determinar si existen tendencias inflacionarias en una economía y para medirlas.

rias. En la medida en que avance la economía de mercado y se verifiquen los otros pasos a tomar como se seguirán definiendo a lo largo de este capítulo, el nivel agregado de los salarios irá aumentando como reflejo del mejoramiento paulatino del nivel general de vida y no como parte de un simple proceso de ajuste nominal.[29]

Es importante que el gobierno de transición anuncie desde el principio que la libertad de comercio no se aplica al comercio de bienes cuya propiedad esté en disputa o sea que puedan ser propiedad de otras personas o entidades. La libertad de comercio y otras libertades económicas se establecen para que los miembros de una sociedad, mediante el intercambio, mejoren todas las posiciones existentes antes del intercambio y no para que vaya en desmedro de los intereses de terceros. Por ejemplo, el intercambio de sustancias tóxicas o radioactivas, de alimentos en mal estado, de obras de arte falsificadas, de copias ilegales de grabaciones o libros, narcóticos, explosivos, armas de fuego que necesitan licencia para ser poseídas o usadas, animales en peligro de extinción y bebidas no aptas para consumo humano o para consumo de otra naturaleza no pueden ser objeto de transacción bajo las nuevas libertades. Las transacciones en materia de bienes raíces o inmuebles y de activos fijos o medios básicos productivos (maquinaria, equipo, construcciones, inventarios, terrenos, plantaciones, animales reproductores, etc.) y de propiedad intelectual (derechos de autor, patentes, etc.) serán tratadas más abajo en la sección correspondiente a la restauración de los derechos de propiedad y las políticas a seguir con la viejas propiedades confiscadas y otras posibles reclamaciones.

Hay que señalar también que la liberación del comercio o el intercambio no se limita a las empresas que estén formalmente constituidas, sino que cubre ampliamente cualquier actividad de intercambiar bienes o servicios entre sus propietarios legítimos. Por mucho que lo intentó el régimen revolucionario, nunca pudo eliminar la presencia y la importancia del mercado negro en la economía cubana. Aun cuando se puede afirmar que el

---

29 Si todos los salarios aumentan, por ejemplo, un 10 por ciento y todos los precios aumentan también en un 10 por ciento se dice que los salarios nominales aumentaron en un diez por ciento pero los salarios reales permanecieron al mismo nivel. Pero si los salarios aumentan en un 15 por ciento en términos nominales y el aumento de precios o la inflación es de un 7 por ciento, entonces se dice que los salarios reales aumentaron en un 8 por ciento. Los salarios reales son los que indican un verdadero mejoramiento en el nivel de vida de los que trabajan, mientras que los aumentos nominales pueden ser engañosos.

gobierno fue muy eficaz en reprimir por muchos años la disidencia política del país, nunca fue capaz de reprimir en una proporción remotamente cercana a lo que pudiéramos llamar la disidencia económica.

Las razones de esta asimetría son por lo menos dos. La primera es que una simple transacción económica muchas veces puede llevarse a cabo en un instante, entre dos personas solamente, sin mayor organización o preparativos, mientras que el acto político es más complejo. El acto político se puede ver como una transacción o acuerdo colectivo que involucra muchas personas y es por lo tanto más visible y fácil de detectar y reprimir que el acto de intercambio puramente económico. La segunda razón es que el acto económico generalmente está motivado por una fuerza urgente y elemental, que en condiciones de escasez es costoso postergar, mientras que el acto político rara vez tiene la misma urgencia. El hecho de que los intercambios clandestinos, criminalizados artificialmente por el gobierno cubano, continuaron a pesar de la represión es prueba del poder de la naturaleza humana y la lucha por lograr unos grados mínimos de libertad en pos de mejorar aunque sea marginalmente las condiciones de vida de los actores.

Sería bueno que el país en el futuro pueda mantener una buena memoria de los efectos negativos que la intervención estatal en los mercados tuvo sobre la economía cubana, sus posibilidades de crecimiento y el bienestar de sus ciudadanos. Para mantener esa memoria se deberá estudiar detenidamente la historia económica del país a distintos niveles, comenzando por el nivel universitario y continuando con los niveles más bajos, de manera que el ciudadano tenga un mínimo de comprensión sobre estos asuntos de tanta importancia en sus vidas.

Cuando se promulguen las nuevas libertades, habrá muchos ciudadanos que estarán preparados mientras otros tendrán que comenzar a prepararse para aprovechar las ventajas del nuevo orden. Por ejemplo, los pequeños agricultores o granjeros cooperativistas independientes estarán mejor preparados para responder con mayor producción que los comerciantes, artesanos o trabajadores por cuenta propia que no tengan activos o acceso a mercados tan inmediatamente disponibles como los primeros. El hecho de que unos estarán preparados para tomar ventaja de las libertades primero que otros no es excusa para demorar el comienzo de las reformas o detener su marcha. La economía tiene maneras muy misteriosas y contraintuitivas de operar y querer dominarla mediante mecanismos artificiales casi siempre crea más problemas de los que resuelve.

Hay muchos que piensan que debe crearse una oficina pública o ministerio para controlar el comercio y «evitar abusos». No comprenden que nadie, mucho menos una burocracia, está mejor dotada que el ciudadano para ser el principal supervisor de sus intereses. No sólo él sabe cuáles son esos intereses sino que nadie como él tiene los incentivos para actuar en su defensa cada minuto del día, cada día del año. La falta de confianza en el ciudadano como el principal agente económico también se presenta como una excusa para intervenir en los mercados. Otra excusa o creencia falaz es la necesidad de crear mecanismos de poder en aras de evitar el supuesto caos en que los mercados operan. Por supuesto que una función reguladora es necesaria y útil siempre y cuando se mantenga dentro de los cánones de la libertad económica que se necesita para que los mercados operen eficientemente

El papel del gobierno o el estado es asegurar la libertad de comercio y evitar que se formen coaliciones o arreglos que afecten la eficiencia de los mercados. Un caso es la formación de monopolios comerciales que tienen el objetivo de subir los precios de los productos afectados más allá de los niveles de equilibrio competitivo. Por ejemplo, a veces sucede que los productores o distribuidores de algún producto, que por su propia naturaleza hace que sea un número reducido de empresas o individuos los que lo suministran, conspiran para fijar el precio del producto a un nivel lo suficientemente alto para que les produzca ganancias extraordinarias. En los países más adelantados existe legislación que criminaliza este tipo de comportamiento, entidades vigilantes capaces de detectar el fenómeno cuando sucede y sistemas de administración de justicia capaces de aplicar las sentencias apropiadas, incluyendo multas severas y hasta privación de libertad a los violadores.

O sea, la necesidad de que el gobierno no intervenga en los mercados no quiere decir que no existan mecanismos oficiales que cumplan ciertas labores en materia de libertad de comercio. Además de supervisar que no existan abusos como el acabado de mencionar, este tipo de oficina o ministerio puede tener otras funciones como el registro de marcas cuya propiedad (intelectual) es tan importante en una economía como las propiedades físicas. Otras funciones son: normar las medidas o patrones que se usan en el comercio, regular el comercio de sustancias tóxicas o peligrosas, facilitar el registro de nuevos negocios y liquidar los que quiebran, etc.

El gobierno debe intervenir en los mercados sólo en condiciones excepcionales sin intentar controlar los precios de los productos que se comercian en una economía. Cuando se dejan fluctuar libremente sin distorsiones artificiales, los precios de una economía de mercado representan un sistema de señales que indica cuando se está produciendo algo en exceso o de manera insuficiente. El libre juego de la oferta y la demanda, tan vilipendiado por los ideólogos de la intervención estatal y el poder del gobierno sobre el ciudadano, es precisamente el mecanismo que le ha permitido a las sociedades más prósperas de la historia alcanzar para sus ciudadanos los más altos niveles de bienestar que la humanidad ha conocido. De ahí la importancia del libre comercio, para que la sociedad tenga las señales que le permitan ajustar sus niveles de producción a lo que esa misma sociedad desea, sin que sea el gobierno el que dicte los niveles de consumo o de producción.

Junto con la libertad de comercio el gobierno a cargo de la transición deberá levantar todas las trabas que impiden que los ciudadanos puedan hacer uso de sus nuevos derechos como sujetos económicos. Uno de los impedimentos más humillantes y discriminadores de la revolución fue prohibir que los cubanos tengan sus negocios propios en las áreas que ellos mismos decidan, a pesar de que ese derecho le es concedido parcialmente a ciertas empresas u operadores extranjeros y también a pesar de que el gobierno ha fallado en cubrir las necesidades de la población en materia de consumo. Otro derecho que se le niega al trabajador cubano es ofrecer su fuerza de trabajo donde más ventajoso le sea, no sólo desde un punto de vista de los ingresos sino desde otros aspectos como la ubicación del lugar de trabajo, el potencial de mejoramiento a largo plazo, los beneficios adicionales al salario, etc. El trabajador debe gozar de la libertad de tener sus propios negocios o de ahorrar para invertir en su negocio en el futuro.

Todas estas libertades las clasificamos de manera general como libertad de gestión, lo que incluye desde la libertad más modesta que permite una transacción individual entre dos agentes, hasta las formas más elaboradas y formalizadas del comercio en gran escala. Pero también se deben considerar gestiones de otra naturaleza, incluyan o no comercio propiamente dicho, como las apuntadas arriba. Pero la libertad de gestión va más allá del derecho a tener empresas o propiedades de diversos tipos. También abarca el derecho de los ciudadanos a perseguir aquellas actividades económicas que estando dentro de la ley le permita a cada cual ganarse un ingreso o recibir algunos bienes y/o servicios. En este aspecto las leyes deben ser muy cuidadosas en cuanto a lo que le impiden hacer o no al ciudadano. Es obvio que una empresa de ingeniería, por ejemplo, debe construir edificios o puentes que no se caigan y debe haber leyes que garanticen que las obras se construyan bajo ciertas normas que protejan la seguridad de los usuarios.

Del mismo modo puede haber leyes y mecanismos que aseguren que los alimentos, bebidas y medicamentos que se producen, almacenan y distribuyen a la población estén sujetos a normas mínimas de seguridad. Así hay muchas otras actividades que merecen un mínimo de actividad reguladora por la naturaleza compleja de las mismas. Es precisamente en la garantía de que existan ciertos bienes públicos, como fueron discutidos anteriormente, que el papel del estado se justifica. Es un bien público que los ciudadanos puedan consumir alimentos en cualquier parte del país con la seguridad de que no son alimentos intoxicados o en mal estado.Como es un bien público la confianza que los ciudadanos depositan en los ingenieros del país para no tener que entrar, trabajar o vivir en edificaciones bajo el temor de que en cualquier momento se pueda derrumbar. Pero un área en que no deben entrar las leyes es en reservar para el estado el control de las actividades económicas que es una prerrogativa del sector privado.

Aquí es importante que predomine el buen juicio y un fino sentido de equilibrio, pues hay actividades que por su naturaleza deben estar en manos del gobierno, por ejemplo, la seguridad de la nación bajo las fuerzas armadas.[30] Por otro lado, a veces se proponen y hasta se promulgan leyes que en aras de introducir eficiencia en la manera en que operan los mercados pueden tener efectos opuestos. Por ejemplo, hay países que prohíben que los establecimientos comerciales estén abiertos a ciertas horas y días de la semana. Hay también gobiernos que regulan el desarrollo de algunos tipos de establecimientos como farmacias, las cuales no pueden establecerse si no siguen una serie de normas o patrones de dispersión geográfica. Muchas de estas leyes o regulaciones pueden ser útiles, otras

---

30 Hay espacio para debatir si los miembros de las fuerzas armadas deben ser contratados por un salario o si deben ser reclutados por medio de un servicio militar obligatorio. Del mismo modo, pueden coexistir los servicios privados de seguridad y los cuerpos de policía.

muy controvertidas y hasta negativas. En principio, es importante no crear excusas para que crezca el tamaño de la burocracia gubernamental a ningún nivel (nacional, provincial o municipal) porque la misma tiene que ser financiada con los impuestos que paga el ciudadano. Los recursos involucrados tienen que ser desviados de otras actividades y, sobre todo, se crean poderes adicionales de gobierno que pueden ser indeseables para el mantenimiento de las libertades económicas del país.

La libertad de empresa, como muchas otras, no es un dogma o principio ideológico impuesto mecánica o dictatorialmente siguiendo a ciegas un programa de gobierno o de reforma. La libertad de empresa es una necesidad práctica de los miembros de una sociedad que aspira a lograr un progreso continuo en sus niveles de vida. La libertad de empresa es una extensión de la simple libertad de intercambio o de comercio. En el desarrollo de las economías se observa cómo las empresas o firmas pueden derivarse del comercio y dedicarse exclusivamente al mismo, pero surgen también aquéllas que se dedican a la producción de bienes o de servicios según interpretan que la sociedad los desea o los necesita.

La empresa o firma (utilizaremos ambos términos como sinónimos) puede ser de una gran variedad de formas de propiedad, sectores de especialización, tamaños y estilos de manejo o administración. La motivación central de la empresa es obtener una ganancia como recompensa por producir algo que sus clientes quieran y que estén dispuestos a comprar y pagar libremente, tanto en el mismo país donde se ubica la empresa o en otro. Cuando hay libertad de empresa, generalmente es difícil que exista una sola dominando el mercado, o sea, un monopolio. Cuando hay monopolio se presenta un caso que trataremos por separado más adelante. La libertad de empresa permite que otras firmas entren en el mismo mercado a competir con las primeras que se formaron. Es precisamente la competencia lo que permite que los precios a los que se venden sus productos se mantengan en lo que los economistas llaman «equilibrio competitivo de largo plazo» que favorece mucho a los compradores. Por eso es importante que aquellas personas o grupos de personas que quieren montar una empresa tengan todas las facilidades para hacerlo. El papel del gobierno en estos casos es no obstaculizar el desarrollo de la empresa aunque tenga que supervisar algunos aspectos que tienen que ver con el cumplimiento de leyes elementales como la inscripción y registro de las empresas generalmente con fines tributarios. También la localización de las empresas y el cumplimiento de disposiciones relativas al medio ambiente y a la seguridad de lo que produce son elementos que pueden requerir permisos especiales.

Es inadmisible en una economía de mercado que el gobierno sea el que decida qué es lo que la empresa va a producir, en qué cantidades, a qué precios, con qué empleados, con qué capital o con qué tecnología. Todas estas variables son prerrogativas de la gerencia o los dueños de la firma y ni el gobierno ni otro organismo del estado tiene por qué inmiscuirse en estas cuestiones. Tampoco se debe permitir en una economía de mercado que la firma sea objeto de privilegios especiales como exenciones fiscales o subsidios o que sea protegida de la competencia de otras mediante tarifas o restricciones a la importación de la competencia. Aquí se presentan muchas situaciones que merecen ser discutidas, pero lo haremos más abajo para mantener la unidad del capítulo.

La ganancia es el indicador principal que le dice a la empresa a corto plazo si lo que está produciendo satisface las necesidades de la sociedad. En la medida en que la empresa no perciba una ganancia o genere pérdidas, el mercado le está diciendo que no es eficiente en cuanto a producir lo que la sociedad necesita. Esto a veces se debe a situaciones coyunturales que pueden durar poco tiempo. Sin embargo, si la situación se prolonga, puede ser un indicativo de que la empresa no debe seguir operando, especialmente si incluso la empresa comienza a generar pérdidas.

La libertad de empresa no sólo incluye la libertad de crear nuevos establecimientos sino también la de cerrar los que no son eficientes. En estas situaciones uno se pregunta y se preocupa por el destino de los trabajadores de las empresas que se van a la quiebra. A veces las empresas poderosas se alían con los sindicatos de sus trabajadores y piden al gobierno condiciones especiales como subsidios, préstamos a bajos intereses o exenciones de impuestos con la excusa de salvar a los trabajadores y sus familias del desempleo. Sin embargo esta solución es muy costosa para la sociedad y existen otras mucho mejores. Cuando el gobierno comienza a intervenir en estos casos para salvar empresas que no son factibles, primero que nada tiene que desviar recursos de los sectores productivos para resolver un problema de improductividad que puede que sea estructural y permanente.

Las economías de mercado son mecanismos complejos que cuando están bien organizadas son capaces de compensar con un alto grado de eficiencia y hasta automatismo los problemas que pueden surgir en una bancarrota. Los trabajadores, por ejemplo, pueden estar cubiertos por seguros de desempleo, una institución cuyo desarrollo debe propiciarse en una transición. Por otro lado, los trabajadores en todos los niveles de cualquier empresa deben estar preparados para cambiar de trabajo cuando las condiciones de la economía así lo determinen. Aunque parezca paradójico, las economías que más empleos crean son precisamente las que más empleos eliminan. La movilidad de los recursos y la capacidad de responder rápidamente a las condiciones fluctuantes de los mercados hace que tengan una gran capacidad de adaptarse y aprovechar las nuevas condiciones.

En cualquier economía moderna, los mercados cambian constantemente debido a una gran variedad de causas. Los movimientos de población, los nuevos inventos de productos y de tecnologías de producción, el crecimiento de unas economías y los problemas o recesiones de otras, los cambios de preferencias de los consumidores, los desastres naturales y muchas otras variables inciden continuamente en todas las economías del mundo, unas veces con gran intensidad e impacto, otras de maneras más moderadas. El hecho es que la capacidad de ajuste de una economía depende de la capacidad de ajuste de sus miles si no millones de agentes económicos, desde individuos hasta empresas de todo tamaño y esa capacidad de ajuste depende de la libertad que tengan esos agentes para ajustarse a las condiciones cambiantes siguiendo sus propios intereses. La incapacidad de ajustarse a condiciones cambiantes es posiblemente la causa más importante del fracaso de la planificación socialista y del derrumbe del sistema en todo el mundo. A la larga las economías de mercado, aun cuando no estén plenamente instaladas en muchos países ofrecen una adaptabilidad que los gobiernos no pudieron lograr nunca en el manejo de sus aparatos de planificación.

El conjunto de empresas de todo tamaño que venden productos y servicios representa la oferta de productos y servicios de una economía. El conjunto de compradores de una economía representa la demanda de la misma. El mercado, o los mercados para cada producto y para cada servicio, es la institución o mecanismo establecido para que se encuentren vendedores y compradores, oferta y demanda y lleguen a transacciones o intercambios mutuamente satisfactorios sin que intervenga el estado más allá del establecimiento de las reglas del juego y de hacer que las mismas se cumplan. Ese encuentro libre de voluntades productivas y consumidoras determina los precios que a su vez determinan las ganancias de las empresas y sirven para pagar a los trabajadores de las mismas, cuyos ingresos regresan al mercado bajo la forma de la demanda.

El lucro o la ganancia, cuando se obtiene competitivamente y no por privilegios, es una medida que combina la eficiencia de la producción con la capacidad de satisfacer las necesidades de una sociedad. Todas estas formas de libertad económica se hacen necesarias para que todos los miembros de una sociedad tengan oportunidades de progresar y contribuir al progreso de la sociedad en su conjunto. De lo contrario, las ventajas del desarrollo económico se concentrarían en los grupos privilegiados, como sucede en las economías que no son de mercado, por ejemplo, las socialistas o planificadas centralmente o las basadas en monopolios u otros privilegios.

Las economías socialistas, tal como fueron conocidas por el mundo hasta su casi total extinción, no lograron materializar el objetivo marxista de lograr un nivel de «desarrollo de las fuerzas productivas» ni unas «relaciones sociales de producción» superiores a las del capitalismo de mercados libres. De hecho, el mismo Marx no fue más allá de definir utópicamente una economía socialista y nadie logró posteriormente, desde el triunfo de la revolución bolchevique en 1917 hasta nuestros días, establecer las condiciones teóricas y prácticas para que tal economía pudiera operar eficientemente. Los esfuerzos de economistas marxistas como Michael Kalecki, Oscar Lange y otros fueron en vano. El teorema de Lange y Lerner no llegó a ser más que una curiosidad académica y el modelo de insumo-producto de Leontief no era capaz de dirigir todas las empresas por medio de un supercomputador (el sueño de una noche de verano del Che Guevara cuando era Ministro de Industrias entre 1962 y 1964 antes de desaparecer de Cuba).[31]

---

31 El teorema de Lange-Lerner plantea que para que una economía socialista opere de manera óptima, todo lo que hay que hacer es ordenarle a cada empresa maximizar sus ganancias utilizando los precios de sus productos calculados en base a los costos mínimos que resultarían de un estado de equilibrio competitivo de largo plazo. Tal tarea es imposible en la práctica pues requeriría estimar millones de ecuaciones correspondientes a las funciones de producción de cada bien y servicio imaginable. Además la econometría moderna no es capaz de acometer tal ejercicio de ciencia ficción. El modelo ignora que es precisamente la economía de mercado la que juega el papel del computador optimizador del proceso de asignación de recursos de la sociedad. En la práctica, el mercado no es tal optimizador desde un punto de vista estrictamente matemático, pero sigue siendo el mejor modo disponible de cálculo económico y de maximizar la eficiencia con que una sociedad asigna los recursos a las diversas actividades económicas. El modelo de Leontief también tiene limitaciones metodológicas similares, pero al menos sirve para estudiar ciertos aspectos cuantitativos de una economía, sin llegar a poder planificarla centralmente.

Si hay un sistema económico superior al de una economía de merca-do todavía está por descubrirse. Con todos los defectos que se le puedan señalar, la práctica demuestra que la economía de mercado ha sido capaz de mejorar las condiciones de vida de los seres humanos por encima de cualquier otro sistema. Los defectos que vemos son muchas veces resul-tado de que el modelo de mercado no opera porque en algunos países sufre trabas causadas por privilegios existentes a grupos especiales, como medidas proteccionistas que restringen el libre comercio, o sindicatos que obstaculizan la creación de empleo.

La libertad de empresa consiste primordialmente en la libertad que todo ciudadano debe tener de poseer propiedad, producir, consumir, utili-zar, comerciar, almacenar, vender, comprar o intercambiar bienes o servi-cios de todas las maneras que le convenga a los participantes en las diver-sas transacciones sin que intervengan fuerzas superiores de ninguna índo-le como la de un gobierno o coalición de intereses especiales. La libertad de empresa no es un sistema de economía salvaje como algunos quieren hacer ver, sino que en su versión más desarrollada es un sistema sujeto a reglas muy claras donde, en primer lugar, se respetan los derechos de pro-piedad de todos los miembros de una sociedad. Además, es un impedi-mento a las concentraciones de poder económico que puedan ejercer un control monopolista sobre los mercados y limitar las opciones de los agentes económicos que buscan legítimamente su propio beneficio.

La capacidad productiva, base del progreso humano de una econo-mía, depende de sus empresas y de la libertad que las mismas tengan para tomar las decisiones que las hacen más eficientes y competitivas, mejores fuentes de trabajo, y poseedoras de más posibilidades de creci-miento y de desarrollo técnico. En este contexto, el papel del gobierno es asegurar la existencia y el cumplimiento de las leyes que garantizan los derechos de propiedad y la seguridad de los contratos entre entida-des o agentes económicos y no obstaculizar la libertad de las empresas, aunque sí impedir las conspiraciones que limitan la libertad de comer-cio, la flexibilidad de los precios y la eficiencia de los mercados. El gobierno debe facilitar tanto la apertura de nuevas empresas evitando trámites burocráticos absurdos, engorrosos o costosos, como el cierre de las empresas que fracasan o que deciden retirarse de los negocios por diversas razones. Es especialmente importante que las empresas tengan la libertad de competir con otras empresas, tanto nacionales como extranjeras, y que ofrezcan los precios más bajos posibles así como productos que atraigan suficientes compradores.

La libertad de empresa no tiene mucho sentido si no existe la libertad de los consumidores de comprar lo que se les antoje, de los trabajadores de trabajar donde crean que más les conviene, de los ahorristas de colocar sus reservas en donde piensen que están más seguras o son más lucrativas y de los inversionistas de asignar fondos en las empresas que ellos opinen que ofrecen mejores ventajas financieras y económicas. Las familias en sí mismas son como pequeñas empresas y deben tener las libertades necesarias para poder elegir aquellos productos, servicios y actividades en general que le sean más convenientes o provechosos, sin intervención de fuerzas externas como es el estado, que restrigen o incluso dictan lo que las familias deben hacer en todos los aspectos de la vida.

La restauración del derecho a la propiedad privada

La piedra clave de las libertades económicas que hemos descrito en la sección anterior es la libertad de tener diversos tipos de propiedad. De este modo, todo ciudadano tiene derecho a tener propiedades inalienables tanto de tipo productivo como de otra naturaleza, las cuales pueden ser de cualquier tamaño y pueden ser de dueños individuales o de una asociación, corporación o cooperativa de dueños. El derecho de propiedad incluye la libertad de hacer con ella lo que se desee, como venderla, alquilarla, prestarla, transformarla, dividirla, regalarla o destruirla, siempre, por supuesto, que la operación esté dentro de las leyes establecidas. El derecho de propiedad es un componente indispensable de una economía de mercado. Es uno de los instrumentos principales en distribuir los poderes económicos entre la ciudadanía evitando su concentración en pocas manos, especialmente las de una oligarquía burocrática cuyos intereses acaban divorciados de los intereses de la ciudadanía. Como uno de los pilares de la sociedad, el derecho de propiedad debe estar establecido firmemente en la constitución de la república.

Por lo tanto, junto con la promulgación de las libertades arriba expuestas, el gobierno de transición deberá promulgar el derecho a la propiedad privada y adoptar al mismo tiempo las medidas necesarias para restaurar a sus dueños originales las propiedades incautadas por el gobierno revolucionario. De no ser posible, deberá definir algún programa de compensación por las mismas. Debe tenerse en cuenta que no basta proclamar en una ley la existencia de los derechos de propiedad sino que debe existir además un sistema legal capaz de garantizar ese derecho y dirimir las disputas que surjan sobre los derechos de diversos ciudadanos. Garantizar los derechos de propiedad es una de las labores fundamentales no sólo de las organizaciones del estado, sino también de todos los ciudadanos. La propiedad es un ingrediente esencial en la libertad ciudadana. Si hubiera habido una ciudadanía más consciente de sus derechos de propiedad y de cómo los mismos eran la base de su libertad en 1959 y más dispuesta a luchar por ellos, no se habría disuelto la economía cubana de la manera en que sucedió.

Una parte integral del sistema que garantiza los derechos de propiedad está constituida por los registros de las mismas para que exista una transparencia absoluta en la determinación de los dueños de todas las propiedades y se facilite su uso o transferencia mediante operaciones libres de compra y venta, donación, tributación, hipotecas, herencia o de otra índole. Los registros de propiedad pueden ser de diversos tipos, según la naturaleza de los activos. Una de las distinciones más importantes es entre la propiedad física que como su nombre indica incluye bienes tangibles, como son los terrenos, edificaciones y equipos y la propiedad intelectual que está representada por marcas de productos, nombres de negocios, derechos de autor (música, arte, escritos), patentes de invenciones, programas de computación y otros.

Debe notarse que los derechos de propiedad no sólo se limitan a la posesión de bienes sino al disfrute de las ventajas que se derivan de ellos. El dueño de una propiedad puede rentarla y derivar ingreso de la misma sin que tenga que pedirle permiso a nadie, mucho menos al gobierno o a otro organismo del estado. Los tributos mismos que se impongan sobre las propiedades, tanto a nivel nacional como a nivel regional o municipal, limitan esos disfrutes y pueden acabar conspirando contra las ventajas de los derechos de propiedad y las libertades ciudadanas en la medida en que sean excesivos. Es en esta relación entre impuestos y propiedad donde economía de mercado y democracia se refuerzan mutuamente pues los impuestos de una nación (lo que los economistas llaman estructura tributaria) deben ser definidos democráticamente y no dictados a la población por una entidad todopoderosa. Los efectos negativos de una tributación excesiva empeoran cuando existe corrupción en las esferas del gobierno y los ingresos fiscales derivados de los impuestos son parcialmente malversados y utilizados con fines distintos a los que los justificaron. Otras formas de corrupción son, por ejemplo, la necesidad de pagar a funcionarios públicos de toda clase (oficinistas, jueces, legisladores, etc.) para lograr que se agilicen ciertas gestiones (licencias de todo tipo, permisos, legalizaciones, registros, pagos de impuestos) lo que es también una forma de reducir las libertades y conspirar contra los derechos de propiedad.

La restauración de los derechos de propiedad en Cuba tiene dos aspectos ligados estrechamente, la restitución o compensación de viejas propiedades a sus propietarios legítimos y la creación de nuevas propiedades. Ambas partes del proceso representan los dos polos de la recreación del sector privado de la economía que incluiría la apertura de nuevos negocios y la privatización de las inversiones estatales creadas por el gobierno revolucionario y que nunca fueron privadas.

Este es un problema de suma complejidad que requiere idealmente una buena preparación previa y una gran capacidad administrativa y ejecutiva que permita la resolución rápida de las reclamaciones pendientes. Si este problema no se resuelve, la recuperación de la economía cubana puede llegar a demorarse significativamente pues no se creará el ambiente adecuado para atraer nuevas inversiones necesarias para ampliar las capacidades productivas del país y reactivar su economía.[32] El mundo inversionista internacional, así como los organismos bilaterales y multilaterales de asistencia y/o financiamiento internacional de desarrollo estarán observando el comportamiento del gobierno cubano en esta fase crítica de la transición hacia un sistema económico más eficiente y equitativo que el vigente durante el socialismo. Las nuevas inversiones necesitarán garantías legales y de otro tipo antes de llevar fondos, tecnologías y nuevos mercados a Cuba y el compromiso del gobierno y de la sociedad en su conjunto de que dichas garantías serán estables y respetadas de manera permanente. Es importante no confundir dichas garantías con privilegios especiales como exenciones de impuestos o medidas de protec-

---

32 El ejemplo de Nicaragua después de la derrota del gobierno sandinista debe tenerse en cuenta, cuando la tristemente célebre «piñata» o la repartición ilegal de propiedades confiscadas entre los miembros del gobierno saliente, junto a demoras en la devolución de otras propiedades confiscadas atrasó severamente e incluso impidió la recuperación de la economía de este pobre país.

ción comercial o trato preferencial. La garantía involucra el derecho de propiedad y a no ser expropiado sin compensación, así como no sujetar a las empresas sujetas a medidas confiscatorias como impuestos excesivos o códigos laborales irrealistas.[33]

Habrá quienes piensen que la falta de inversiones privadas puede ser reemplazada por inversiones por parte del estado que creen nuevas empresas públicas. Tal extremo debe evitarse pues la experiencia enseña que el estado es un administrador muy ineficiente y que la actividad productiva debe estar en manos de personas o entidades que tengan los incentivos no sólo para ser eficientes sino también para crecer, invertir más, introducir nuevas tecnologías, aumentar la productividad del trabajo y generar empleo, condiciones indispensables para mejorar notablemente las condiciones de vida de la población.

En este aspecto deberán evitarse las falacias de las «industrias estratégicas» que por esa condición deben estar en manos del estado. Cuando se estudian los modos de operación de los países más productivos del mundo, que incluso pueden tener intereses estratégicos (por ejemplo, la seguridad nacional) de mayor envergadura que los que puede tener Cuba, se nota que casi todas sus industrias están en manos privadas, incluso todas las de electricidad, comunicaciones y de armamentos. En realidad mientras más importante es una actividad económica para un país, menos puede darse el lujo de que esté bajo una administración incompetente o ineficiente.

En el proceso de restauración de los derechos de propiedad y de restitución de propiedades confiscadas el gobierno a cargo tendrá que enfrentar una serie de situaciones complejas. Posiblemente la más difícil de todas sea que no será materialmente posible la restitución de todas las propiedades confiscadas o socializadas por el gobierno revolucionario por diversas razones. Una de ellas es porque algunas de esas propiedades ya

---

33 En una economía de mercado ninguna empresa cuando se inaugura tiene garantizado su éxito. En la práctica el otro lado de la moneda del éxito es el fracaso, la libertad de tener ganancias se ejerce a la sombra de tener pérdidas y arruinarse. Las estadísticas de fracasos de empresas en los países que mantienen esos datos así lo demuestra. Sin garantías para los derechos de propiedad, el riesgo de invertir es tan grande que nadie montaría nuevas empresas a menos de que logre algún trato privilegiado por parte del gobierno (como sucede en Cuba actualmente). El derecho de propiedad es parte del sistema de incentivos que permite que una sociedad prospere porque aunque no puede garantizar el éxito de cada empresa, si puede garantizar que los frutos del éxito sean cosechados por los ciudadanos que lo logren.

no existen o han sufrido transformaciones o fusiones con otras propiedades que impiden en la práctica la simple devolución. En tales casos, el gobierno de transición deberá formular y poner en práctica una política de compensación que, aun cuando no existan muchos fondos para que tenga un gran impacto, debe ser una muestra del compromiso con una economía basada en el sector privado. Otras propiedades, cuyos antiguos dueños puedan ser fácilmente identificados y con instalaciones claramente separables de otros intereses, podrán ser devueltas estén o no sujetas a compensaciones adicionales por daños o pérdidas significativas.

Un grupo de propiedades que presenta una problemática especial es el de bienes raíces urbanos, especialmente inmuebles que se utilizaban para alquiler de viviendas o para la vivienda directa de sus dueños y que hoy están ocupados por otras familias o inquilinos individuales. Es obvio que el gobierno de transición no podrá poner a todas esas personas en la calle en el momento en que se hace cargo de una economía depauperada y endeudada, por lo tanto una de las soluciones a ser contempladas para reconocer los derechos de propiedad de los antiguos propietarios es el de brindarles instrumentos de deuda, bonos o certificados de exención tributaria negociables en mercados financieros. Nótese que la eficacia de estos mecanismos dependerá del ritmo de recuperación de la economía. Si el Producto Interno Bruto no crece, los fondos que se puedan hacer disponibles para pagos de deudas no crecerán *pari passu*. Por otra parte, hay que cuidar que no se emitan instrumentos que acarreen compromisos futuros de pagos que sean cuantitativamente incompatibles con las capacidades del estado de generar ingresos fiscales y las necesidades de gasto. Es por esto que el diseño de estos sistemas tiene que ser llevado a cabo por profesionales especialistas en cuestiones fiscales.

Una parte de los fondos necesarios para compensar las pérdidas sufridas por expropiaciones puede ser generada por los ingresos que pudieran obtenerse de la venta, por subasta o por otras vías, de los medios en manos del estado cubano y que nunca tuvieron dueños privados. Este proceso, sin embargo, debe llevarse a cabo con suma agilidad y con máxima transparencia pues se presta para transacciones que no respondan al interés nacional o que sean simplemente ilegales.

De todo lo expuesto hasta aquí, hago hincapié en que la rehabilitación o el resurgimiento del sector privado vía restitución o privatización más importante es posiblemente el que debe realizarse en la constelación de pequeñas empresas que constituían una buena parte de la economía cubana, posiblemente mayoritaria, antes de la revolución. Este sector es el de los pequeños comercios, bodegas, barberías, restaurantes y cafeterías, talleres de todo tipo, gasolineras, bufetes de abogados, oficinas de contadores, clínicas y consultas médicas, transportistas, granjas, almacenes, etc. Un ejemplo del poder de desarrollo económico de estas pequeñas entidades actuando en gran número, con poco financiamiento, pero con suficientes libertades económicas y garantías contractuales es el crecimiento de la ciudad de Miami a partir del éxodo de los cubanos exilados desde 1959.

Las relaciones internacionales

Los objetivos de la normalización de las relaciones internacionales son múltiples, pues incluyen la apertura del país al comercio exterior, tanto en materia de exportaciones como de importaciones, el acceso a nuevas fuentes de financiamiento y las posibilidades de atraer inversiones directas al país. El gobierno de transición heredará una economía con unas relaciones económicas internacionales subdesarrolladas y distorsionadas por las prioridades políticas del régimen. Además, la economía cubana está afectada por el embargo de Estados Unidos y el bajo rango crediticio que el país sufre por no cumplir con sus obligaciones financieras internacionales. Estos tres elementos definen las prioridades del gobierno de transición en un programa de normalización de relaciones que requiere trabajar en varios frentes simultáneamente y un elevado grado de coordinación entre la jefatura máxima del gobierno y los ministerios de Relaciones Exteriores, Hacienda o Finanzas, Comercio y el Banco Nacional.

El primer frente consiste en las relaciones bilaterales que Cuba tiene o pudiera tener con países individuales y las multilaterales que consisten en las relaciones con grupos de países representados por organismos internacionales con los cuales Cuba no mantiene relaciones (como el Fondo Monetario Internacional y el Banco Mundial) o que tiene relaciones limitadas (como la Unión Europea). Para normalizar estas relaciones Cuba tendrá que llenar una serie de requisitos, algunos de los cuales se explican en otras partes del libro, como, por ejemplo, los del Fondo Monetario Internacional que se discuten en el capítulo IX. Lo que es importante señalar en esta sección es que la normalización de estas relaciones depende de las medidas que se adopten en otros frentes, especialmente en el manejo de la deuda externa sobre la cual se habla más abajo en la sección correspondiente al sector fiscal y en el levantamiento del embargo de Estados Unidos. Dado que el embargo puede constituirse en el nudo gordiano de la economía cubana en el período de transición, esta breve sección la concentraremos en los elementos que hay que tener en cuenta para la formulación de una política por parte del gobierno de transición que pueda ponerse en práctica rápidamente.

Las inversiones

La creación de nuevas capacidades productivas mediante inversiones directas será uno de los pilares de la rehabilitación de la economía cubana. En esta sección me refiero especialmente a las inversiones directas, o sea, a las inversiones que individuos o empresas hacen cuando dedican recursos al montaje de fábricas, la construcción de obras, la compra y el montaje de plantas y maquinaria, la adquisición de equipo, el desarrollo de plantaciones, la compra de animales reproductores y la inversión en capital de trabajo en lugar de las inversiones financieras que son las que se hacen en mercados de capital y que, en lugar de la creación de activos físicos (mediante una combinación de producción nacional e importaciones), se hacen con transferencias de fondos para comprar títulos de propiedad, acciones y otros instrumentos financieros.

Difícilmente haya una ecuación más importante para la transición al mercado de la economía cubana que aquélla que pone la velocidad del crecimiento económico de Cuba como una variable primordialmente dependiente del volumen de las inversiones que el país consiga atraer hacia la isla. Esto no sólo se refiere a las inversiones que provengan del exterior, sean de cubanos exilados o de extranjeros, sino también de cubanos residentes. En el mundo actual, con la movilidad internacional que el capital ha logrado, los recursos financieros no tienen nacionalidad y buscan los lugares que ofrezcan la mejor combinación de riesgo y tasa de ganancia o retorno más actractivas, bien sea mediante inversiones directas o puramente financieras. Este es uno de los aspectos más destacados del proceso moderno de globalización.

En este punto vale la pena detenernos brevemente y señalar que en toda actividad inversionista priman esos dos factores que se relacionan de manera opuesta, la tasa de retorno y el nivel de riesgo. La primera se puede medir como la tasa de interés anual que se puede esperar que una inversión rinda, mientras que la segunda variable se puede medir por la probabilidad de que se logre esa tasa o la probabilidad de que la inversión fracase y se llegue a perder todo el capital comprometido. La tasa de retorno del capital es el precio que hay que pagar por la inversión.[34] Muchos se olvidan que al invertir capital en una economía competitiva se corre el riesgo de perderlo. Mientras más riesgosa es la inversión, más se supone que sea la tasa de retorno que el inversionista espera realizar y viceversa; las inversiones más seguras son aquéllas que rinden menos.

La búsqueda de oportunidades de inversión es difícil y es otro ejemplo de la necesidad de libertad de gestión para que las inversiones puedan encontrar sus nichos más lucrativos. Téngase en cuenta que las ventajas de una inversión exitosa no sólo se disfrutan por el inversionista si no por la sociedad en su conjunto, por supuesto, con un gradiente de beneficios dependiendo cuán directamente estén ligados los diversos agentes a la inversión. Es importante también tener siempre en cuenta que cuando existen las instituciones que protegen eficientemente los derechos de propiedad, la actividad inversionista puede ser llevada a cabo por proporciones crecientes de ciudadanos, directamente como individuos o por medio de instituciones o intermediarios financieros.

Aquí de nuevo tenemos que referirnos brevemente a algo que deberemos tratar con mayor detenimiento más adelante, pero es importante dar un avance en este punto para señalar y ayudar al lector a internalizar la idea de simultaneidad e interdependencia de una medida de reforma o desarrollo con muchas otras. La imagen que existe del inversionista es la del individuo con mucho dinero que lo va a colocar para obtener una ganancia y ser aun más rico. Aunque esta imagen es válida, está lejos de ser la única del tipo o del comportamiento del inversionista. En cualquier sociedad hay inversionistas de todos tamaños y todos buscan, aunque no todos consiguen, que su inversión sea generadora de una riqueza mayor que la invertida.[35] Pero además del inversionista individual, puede existir

---

34 Es similar al precio que hay que pagar por contratar al otro gran factor de producción, el trabajo, o sea el salario, con la gran diferencia que la ganancia tiene menos probabilidades de realizarse que el salario.

35 Téngase en cuenta que todo ser humano (incluso algunos animales) es un acumulador de riqueza en la medida de sus capacidades y ambiciones. Acumular riqueza es una manera de prepararse para tiempos inciertos o de menor producción. Cualquiera que ahorre algo,

el inversionista institucional o por grupos, los cuales son más frecuentes en sociedades donde el sector financiero ha alcanzado un cierto nivel de desarrollo. Por ejemplo, hay países donde los trabajadores ahorran parte de sus ingresos con el objeto de complementar el ingreso que han de recibir cuando alcancen la edad de retiro o para dejar alguna medida de ingresos o de riqueza a sus sobrevivientes. Se puede observar fácilmente en los países más desarrollados del mundo que existen cuantiosos fondos dedicados exclusivamente a complementar los ingresos por jubilaciones o que son las únicas fuentes de ingresos que muchas personas tendrán cuando se retiren. Estos fondos no existirían si no hubiese oportunidades y facilidades para invertir.

Por otra parte, es importante comprender que cuando se dice «atraer inversiones» tal proceso incluye el capital en el país que opte por invertir en lugar de salir a ser invertido en otros países. No hay patriotismo en los movimientos de capital y aun cuándo existan individuos altruistas dispuestos a invertir sus fondos en países de alto riesgo y bajas tasas de retorno simplemente porque nacieron en ellos, una política económica de rehabilitación o reconstrucción nacional no puede ni debe depender de comportamientos altruistas o patrióticos. De hecho al país no le conviene que sus capitales se pierdan en negocios que no son lucrativos. El fracaso de una inversión, nunca es buena noticia; mucho menos el fracaso de muchas inversiones. Del mismo modo que el éxito de una inversión es un éxito para toda la sociedad, las pérdidas de un inversionista son pérdidas para toda la sociedad, también sujetas al gradiente de cuán cercano es cada uno a la misma. Por otro lado, cuando el fracaso es generalmente inevitable y es resultado de las condiciones normales de incertidumbre que afectan a las inversiones en toda economía de mercado, es generalmente preferible dejarlas fracasar. Para eso debe haber leyes para la bancarrota y los mecanismos concomitantes que facilitan la muerte de las empresas que no tienen condiciones de subsistir por su cuenta. Siempre cabe argumentar si tal o más cual industria debiera salvarse con alguna ayuda extraordinaria por razones de tipo estratégico para un país. Sin embargo, es fácil abusar de

---

que no consuma todo lo que gana o produce en un período dado es un inversionista potencial. Esa riqueza, poca o mucha, tiende a crecer si se tiene la habilidad (y un poquito de suerte) de invertirse bien. Si la propiedad sobre la riqueza acumulada no es segura, el ser humano pierde el incentivo de ahorrar e invertir y la sociedad en su conjunto genera menos riqueza.

estos argumentos y deben aplicarse sólo a casos verdaderamente excepcionales y bajo una justificación económica muy sólida.

Son muchos los factores que pueden desestimular la inversión en un país. Cuando esto sucede, las inversiones extranjeras desaparecen por regla general (con la sospechosa excepción de aquéllas que se hacen en busca de rentas puras, no competitivas, como las de los monopolios o industrias protegidas). En estas condiciones, los capitales nacionales tampoco se invierten y buscan salir del país. La fuga de capitales no es otra cosa que un síntoma claro de que la política económica o condiciones generales del país que la sufre no lo hacen lo suficientemente competitivo como para atraer las inversiones adecuadas y que las inversiones hechas en otros países son consideradas o esperadas como más lucrativas. La fuga de capitales es simplemente un proceso de inversión al revés y el país que la experimenta debe tomar medidas correctivas en sus políticas, leyes e instituciones, en lugar de poner trabas a la misma. La experiencia acumulada enseña que tales medidas, como los controles de cambio o la criminalización de la tenencia de monedas extranjeras nunca logran sus objetivos y a la larga generan más problemas de los que resuelven.

En materia de inversiones debe tenerse en cuenta que los recursos internos pueden ser tan importantes o hasta más importantes que los recursos externos, especialmente en el caso de las pequeñas empresas. En estas últimas, la inversión más importante suele ser el tiempo que los dueños dedican a montar y operar el negocio mientras descubren y desarrollan nuevos mercados, productos y modos de administración. Es en este aspecto donde la libertad de empresa de que hablo al principio es especialmente crítica. El ser humano, cuando decide ser empresario, aunque comience con una empresa modesta, depende principalmente de su esfuerzo sostenido durante largas horas del día y por largos períodos de tiempo. En este tipo de situación el ciudadano es empresario e inversionista al mismo tiempo y como empresario es además un trabajador de la empresa. Esto no quiere decir que el capital financiero no sea importante, pero es sustituible por el esfuerzo en ciertas condiciones, especialmente cuando se trata de empresas de servicios o cuando se puede poner a trabajar a otros miembros de la familia a los que no hay que pagarles un salario regularmente en las primeras fases del desarrollo del negocio. La falta de libertades de las empresas, muchas veces en forma de legislaciones anticuadas, artificiales o arbitrarias, como la prohibición de trabajar a ciertas horas o durante ciertos días de la semana, reducen las posibilidades de éxito de tales empresas, que son precisamente las que se montan por los segmentos más pobres de la sociedad.

En este punto podemos indicar que hay muchos empresarios que no son inversionistas y muchos inversionistas que no son empresarios. De hecho, envuelven destrezas diferentes. No todos pueden ser empresarios. En realidad es incluso más fácil ser inversionista pues en este último caso se puede contar con la ayuda de asesores financieros, mientras que el rango de posibilidades de asesores de los empresarios es mucho más limitado. En los países menos desarrollados, el empresario y el inversionista con frecuencia son la misma persona, muchas veces como resultado de la falta de garantías en los derechos de propiedad. Aquí se aplica el conocido refrán de «el ojo del amo engorda al caballo» pero esto representa una verdadera limitación para el desarrollo de una economía. Si existe la combinación de instituciones adecuadas (derechos de propiedad, sistemas legales, intermediación financiera, etc.), la diferenciación entre empresario e inversionista es parte de la división social del trabajo. Sin embargo, tal división no puede existir o es muy riesgosa para el inversionista si el mismo no puede contar con los instrumentos legales e incluso éticos que le permitan confiar sus dineros a un desconocido.

El trabajo del empresario es generalmente un gran desafío para cualquier persona o familia y representa una gran prueba de su carácter y de su capacidad para enfrentar la incertidumbre, manejar el riesgo, ser creativo y mantenerse contra toda adversidad hasta tener éxito o fracasar. El acervo empresarial de un país es una forma esencial de su capital humano y no debe menospreciarse. Muchas veces algunos caen en el error de ver al empresario como una persona movida exclusivamente por el lucro y bajo tal prisma los empresarios no son siempre vistos con buenos ojos. Sin embargo, es esencial comprender que aun cuando el lucro sea el motivo fundamental en muchos individuos, la capacidad empresarial es primordial para que las inversiones puedan tener éxito pues es en ellas donde se genera la producción y el empleo y son las que generan los ingresos que el estado gana por medio de impuestos. Bajo la dirección de los empresarios, las empresas representan las células motoras de la economía y las inversiones son los instrumentos que le dan vida y que les permiten crecer. El fracaso de las economías socialistas y la economía cubana en especial se debe a ignorar estos principios básicos. Por eso es que ahora, después de la desa-

parición de la Unión Soviética a costa de la cual se mantenía parasitaria-
mente la economía cubana, el gobierno ha tenido que depender de inversiones, empresarios y empresas extranjeras para sobrevivir.

Aparte de las inversiones nacionales, grandes o pequeñas, la inversión
que provenga del extranjero puede ser crucial para aumentar considerablemente las posibilidades de una recuperación rápida de los niveles relativos de producción global que la economía cubana tuvo en otros años.
Aquí no estamos queriendo decir que la rehabilitación de la economía
cubana dependerá de replicar la estructura de esa economía antes de la
revolución de 1959. Nadie sabe a ciencia cierta si una nueva economía,
como resultado de las nuevas inversiones que lleguen al país, se concen-
trará en unos sectores o en otros.

Hay muchos que piensan, como este autor, que será difícil que Cuba
vuelva a depender del azúcar en la proporción que alcanzó por tantos
años. Es posible que el turismo juegue un papel como el que comenzó a
tener antes de la revolución, aunque Fidel Castro lo rechazó de plano para
treinta años después tener que depender de este sector como nunca antes.
También pudiera ser que otros inversionistas descubran que Cuba cuenta
con condiciones especialmente favorables para sus respectivas actividades
o especializaciones. Los inversionistas son los que tienen que hacer las ave-
riguaciones y determinaciones del caso pues son sus recursos los que están
en juego. Ninguna agencia gubernamental, por bien dotada que esté de
personal técnico, podrá sustituir esta capacidad de determinación de la factibilidad de los negocios como las empresas mismas.

Es importante que el gobierno de transición evite caer en la trampa que
tienden algunos inversionistas de ofrecer grandes proyectos a cambio de
ciertos privilegios, como exenciones fiscales no justificadas o medidas que
los protejan de la competencia tanto internacional como doméstica.[36] Las
inversiones deben ser competitivas desde su comienzo y el gobierno cubano de turno no deberá ser ingenuo como para aceptar el argumento de
«industria incipiente o infantil» que consiste en que al principio toda industria o actividad económica debe ser protegida hasta que alcance su nivel

---

36 Los inversionistas o empresarios en general se benefician conjuntamente cuando operan en
una economía competitiva, pero cada uno individualmente prefiere no tener que competir
y tener un mercado cautivo. De esa manera las ganacias serían mayores y sus inversiones
más seguras. Por eso el principal beneficiario de una economía de mercado es el ciudadano común.

máximo de eficiencia, momento en el cual se eliminarán las barreras proteccionistas. Lo que en la práctica suele suceder es que la industria nunca llega a madurar y a la larga se queda dependiendo de la protección, la cual va a defender con base al argumento de que si se le obliga a competir no se va a sostener por sí misma, lo cual le costaría al país un cierto número de empleos. Este es un argumento muy manido que llega a convencer a los políticos más expertos como a los ciudadanos más incautos.

Por otra parte, el gobierno debe abstenerse de guiar las inversiones hacia ciertos sectores preferidos de la economía por diversas razones. Por ejemplo, es deseable que se desarrolle cuanto antes un sector exportador, pues Cuba es una economía que tradicionalmente ha dependido mucho de las importaciones y por lo tanto necesita generar ingresos externos para poder adquirir las mismas. No tendría sentido, sin embargo, estimular artificialmente, mucho menos forzar la economía cubana a aceptar inversiones en sectores para los cuales puede que no existan condiciones mínimas de lucro. Al hacer esto se introducen distorsiones en la economía que directa o indirectamente llevan al traste con las intenciones iniciales. En este sentido, el gobierno deberá ser muy cuidadoso y estudiar si debe adoptar medidas coercitivas o de otro tipo. Por ejemplo, cuando el país no pueda atraer suficientes inversiones en su sector externo, tendrá que investigar las causas de por qué esto ocurre y tomar las medidas que sean más aconsejables. Todas estas consideraciones son importantes porque hay muchos que creen que la economía cubana debe desarrollarse en ciertos sectores porque son «tradicionales» o porque las condiciones «naturales» tales y más cuales así lo indican. La realidad es que en el mundo moderno son tantos los factores que entran en el cálculo de lo que es una buena decisión de inversión que es un gran error pensar que una burocracia puede sustituir el trabajo de un gran número de inversionistas actuando individualmente.

El ahorro

El nivel y la naturaleza de la actividad inversionista serán los factores estratégicos que permitirán que Cuba pueda tener una recuperación económica rápida. Pero se puede suponer con toda certeza que la inversión que se necesita en Cuba para alcanzar una verdadera recuperación económica es mucho mayor que la capacidad de ahorro del país. Con los niveles de producción y exportación actuales, la capacidad de ahorro interno es baja y sólo aumentaría con el crecimiento de la economía. Esto implica que se necesitarán ahorros de fuentes externas en cantidades significativas (imposible de medir en estos momentos) hasta que Cuba pueda desarrollar su propia capacidad. Los ahorros externos pueden provenir de dos fuentes principales: préstamos e inversión directa. Los préstamos pueden proceder de bancos privados, de organizaciones financieras multilaterales o de otros gobiernos y la posibilidad de que el gobierno de transición pueda obtenerlos dependerá en primer lugar de cómo va a normalizar sus relaciones internacionales y cómo va a negociar la enorme deuda externa.

La inversión directa es la que hacen los individuos, y las empresas extranjeras y nacionales (incluiría cubanos exilados que desean regresar al país e invertir sus ahorros) para crear nuevas empresas o capacidades productivas. Esta forma de atraer ahorros externos y canalizarlos hacia las oportunidades de inversión que los propios inversionistas descubran en Cuba, será la forma más expedita de desarrollar la economía cubana. Aunque los fondos de los organismos internacionales pueden jugar un papel importante en la recuperación, no son suficientes para cubrir todas las necesidades, ni serían fácilmente canalizados hacia las empresas. Para atraer fondos privados destinados a la inversión directa, el gobierno de transición deberá mantener una política macroeconómica estable y predecible. Nada espanta más a los inversionistas (nacionales y extranjeros) que las sorpresas en materia de política macroeconómica. Algunos de los otros requisitos más importantes son: facilitar la reexportación de dividendos, tener suministros estables sobre todo de energía y agua, relaciones gubernamentales fáciles y no obstaculizadas por la burocracia, regímenes tributarios adecuados, disponibilidad de comunicaciones y transporte modernos, facilidades bancarias, facilidad para resolver disputas y unas relaciones laborales estables.

Los ahorros internos se irán desarrollando en la medida que la economía crezca y también se desarrolle el sistema financiero que permita la intermediación entre ahorristas e inversionistas. Pero el desarrollo de la intermediación financiera, especialmente el crédito en todas sus formas necesita a su vez del desarrollo del sistema legal que garantice el cumplimiento de las leyes en materia de contratos, financieros en este caso. O sea, si el sistema legal del país ignora el derecho de propiedad del que presta dinero y no obliga al que lo toma prestado a devolverlo con un interés competitivo y en los plazos acordados, no sólo se pierden las ventajas del crédito sino que también puede disminuir el incentivo de las personas a ahorrar en el país. Las garantías contractuales son esenciales para el desarrollo del sector de las viviendas financiadas por medio de préstamos de largo plazo o hipotecas y la posibilidad de poseer una vivienda representa un fuerte incentivo para ahorrar por parte del ciudadano. La vivienda es por supuesto uno de los múltiples destinos de los ahorros. Lo interesante es que cuando el sector financiero se desarrolla a la par que el sistema legal, las posibilidades de ahorrar e invertir se multiplican, como se observa en las economías más prósperas del mundo, lo cual a su vez favorece todos los sectores de actividad económica del país.

El sistema fiscal

El gobierno de transición tendrá que diseñar y llevar a cabo rápidamente una reforma fiscal para rehabilitar la economía cubana. El nuevo sistema fiscal se diferencia radicalmente del anterior en varios aspectos. Bajo el régimen centralizado tradicional, los ingresos del estado provenían de los ingresos de las empresas del estado y servían para financiar los gastos de operación de esas empresas, así como la educación, la salud, las pensiones, la defensa nacional y la seguridad interna. Esto es al menos en teoría, pues en la práctica, las empresas cubanas generaron tan pocos ingresos que los cuantiosos gastos estatales tuvieron que ser financiados, en parte, por los famosos subsidios soviéticos cuando existían. En la actualidad, los servicios que no pueden financiarse simplemente se cierran o se reducen, tanto en cobertura como en calidad. Evidencia de esto último es el estado catastrófico de los servicios de salud y la educación disponibles para el ciudadano común.

En una nueva economía, los ingresos del estado provendrían de diversos tipos de impuestos que habría que definir, implantar y administrar. El problema que todo gobierno enfrentaría es equilibrar los gastos con los ingresos. El gobierno de transición principalmente y en parte los sucesivos, tendrían la responsabilidad adicional de establecer un nuevo sistema tributario. Esto presenta su propia problemática. Supuestamente, al principio, mientras la economía aumenta sus niveles de producción, los niveles de ingresos fiscales pueden ser insuficientes para enfrentar las demandas del gasto público. En tales condiciones el gobierno tendrá que tomar decisiones difíciles, por ejemplo, cuánto deberá gastar en los diversos rubros o actividades correspondientes, especialmente en defensa y seguridad, administración de justicia, educación, salud pública y pensiones, entre los más importantes o si deberá imprimir moneda para cubrir los déficits, lo que produciría una inflación, o hasta posiblemente una hiperinflación si se abusa de este método, extremo que hay que evitar a toda costa por sus efectos perniciosos para toda la economía.

En este punto es importante distinguir entre los gastos corrientes del estado y los gastos de capital, distinción tradicional que se hace cada año en la formulación y ejecución del presupuesto del estado. El gasto corriente es el que está destinado a financiar la adquisición de recursos que se usan durante el período presupuestado, o sea, salarios del personal, suministros, mantenimiento, pagos de la deuda pública, alquileres y otros. El gasto de capital es el destinado a la adquisición de recursos que rinden servicios o duran más del período presupuestado, por ejemplo, la adquisición de maquinaria y equipo, la construcción de edificios y otras estructuras, la instalación de acueductos, obras viales, sistemas de comunicación, escuelas, etc. El gasto corriente es complementario al de capital pues es el que posibilita la utilización de la capacidad creada con el gasto de capital.

Nunca se deben hacer gastos de capital si no existe la capacidad para financiar el gasto corriente concomitante. Es un despilfarro de recursos construir una escuela cuando no hay dinero para pagarle a los maestros, ejemplo frecuente de incongruencias presupuestarias en muchos países. Es por esta razón que una de las prioridades de un buen manejo fiscal es que exista un cierto equilibrio o congruencia entre los gastos corrientes y los ingresos del estado. Pero puede que en algún momento las necesidades de gastos sean mayores que la capacidad de obtener ingresos, como por ejemplo ocurre después de un desastre natural. En tal caso, el estado puede adquirir préstamos, tanto de fuentes internas mediante la venta de bonos del estado, o de fuentes externas a través de los mismos bonos o préstamos de bancos comerciales, otros gobiernos o instituciones financieras internacionales como el Banco Mundial y el Banco Inter-Americano de Desarrollo. La cuestión es hasta dónde el estado debe adquirir más deudas, especialmente en el caso cubano en que la deuda pública acumulada es posiblemente la mayor del mundo en términos relativos al tamaño de la población. La respuesta yace en la capacidad de generar ingresos fiscales que el país pueda crear mientras que su economía crece. En términos generales, el país no debe adquirir deudas para cubrir gastos corrientes con la posible excepción de períodos de emergencia.

Debido a estas razones, la población debe comprender que el éxito de la transición depende de lo que suceda en el sector productivo, pues sin suficiente producción no podrá haber ingresos fiscales necesarios para enfrentar las necesidades del gasto público. Al mismo tiempo, es imprescindible que una vez que se definan los impuestos que hay que pagar, la población alcance un alto nivel de cumplimiento en los pagos regulares que le corresponda hacer. Los impuestos serán de distintos tipos y los que los pagan serán igualmente diversas entidades o agentes económicos. Por ejemplo, puede haber impuestos al ingreso personal, a la propiedad, al ingreso de las corporaciones, a las importaciones y a las ventas y a actividades o productos específicos. Recordemos que el conjunto concreto de impuestos de un país es lo que los economistas llaman «estructura tributaria». Desde ahora no se puede decir cuál sería la estructura tributaria ideal para Cuba y cómo la misma evolucionaría cuando se vaya desarrollando la economía. No obstante, sí es posible indicar algunos principios generales, como la necesidad y conveniencia económica de que los impuestos sean «neutrales,» o sea, que no distorsionen la economía afectando unos precios más que otros. Por otro lado, es importante que exista una cierta equidad en la distribución de la carga tributaria entre los ciudadanos. Aparte de la estructura tributaria, es primordial que la administración de los impuestos que se definan sea eficiente para minimizar los costos de recolección, la evasión fiscal y la corrupción, males estos dos últimos que están presentes en toda sociedad aunque varíen en intensidad y naturaleza de un país a otro.

Durante la transición y posiblemente por muchos años, el sistema fiscal cubano tendrá además varias cargas dejadas por el régimen actual. Entre las más sobresalientes se encontrarán las reclamaciones como resultado de las expropiaciones, las que puedan surgir una vez que exista un cambio radical de gobierno y también las de deudas dejadas de pagar a distintos acreedores internacionales. Dichos pagos tendrán que salir de los fondos del estado que se recauden principalmente a través de impuestos, reduciéndose así los volúmenes disponibles para otros gastos públicos. Pero es importante enfatizar que aunque el volumen de las obligaciones que herede una nueva administración gubernamental parece abrumador, el crecimiento de la economía será el factor más importante que pueda reducir la magnitud del problema en relativamente pocos años, dependiendo del ritmo de crecimiento del Producto Interno Bruto.

Como muchos otros problemas en el menú de opciones de política de un gobierno de transición en Cuba, uno de los desafíos más importantes y difíciles de manejar es que además de introducir reformas en los diversos subsistemas de la economía cubana, su sector privado y el aparato estatal, hay que enfrentar a corto plazo problemas urgentes. El gobierno de transición que se defina como tal por su voluntad de llevar a cabo reformas profundas heredará una economía depauperada y endeudada como he señalado en otra parte del libro. Parte de esa herencia es una deuda pública enorme, probablemente una de las mayores del mundo en términos per cápita.

Por un lado Cuba no podrá renegar el pago de los compromisos contraídos por los años de Castro. En principio, todos los compromisos del país deben ser reconocidos. Pero por otro lado, sería irrealista esperar que el país se dedique a pagar los compromisos adquiridos sin ninguna mejoría en el nivel de vida de la población después de tantos años de retroceso. Esa sería una fórmula infalible para la inestabilidad política permanente. Los ejemplos que existen en el mundo son lo suficientemente claros y dramáticos como para persuadir a cualquier gobernante o ciudadano medianamente inteligente de este hecho incontrovertible. Sin embargo aunque Cuba debe estar dispuesta a reconocer todos los compromisos, la realidad es que hasta que no se sepa con precisión la naturaleza y origen de los compromisos adquiridos el país no se puede comprometer a darle un reconocimiento final a cada uno de ellos. Al fin y al cabo no hay que olvidar que los compromisos adquiridos por Cuba lo fueron por medio de un gobierno totalitario sin representación formal de la población y algunos pueden ser considerados ilegítimos. Incluso algunos préstamos al gobierno de Fidel Castro pueden haber sido hechos para fines ajenos a la economía cubana como el financiamiento de movimientos guerrilleros o militares en otras partes del mundo.

Aparte de estas consideraciones que deberán ser utilizadas oportunamente por el gobierno de transición, la solución al problema de la deuda radica en lo que deberá convertirse en un gran acto de equilibrio en el manejo futuro del sistema fiscal cubano. El mismo consistirá en una política que combine reducir paulatinamente las obligaciones pasadas (incluyendo renegociaciones y perdones parciales de la deuda anterior) con un manejo del gasto público congruente con el máximo crecimiento económico que el país pueda sostener año tras año. Los países acreedores han dado muestra de su predisposición para renegociar la deuda de los países deudores. En realidad no tienen otro remedio. La cuestión es definir los términos de una renegociación. No obstante, hay que mantener presente en todo momento dos principios generales. Uno, que Cuba no podrá normalizar sus relaciones económicas internacionales ni aspirar a mejorar su economía sin reconocer y comenzar a pagar algo de su deuda externa. El otro es que la verdadera solución de la deuda externa es el crecimiento económico del país, por muy grande que sea la deuda en términos relativos.

Lo primero que tiene que hacer el gobierno de transición es nombrar una persona de alta capacidad y credibilidad profesional para coordinar el manejo de la deuda externa. Es muy posible que al comienzo, esta persona necesite estar asesorada por expertos internacionales bien seleccionados con mucha experiencia en el campo de este tipo de negociaciones. La oficina del negociador puede ser relativamente pequeña en materia de personal, pero todos tienen que ser también profesionales bien calificados. Esta oficina reportará directamente al Ministro de Hacienda o al Ministro a cargo de los asuntos fiscales del país.

La primera función del negociador es preparar un inventario detallado de la deuda, su composición y su estructura. Si los datos existentes no son satisfactorios, tendrá que preparar una lista de todos los compromisos adquiridos por el estado cubano, en qué montos, con qué países y entidades financieras, a qué tasas de interés, en qué plazos de pagos, en qué monedas, etc. Un primer problema que pudiera surgir es tener que compatibilizar las cuentas del estado cubano con las de los acreedores, pues pudiera haber discrepancias o registros distintos. Es obvio que antes de que empiece cualquier negociación debe haber un acuerdo sobre qué es exactamente lo que se está negociando. Por ejemplo, se ha reportado que la vieja deuda de Cuba con la Unión Soviética denominada en rublos es reconocida por el gobierno cubano a una tasa de cambio devaluada que no es aceptada por el Gobierno de Rusia cuando asumió su cobro.

Alcanzado los acuerdos sobre estos problemas con los diversos acreedores o grupos de acreedores, lo que incluye el reconocimiento de los diversos compromisos por parte del estado cubano, se pasará a negociar los términos de su pago con las distintas partes. En muchos casos, los países deudores han conseguido términos muy favorables de pago e incluso que se les condone una porción de la deuda. Es importante, sin embargo, que el nuevo gobierno cubano dé una muestra de gran responsabilidad fiscal y reconozca sus obligaciones y demuestre con hechos su disposición a cumplirlas. El proceso de negociación seguramente incluirá varias entidades, grupos de acreedores o «clubs» pues los acreedores se alían para que el deudor no pueda negociar con cada uno de ellos por separado.

Hay varias clases de acreedores, principalmente gobiernos de otros países, bancos privados e instituciones financieras internacionales (IFIs) como el Fondo Monetario Internacional, el Banco Mundial (también conocido como Banco Internacional de Reconstrucción y Desarrollo) y el Banco Inter-Americano de Desarrollo. La deuda cubana está distribuida principalmente entre los dos primeros grupos, ambos incluyendo docenas de países y docenas de bancos privados. El tercer grupo se menciona porque es razonable esperar que las IFIs le hará préstamos a Cuba aumentando su deuda cuando el país comience un programa de reforma, tema que continuaremos en un capítulo dedicado exclusivamente a la asistencia internacional. Generalmente los gobiernos se reúnen en lo que se conoce como el «Club de París» con el que hay que negociar por separado de los bancos privados que también negocian la deuda al unísono.

La estrategia de negociación para Cuba debe tener la meta de alcanzar un nivel de pagos factible con la economía y la base fiscal del país y lo suficientemente holgada como para que los pagos no impidan la recuperación económica. Es imprescindible que el gobierno adopte una política fiscal de una cierta austeridad para que los ingresos fiscales puedan cubrir el gasto del gobierno sin necesidad de aplicar impuestos que ahogarían la economía cubana. Si se incurre en déficits presupuestarios crónicos y de gran volumen, el endeudamiento adicional creará una nueva crisis de deuda en un futuro no muy lejano y la economía cubana sufriría un gran retroceso en su proceso de transición al mercado.

El sistema monetario

El régimen y la política monetaria de Cuba deberán ser compatibles con la necesidad de una rehabilitación económica rápida. En materia de régimen o sistema monetario, el gobierno que esté a cargo de una transición y rehabilitación económica deberá decidir si continuará permitiendo el dualismo o el bimonetarismo actual en que el dólar estadounidense siga siendo una moneda de curso legal en Cuba, compitiendo junto al peso cubano, o si el país regresará a un sistema monetario donde el peso sea la única moneda. Es importante tener en cuenta que cualquiera que sea la alternativa que se elija, es imprescindible que Cuba cuente con una política monetaria (que es el manejo del sistema monetario) congruente con la estabilidad de precios, o sea, que evite la inflación o la mantenga a niveles bien bajos, idealmente a no más de un dos o tres por ciento anual y que coadyuve a reducir lo más posible la incertidumbre cambiaria. Una política monetaria descuidada o errática, que introduzca un elemento de incertidumbre en el cálculo de costo-beneficio de los diversos agentes económicos, especialmente los inversionistas, desestimulará la inversión en su conjunto pues aumentaría el riesgo que involucra la asignación de fondos a la economía cubana.

La definición del régimen o sistema monetario que deberá regir en el país abrirá una oportunidad para retomar la vieja polémica de «reglas versus discreción» que surgió en Inglaterra a mediados del Siglo XIX y que todavía continúa vigente. En pocas palabras, los proponentes del imperio de las «reglas» afirman que es mejor que el sistema monetario no esté regido por decisiones «discrecionarias» de las autoridades monetarias porque esto les da mucho poder y siempre existe la tendencia a abusar de ese poder. Un ejemplo extremo de mala política discrecionaria es lo que sucedió en Cuba cuando desaparecieron los subsidios soviéticos y el gobierno cubano provocó que el peso se devaluara dramáticamente como resultado de financiar el déficit entre ingresos y egresos de las empresas y otras entidades del estado emitiendo papel moneda. Los partidarios de «discreción» afirman que la política monetaria debe ser flexible y que las autoridades monetarias deben tener el poder de manejar los agregados monetarios con el fin de sincronizarlos a las necesidades de la economía en cada momento. Los primeros creen que se debe depender de las fuerzas del mercado mientras desconfían de la capacidad humana de tomar las decisiones correctas en todo momento. Los segundos tienden a desconfiar de la eficiencia autocorrectora de los mercados creyendo en la necesidad de intervenir en los mismos cuando las condiciones así lo indiquen y al mismo tiempo dan por sentado que las autoridades monetarias serán bien seleccionadas por su integridad y competencia técnica.

Los que piensan, como este autor, que puede ser muy riesgoso para un gobierno de transición, mantener una política monetaria flexible al principio de una transición, tienden a favorecer el sistema monetario dual por lo menos durante los primeros años de un proceso de reconstrucción. Esto no quiere decir que la segmentación actual de la economía donde unos ciudadanos tienen acceso al dólar y otros no, debe mantenerse. Todo lo contrario, a medida que se establezca una verdadera libertad económica que alcance a todos, las ventajas de la circulación del dólar llegará a todos los ciudadanos por igual. En el caso cubano, una forma de adoptar el sistema basado en reglas es continuar con la dolarización parcial de la economía o incluso marchar hacia una dolarización total. Aunque éste no es el lugar para dirimir este asunto, es importante señalarlo pues se requerirá una buena dosis de comprensión por parte de la población y de las autoridades para que el sistema que finalmente se adopte cumpla con los requisitos necesarios para que la economía pueda recuperarse como todos lo desean. Al fin y al cabo, ninguno de los dos sistemas ni sus soluciones intermedias son infalibles o perfectos. Cada uno tiene ventajas y desventajas las cuales deben ser discutidas libremente tanto por los técnicos como por los ciudadanos con la suficiente educación e interés como para formar una parte activa del diálogo necesario que requieren las sociedades modernas en materia de política pública.

Es indispensable tener en cuenta que la solidez del sistema monetario de un país depende de su confiabilidad. Esa solidez y confiabilidad, a su vez dependen de la integridad y el nivel de valores éticos de sus funcionarios, junto a su sabiduría y su competencia técnica. Esta es otra forma de capital humano importante para la economía de un país y que no se crea simplemente en las universidades.

El papel del estado

En un nuevo sistema económico basado en la propiedad privada y la libertad de empresa las misiones del estado serán radicalmente distintas a las definidas bajo el socialismo. En primer lugar, como un estado de derechos individuales, el mismo deberá reorganizarse para que no interfiera con las libertades económicas y civiles. El nuevo estado se organizará para garantizar esas libertades no para conculcarlas, como indicamos anteriormente. Deberá estar organizado para favorecer los intereses de la población cubana, y no para movilizar y explotar sus recursos persiguiendo agendas desconocidas o entelequias de inspiración ideológica y contrarias al interés ciudadano. Su nuevo papel deberá estar ligado muy estrechamente a la definición, implantación y manejo del nuevo sistema fiscal, tanto desde el punto de vista de la recaudación de ingresos, como de la administración del gasto y de las entidades correspondientes. Idealmente, el nuevo estado deberá ser mucho más pequeño que el actual medido por el número de personas que emplea y por el volumen total de los recursos que posee y moviliza. Muchos de los recursos humanos que hoy emplea deberán trasladarse a actividades privadas, así como una gran parte de los recursos materiales. Por ejemplo, en un régimen de libertades individuales no hay necesidad de tanta vigilancia policíaca sobre la ciudadanía y sus actividades políticas.

Más concretamente, en lugar de estar dedicado a intervenir en la economía y dirigir sus empresas, el nuevo estado deberá estar a cargo de lo que en el campo de la economía pública se denomina «la producción de bienes y servicios públicos». Esto ya fue discutido anteriormente y no lo repetiremos aquí. Lo que es importante tener en cuenta es que el nuevo estado ni es dueño de las empresas, ni es rector de la economía ni tiene poder para dominar al ciudadano. Todo lo contrario, el ciudadano es dueño del pedazo de la economía que haya logrado poseer, es el principal agente económico en conjunto con los demás ciudadanos y es el empleador de los funcionarios públicos. Yo resumiría las misiones del nuevo estado en las siguientes categorías:

- Velar por el estricto cumplimiento de la constitución y de las leyes de la República
- Garantizar la seguridad nacional frente a amenazas externas
- Asegurar la seguridad pública y la protección del ciudadano y sus propiedades
- Respetar y hacer respetar los derechos individuales
- Desarrollar una administración de justicia eficaz y eficiente
- Promover la seguridad contractual a todo nivel
- Establecer y administrar el nuevo régimen monetario
- Manejar la política monetaria garantizando la estabilidad de los precios

155

- Crear un clima propicio para las inversiones y el desarrollo de la economía
- Conducir la administración de los asuntos fiscales del país
- Formular y ejecutar la política macroeconómica nacional
- Promover el desarrollo de sistemas alternativos de seguridad social
- Desarrollar y administrar los sistemas de información que una sociedad moderna requiere
- Defender los intereses comerciales internacionales de Cuba
- Promover el desarrollo educativo, científico y cultural de la población
- Promover la salud pública y manejar la vigilancia epidemiológica
- Facilitar las buenas relaciones entre empleados y empleadores
- Formular y ejecutar una política de protección equilibrada del medio ambiente
- Formular y llevar a cabo la política de investigaciones científicas del país
- Promover el libre comercio doméstico e internacional, la competitividad en todas sus formas y evitar la formación de monopolios
- Propiciar el desarrollo del sector financiero y establecer las regulaciones prudenciales
- Promover el desarrollo de los servicios de extensión agropecuaria
- Formular y ejecutar políticas de desarrollo y planificación física y urbana.

El nuevo estado deberá definir cuál es el papel de las nuevas fuerzas armadas, las cuales podrán ser reducidas en tamaño una vez que Cuba no desee ser una potencia militar que absorba recursos en cantidades incompatibles con su capacidad económica. Por otro lado, algunos sectores del aparato estatal deben crecer, como es la administración de justicia y todo el sistema judicial que deberá crearse como una entidad separada del gobierno o poder ejecutivo. Del mismo modo, dentro de la misma filosofía de separación de poderes que se supone prevalezca en una transición al mercado, se necesitarán recursos para la recreación y desarrollo del poder legislativo y sus cuerpos auxiliares. Todo este proceso de redefinición y modernización del estado cubano deberá hacerse con suma rapidez, pero es necesario evitar o reducir improvisaciones y desequilibrios. El primer problema es qué hacer con el personal redundante actualmente empleado en el sector público. Una respuesta es desarrollar al sector privado en todas sus formas para que genere el empleo capaz de absorber las redundancias o excedentes laborales existentes. Otra parte de la solución de este problema es que la población y sus grupos más conscientes sobre el futuro del país se vayan preparando desde ahora para ganar, primero, una comprensión cabal de estos problemas y, segundo, tener planteadas algunas soluciones para no llegar al poder sin saber por dónde empezar.

El nuevo estado deberá minimizar su intervención en la economía y dejar en manos del sector privado las labores básicas de la producción, el comercio, el empleo y la inversión. Muy especialmente, el nuevo estado deberá abstenerse de dictar o regular precios con la posible excepción de actividades que tengan inevitablemente que estar en manos de monopolios privados. Hay muchos que opinan que para impulsar el desarrollo el estado deberá financiar proyectos de desarrollo y tener bancos especializados en estos menesteres como lo fueron el Banco de Fomento Agrícola e Industrial de Cuba (BANFAIC) y el Banco de Desarrollo Económico y Social (BANDES). Yo opino que las funciones de tales bancos pueden y deben estar en manos privadas. La experiencia acumulada en materia de los impactos finales de los bancos públicos de desarrollo indica que los mismos no logran ser más eficaces que los privados y acaban reforzando las tendencias burocratizantes y corruptoras de los países donde operan. Si el sector privado no encuentra las razones para invertir en tales bancos, el estado nunca las va a encontrar de manera más eficiente y la creación de tales entidades tendría efectos perniciosos sobre las posibilidades de desarrollo del país.

Una nueva Constitución

El gobierno de transición y la sociedad en su conjunto tendrán que operar bajo un sistema legal temporal o improvisado pues no es realista pensar que el país pueda lanzarse a corto plazo a definir un nuevo texto constitucional y, con él, todo un sistema legal. Intentar establecer un nuevo marco constitucional sin que la ciudadanía se prepare para ello sería un error de dimensiones históricas y de consecuencias imprevisibles.

No cabe duda, sin embargo, que más tarde o temprano una nueva constitución será necesaria para legitimar la instalación de un nuevo sistema económico y el desarrollo del sistema legal que defina las reglas del juego de la economía y de las demás actividades de la nación. Este es un tema difícil y que presenta una serie de problemas para cuya solución la ciudadanía debe prepararse. Aunque lo más fácil y práctico a corto plazo, como medida temporal, pudiera ser adoptar una forma modificada de la última constitución vigente en Cuba, la realidad es que el país merece un marco constitucional moderno en cuyo contexto se puedan tomar las medidas necesarias e idóneas para una transición adecuada a una economía de mercado.

La formulación de una nueva constitución es un tema que trasciende lo económico, pero es al mismo tiempo indispensable para definir las reglas del juego en que va a operar la economía del país. Desde un punto de vista estrictamente económico, es necesario que un nuevo proceso de formulación constitucional evite caer en los graves errores cometidos por otros países en que se tratan de resolver todos los problemas mediante artículos idealistas y caprichosos. Es muy fácil recargar una constitución con preceptos que aunque bien intencionados acaban por obstaculizar el desenvolvimiento de una economía. Para evitar esto, es necesario un proceso educativo de la población de manera que si hubiera una convocatoria a asamblea constituyente, los delegados o representantes de la población sabrían lo que están haciendo, como ha sido el caso en unos cuantos países en el mundo. Esto sin embargo puede que no sea factible y que conduzca indefectiblemente a una constitución inadecuada.

Hay quienes opinan que la Constitución de 1940 debe ser restaurada en Cuba. Uno de los exponentes más destacados de esta posición es Néstor Carbonell Cortina (1997, 2001) aunque su planteo incluye cambios importantes al texto original. Otros, como Jorge Domínguez (2003), plantean que un texto constitucional puede partir de la constitución socialista de 1992 significativamente modificada. En una sociedad democrática, tanto como en una que esté en una fase de gestación, estos temas deben discutirse abierta y detenidamente, tanto por expertos y especialistas como por el mayor número posible de los miembros de la sociedad. De este modo, cuando llegue el momento de tomar una decisión, preferiblemente por la vía del voto universal, los electores hayan alcanzado un cierto nivel de comprensión sobre los implicaciones de las diversas alternativas y propuestas y voten con algún nivel de conciencia y conocimientos. Dada la trascendencia de este tema, el próximo capítulo está dedicado al sistema legal de una nueva economía cubana con la constitución como su piedra clave.

El sector financiero

La intermediación financiera en todas sus formas es una parte indispensable de toda economía moderna y capaz de crecer y mejorar las condiciones de vida de sus ciudadanos. La intermediación financiera es el proceso mediante el cual los ahorros que se acumulan por unos miembros de la sociedad se pueden convertir en préstamos u otras transacciones a cargo de otros miembros de la sociedad. Los préstamos pueden hacerse con diversos fines, principalmente para hacer inversiones o compras que requieren fondos de gran volumen como las destinadas a la adquisición de viviendas, automóviles, etc. El sector de los intermediarios financieros, que desaparece por completo bajo el socialismo, está constituido principalmente por los diversos tipos de bancos (comerciales, de inversión, hipotecarios, de descuento, de comercio internacional, etc.), las empresas aseguradoras, las firmas que financian o promueven inversiones, las bolsas de valores, los mercados de dinero, los de capital en general, etc. El gobierno de transición, mientras toma las medidas necesarias para implementar los pasos descritos arriba, debe prepararse cuanto antes para facilitar el desarrollo del sector financiero. La canalización de los ahorros hacia el crédito de corto y largo plazo y las inversiones es esencial para una rehabilitación rápida de la economía cubana.

No obstante, hay que tener en cuenta que el desarrollo integral de este sector deberá llevar varios años. Aquí estamos hablando no del desarrollo de una simple empresa por grande que la misma sea, sino del desarrollo de todo un sector de gran complejidad técnica, gerencial y legal, sobre el cual no han existido precedentes en los años revolucionarios. Lo primero que hace falta es un marco legal que establezca las reglas de la intermediación financiera y el modo de operar de las diversas instituciones a cargo del sector. Por ejemplo, es indispensable garantizar la seguridad de los ahorros. El ahorrista debe tener confianza en las instituciones que manejan sus fondos de manera que los mismos estén disponibles cuando se necesiten y puedan devengar algún interés. Sin esa confianza, el ahorro no se podría utilizar para inversiones y el desarrollo de la economía sería muy difícil si no imposible.

El desarrollo de este sector requiere que se formen decenas de miles de personas a diversos niveles técnicos y gerenciales. Mientras tanto, es necesario que se desarrollen por parte de la población y de las empresas los hábitos necesarios para la existencia de un sector financiero como en primer lugar el hábito de ahorrar. En segundo lugar, la demanda de los múltiples productos que un sector financiero moderno puede ofrecer, como son los seguros de vida, de salud, los préstamos al consumidor, las hipotecas para facilitar la construcción de viviendas, el desarrollo de planes privados de retiro, etc.

Este sector debe estar eminentemente guiado por los mismos principios de libertad de empresa que el resto de la economía, evitándose intervenciones gubernamentales innecesarias y restricciones a la competencia. Sin embargo, la participación del estado en propiciar la integridad de su sector financiero y el uso de lo que se denominan normas prudenciales es esencial.[37] El éxito de un sector financiero depende de la confianza que la población deposite en él, confianza que cuesta mucho desarrollar y muy poco destruir con algunos malos manejos. Es imperativo que el gobierno impida la aparición de esquemas fraudulentos, como los que prometen a las personas hacerse ricas con rapidez, que se aprovechan de personas incautas y que no son otra cosa que mecanismos de transferencias de fondos de los incautos a los operadores. Tales esquemas surgieron en Albania poco después de su renuncia al socialismo.

Hay quienes piensan que este sector debe ser estrictamente nacional o que al menos debe impedir o limitar la participación de entidades extranjeras al comienzo de una transición al mercado con el objeto de darle una oportunidad de desarrollo al sector nacional.Creo que tal proposición conspira contra una recuperación rápida de la economía cubana bajo argumentos falaces de tipo nacionalista, pues limitaría los recursos disponibles a los nuevos inversionistas, incluso los cubanos, para el desarrollo de sus actividades comerciales y demás empresas. El sector debe desarrollarse bajo una base principalmente competitiva como cualquier otra empresa.

La educación

El gobierno a cargo de la transición heredará un sistema que fue originalmente subsidiado por motivos político-ideológicos y propagandísti-

---

37 Las normas prudenciales en materia bancaria, por ejemplo, consisten de un conjunto de regulaciones y prácticas que incentivan a los bancos a manejar sus carteras de préstamo con niveles aceptables de riesgo en su conjunto. Tales normas son las que sirven de base para que la ciudadanía desarrolle un elevado nivel de confianza en sus instituciones financieras.

cos y que en la actualidad ha sufrido severamente los embates de los ajustes presupuestarios que el gobierno tuvo que implementar al desaparecer los subsidios soviéticos. Aunque la cobertura de la educación aumentó en Cuba durante los años de la revolución y hay indicios que se mantuvieron altos estándares académicos, no se sabe a ciencia cierta la calidad de la educación impartida en relación a las necesidades de recursos humanos de una economía moderna. Hay indicaciones de que en Cuba existen algunas profesiones en cantidades suficientes así como posiblemente personal capacitado a niveles técnicos satisfactorios. Al mismo tiempo, no hay evidencia de que el país tenga un número adecuado de técnicos de niveles secundario e intermedio necesarios para la industria y el agro modernos. También existen serias deficiencias o carencias completas en la formación de las profesiones de economía, derecho, administración de empresas, finanzas, contabilidad, banca, mercadeo, publicidad, periodismo y todas aquéllas que fueron afectadas con grados variables de distorsión por el predominio de la ideología marxista y la falta de toda forma de libertad académica en los centros educativos. No hay que olvidar que el sistema educativo cubano desde el comienzo de la revolución estuvo sujeto a toda una serie de actividades atípicas en una sociedad libre, proceso que incluye su uso como un instrumento político de movilización de masas y hasta de intimidación para la organización de los nefastos actos de repudio.[38]

No obstante los cambios que tengan que ocurrir en las diversas ramas del sector educativo, el mismo debe redirigirse para ofrecer mayores oportunidades en un ambiente de plenas libertades. Una economía moderna requiere una fuente de recursos humanos capaz de enfrentarse a los desafíos del mundo actual desde diversos puntos de vista. Y esto ocurrirá especialmente ante la necesidad de cultivar la capacidad competitiva de la población, sus talentos creativos y su capacidad de afrontar el riesgo fuera de la tutela mediocratizante del estado.

Una de las primeras medidas que un gobierno de transición posiblemente se sienta obligado a tomar es la revisión de los planes de estudio o currículos para su neutralización ideológica y la instalación de la tradición académica liberal que impera en los países más desarrollados del mundo occidental a cuya cultura Cuba pertenece. Estas medidas requerirán grandes gastos en nuevos materiales de enseñanza y libros de texto y posiblemente en recapacitación de personal docente. Otro problema al que posiblemente tenga que enfrentarse el gobierno es un éxodo de personal docente a otras actividades después de años de estancamiento profesional y retroceso personal. Es muy posible que nuevos maestros tengan que ser atraídos hacia la profesión docente. El medio de atracción principal será el salario, complementado con otros beneficios financieros y condiciones de trabajo apropiadas, todo lo cual pondrá una gran presión en el financiamiento de la educación. Puede que se haga aconsejable la dependencia de financiamiento privado en los niveles superiores, para lo cual habría que considerar la instauración de sistemas de crédito educativo a largo plazo. Una discusión más profunda y detallada de las medidas a tomar la ofrecen Cruz-Taura (2002) y Gómez (2002) en sus respectivos estudios.

Además de los problemas más urgentes, el principal problema que puede esperarse que tenga la educación en Cuba en una transición es obtener suficiente financiamiento para cubrir las necesidades mínimas del sector y sus reformas. Este es otro tema para debate nacional donde deben considerarse los pros y los contras de las diversas modalidades de financiamiento que existen en la actualidad y que definen un espectro de posibilidades que va desde la estatización de la educación hasta su privatización. Friedman (1962) propone unos criterios de financiamiento que pueden ser tomados en cuenta por lo menos como base para una discusión.

La salud y el seguro social

Este sector será una de las fuentes de crisis para cualquier gobierno de transición. La capacidad para enfrentar los inmensos problemas que se heredarán del gobierno revolucionario sólo pueden resolverse plenamente con infusiones masivas de recursos que tienen que ser creados en otras partes de la economía. Pero la necesidad de encontrar los fondos necesarios es sólo uno de los retos. Tanto los programas preventivos como los asistenciales de salud, así como los regímenes de pensiones también requerirán grandes transformaciones en materia de reorganización institucional y de reconstrucción económica como parte del aparato que cuida los recursos humanos de la nación. Un programa de reformas tendrá que restructurar el sistema actual para que pueda depender de recursos propios y no de subsidios externos como en el pasado. En Cuba se creó, al igual

---

38 Estos actos se han organizado por el gobierno para intimidar personas o familias que de alguna manera se han manifestado como desafectos al régimen, por ejemplo, los que han querido abandonar el país y los que se han declarado profesionales independientes.

que en el sector educación, la ilusión de que el estado podía producir mágicamente los recursos para el desarrollo de estos sectores como si los mismos no estuvieran sujetos a severas restricciones presupuestarias. Por mucho tiempo, la población no tuvo una idea clara de la dependencia que estos sectores generaron de los subsidios soviéticos. Después de la desaparición de los mismos fue cuando muchos ciudadanos se han percatado del vacío económico que la desaparición de los subsidios dejó. La rehabilitación de estos sectores especiales para la economía, depende de que algunos de ellos desarrollen mecanismos de recuperación de costos, mientras que otros puede que tengan que depender de subsidios estatales por un tiempo o indefinidamente. Por ejemplo, tal vez los programas preventivos de la salud, como pueden ser algunas vacunaciones en gran escala, ciertos aspectos cualitativos del medio ambiente, algunos programas materno infantiles y rurales y la vigilancia epidemiológica deban estar a cargo del estado, mientras que una gran parte de los programas asistenciales podrían privatizarse de diversas maneras y ser complementados con sistemas de financiamiento y seguros de salud

Sería de gran valor para la rehabilitación de este sector que el mismo consiga incorporar profesionales en la administración de la salud y evitar la perniciosa costumbre latinoamericana de que el sector esté frecuentemente dominado por médicos improvisados como administradores y gerentes. Los principios de la economía aplicados a la salud, una subdisciplina moderna que se ha desarrollado a partir de la economía aplicada, deben regir un sector moderno de servicios de salud, especialmente en el caso cubano en que los desafíos en materia de salud que deja el legado revolucionario todavía están por conocerse plenamente. También hay razones para sospechar que los largos años de deficiencias alimentarias han dejado una huella en la salud de los cubanos que puede crear condiciones y transiciones epidemiológicas que siempre tienen implicaciones económicas. Por otra parte, el envejecimiento relativo de la población cubana, que sobrepasa al de Estados Unidos tendrá un gran peso en la estructura de la demanda por servicios de salud por muchas décadas en el futuro.

El legado revolucionario en materia de pensiones es particularmente problemático lo que presentará al gobierno de transición con verdaderos dilemas políticos, sociales, morales y económicos. Estos problemas han sido estudiados por Mesa-Lago (2003) en detalle y la profundidad máxima que le permiten los datos disponibles. Para comenzar, es de esperar que los regímenes de pensiones no puedan enfrentar grandes erogaciones de gasto al comienzo de una rehabilitación, pues los mismos dependen del sistema fiscal que ya se encuentra en un estado crítico y cuya recuperación está directamente vinculada con la economía nacional. Por lo tanto, la capacidad de financiar las pensiones y de mantener una cobertura adecuada de los trabajadores dependerá de la velocidad con que se recupere la economía y de la forma en que se adopten los nuevos regímenes. Es también probable que por algún tiempo el estado juegue un papel importante en el financiamiento de algunas pensiones, aunque deberá facilitar el desarrollo de sistemas privados que puedan servir después para una capitalización parcial del desarrollo de la economía cubana en los próximos años. Sin embargo, la alta proporción de personas de la tercera edad, como se mencionó arriba con relación a los problemas de salud, ha de tener un impacto enorme en la demanda de pensiones futuras y en las posibilidades de financiamiento. Hay que tener en cuenta que este fenómeno ocurre simultáneamente con otro de carácter negativo, o sea, la baja productividad de la fuerza de trabajo. Si tales niveles se mantienen, la capacidad generadora de ingresos que es la base para el financiamiento de las pensiones, por lo menos las públicas, será igualmente baja, contribuyendo a que las pensiones que puedan otorgarse serán también bajas. En otras palabras, el legado de pobreza que deja la revolución cubana sólo podrá ser superado por un crecimiento sostenido de la economía durante muchos años.

Hay muchos otros problemas que heredará un gobierno de transición y para los cuales no habrá soluciones mágicas ni inmediatas. Uno de los más graves es la acumulación de las necesidades de viviendas que ha ido ocurriendo con el devenir de los años y sobre el cual el gobierno revolucionario nunca tuvo una verdadera intención o plan, ni mucho menos una solución. El gobierno de transición deberá facilitar el proceso de rehabilitación rápida de viviendas pero manteneniéndose alejado sin ser el promotor de programas de vivienda. En su lugar deberá crear las condiciones para facilitar tanto la construcción como su financiamiento, sin perder de vista la necesidad de mantener un cierto nivel de disciplina en el sector para evitar el fraude en una actividad que presenta condiciones ideales para que el mismo ocurra.

Capítulo IV
EL GOBIERNO DE TRANSICIÓN

os tres pilares de la transición de Cuba hacia una economía de mercado son el gobierno, la ciudadanía y las empresas. Ninguno es más importante que el otro. Si uno de ellos falla en proceder como debe en las tareas de la transición, la misma no tendrá éxito, será incompleta o se demorará excesivamente. Cualquier par de pilares de esta trilogía no podrá lograr la reconstrucción de la economía cubana sin la participación del otro. Y la participación de los tres debe contar con un cierto grado de coordinación, aun cuando exista diversidad de enfoques y conflictos. Es importante que exista un grado de consenso, imposible de medir, para que la transición sea factible. Si en un extremo, ninguno de los tres se pone de acuerdo en una agenda mínima de trabajo, Cuba estará condenada al estancamiento que ya hemos visto en otros países ex socialistas, especialmente Ucrania y Bielorrusia.

Además, la transición tiene dos facetas, primero las reformas institucionales y organizativas que hay que llevar a cabo por un lado y segundo el comportamiento de la economía para que funcione a ritmos satisfactorios. El gobierno, la ciudadanía y las empresas tienen al unísono responsabilidades compartidas en ambas facetas. Las reformas sólo facilitan la actividad económica pero no la logran por sí solas. El hecho de que tengamos el automóvil no quiere decir que se mueva; construirlo es una tarea y manejarlo es otra.

Comenzamos estudiando el papel del gobierno por dos razones. La primera es que, de los tres pilares, el gobierno es el único que tendrá algún grado de organización cuando las reformas sean posibles. La ciudadanía estará todavía saliendo del anquilosamiento de la dictadura, aun cuando ya esté comenzando a organizarse como sociedad civil mientras se escriben estas páginas. El sector empresarial es muy débil y estará todavía por organizarse. La segunda razón es la esfera gubernamental donde se inician generalmente los procesos de reforma del estado y la sociedad en su conjunto. Es paradójico y hasta contradictorio que sea el gobierno el que tenga que ser el líder del proceso de reforma, el que debe organizar la economía de mercado. Es el único de los tres pilares que goza de alguna medida de integridad organizativa, en contraste con la ciudadanía y las empresas que están representadas por una multiplicidad de agentes no organizados. En capítulos sucesivos iremos estudiando los papeles que le corresponden o no a la ciudadanía y a las empresas y como interactúan con los del gobierno.

Algunos supuestos iniciales

Primeramente, adoptaremos varias hipótesis de trabajo para hacer una exposición con una cierta lógica interna. Una de estas hipótesis es que la transición hacia una economía de mercado no es probable que ocurra bajo el gobierno de Fidel Castro. Yo personalmente creo que una transición como la que se plantea aquí no sería posible mientras Castro controle el país. Posiblemente sea hasta indeseable, aun cuando en teoría pudiera pensarse que sería lo ideal, algo parecido a lo que ocurrió con Augusto Pinochet en Chile, que utilizó su poder para introducir reformas económicas profundas en el país. Sin embargo, ni Pinochet ni el gobierno anterior destruyeron la economía de Chile del modo que Castro lo hizo con la cubana, razón adicional que debe tenerse en cuenta antes de proponer que una verdadera reconstrucción pueda ocurrir bajo el gobierno actual.

Se desprende entonces que la transición necesaria ocurrirá cuando exista un equipo de gobierno con el poder y la determinación de montar una economía de mercado. Aquí suponemos también que ese proceso estará acompañado por una democratización del país lo cual, como se ha discutido, puede amplificar el potencial de crecimiento de la economía de mercado, aun cuando llevar a cabo ambas transiciones es más difícil que acometer una a la vez.

La gran incógnita es quién constituirá ese gobierno de transición, si estará guiado por miembros del gobierno actual, si tendrá una mezcla de los gobernantes actuales y de otros cubanos como, por ejemplo, disidentes o exilados o si estará compuesto enteramente por personas no comprometidas o identificadas con el gobierno actual. En este tema pudiéramos perder una cantidad significativa de tiempo y por supuesto no tiene sentido intentar un pronóstico como otros se han atrevido a hacerlo. La intención de este trabajo es definir lo que hay que hacer y no tratar de adivinar quiénes lo van a hacer. Cualesquiera que sean esas personas, este libro también está escrito para ellas, en el supuesto adicional de que las mismas tengan la intención de reconstruir la economía cubana mediante la instalación de una economía de mercado y una democracia.

168

No obstante lo dicho, debemos detenernos a examinar los dos grandes escenarios en que pueden clasificarse todas las posibilidades después que Castro deje de ostentar el poder en Cuba. Un tipo de escenario es el de una transición lenta al comienzo, mientras se redefinen las fuerzas o coaliciones que dominarán el país y definirán las políticas a seguir de inmediato. Esa lenta transición puede tal vez conducir hacia una economía de mercado, lo cual se sabrá oportunamente. Es posible que el proceso conduzca al país hacia una gran inestabilidad política como resultado de luchas intestinas por el poder. En tal caso, las perspectivas de lograr una transición rápida de la economía se verían muy afectadas y Cuba incluso podría sufrir un deterioro adicional en su economía. En tales condiciones este libro tendría muy poco valor para guiar a los gobernantes cubanos.

El otro tipo de escenario sería una transición relativamente rápida. Si el equipo de gobierno considera la economía de mercado como la mejor manera de dirigir la transición, sería de esperar entonces que su programa de trabajo contenga los elementos programáticos discutidos en el capítulo anterior. Esos elementos, sin embargo, representan lo que hay que hacer pero dicen poco de cómo lograrlo, cómo debe preparse el equipo gobernante para manejar el sistema económico que hereda y además construir una economía de mercado y desarrollar una democracia.

En este punto es importante que el lector se percate de la enorme complejidad de semejante empresa. No se trata de desmantelar la revolución sino de construir un sistema nuevo. Construir una sociedad en la que operan simultáneamente una economía de mercado y un régimen democrático es algo mucho más complejo que construir una economía socialista que opera en un régimen totalitario. Esto significa que la transición hacia el mercado y la democracia llevará más tiempo que lo que llevó destruir las instituciones cubanas por medio del proceso revolucionario. El nuevo sistema no depende de consignas y lemas, sino de realidades institucionales y orgánicas cuyo desarrollo y eficacia podrán ser libremente evaluados por la ciudadanía.

El primer grupo de problemas

Antes de que haya un plan de gobierno debe haber un gobierno. La mañana siguiente a la desaparición de lo que es hoy el principal obstáculo del desarrollo económico de Cuba, el propio Fidel Castro, habrá sin duda alguien a cargo de gobernar el país. Suponiendo que ese gobierno goce de alguna estabilidad, o sea, que el poder que ostenta lo pueda mantener por un cierto período, se tendrá que enfrentar a un par de problemas económicos de gran trascendencia. Uno es el mantenimiento del nivel de actividad económica del país y el otro es la introducción de un mínimo de reformas para poder aumentar ese nivel de actividad económica y los niveles de consumo de la población. Es improbable que los gobernantes que sucedan a Fidel Castro crean que pueden mantenerse impertérritos en el poder, sin mejorar de alguna manera las pésimas condiciones de vida que sufren los cubanos en la actualidad. La ausencia de Fidel Castro se hará sentir precisamente en la habilidad del gobierno de mantener el orden a pesar de la depauperación y desesperanza que imperan en Cuba. Es razonable suponer que la paciencia de la ciudadanía tiene un límite y que la autoridad de Fidel Castro basada en su popularidad inicial, su carisma y su control personal no se heredan con facilidad. Por lo tanto, es de esperar que el gobierno que suceda a Castro, aun cuando esté constituido o hasta controlado por muchos de sus seguidores actuales, tendrá que adoptar medidas que mejoren la situación económica del país lo más rápidamente posible.

En este punto es oportuno introducir el concepto de más de un gobierno de transición. Comenzaremos refiriéndonos al primer gobierno de transición como aquél que suceda de inmediato al gobierno de Fidel Castro como lo conocemos en la actualidad. No obstante, hay que dejar la puerta abierta para que ese primer gobierno sea uno provisional de corta duración que pudiera ser reemplazado por gobiernos de mayor participación ciudadana y con mayor vocación democrática.[39] Esta posibilidad, que incluso puede ser políticamente deseable para evitar una lucha por el poder que puede tener consecuencias devastadoras para el país, puede hacer más lenta, incluso paralizar, la marcha hacia una economía de mercado, pues los gobiernos provisionales nunca son capaces de emprender

---

39 Por supuesto que no se puede descartar la posibilidad real de que uno de esos gobiernos logre establecer una dictadura más férrea que la de Castro, pero tal escenario no es de interés para nosotros pues no estaría comprometido con el desarrollo de una economía de mercado. Aunque sea poco probable, tal escenario no es imposible, teniendo en cuenta la experiencia de la Unión Soviética después de la muerte de Stalin y las más recientes de Vietnam a la muerte de Ho Chi Minh y la de Corea del Norte después de la desaparición de Kim Il Sung. Tampoco se puede descartar que Cuba siga un camino parecido al de China donde se ha ido desarrollando una economía con fuertes elementos de mercado pero todavía bajo un sistema político muy lejos de ser democrático.

reformas profundas por no sentirse con el poder suficiente para llevarlas a cabo y/o por tener que enfrentar tantos problemas políticos y luchas de poder que no hay tiempo para planear reformas de gran complejidad.

En el análisis que sigue ignoraremos todas las posibles alternativas de sucesión gubernamental menos una. Supondremos que habrá un gobierno de facto interesado en una transición al mercado. ¿Qué debe hacerse entonces? ¿Esperar a crear las intituciones que le den legitimidad al gobierno y a las transformaciones y detener las reformas económicas hasta que se puedan hacer legítimamente? ¿Cuánto llevaría ese proceso? La legitimidad de las reformas económicas que tan urgentemente se necesitan para evitar una explosión de descontento popular requiere reformas políticas y el desarrollo de un sistema legal que no se puede montar en pocos meses. Aunque se oyen frecuentemente voces que abogan por asambleas constituyentes y elecciones libres en pocos meses después que Castro desaparezca, hay muchas razones para pensar que la población cubana necesita mucho más tiempo para organizarse políticamente después de más de cuatro décadas sin una sociedad civil.

Estas cuestiones son muy importantes en el futuro de Cuba y merecen ser discutidas extensa e intensamente por los cubanos residentes en la isla y por todos aquellos cubanos residentes fuera de Cuba que piensen o deseen jugar un papel en los asuntos futuros del país. Aquí no vamos a proponer una solución específica preferida por el autor. De hecho, creo que antes de pasar a definir posiciones personales en este aspecto de la transición, debiéramos promover un amplio intercambio entre los que abogamos por una democracia y una economía de mercado en Cuba para poder iluminar las decisiones finales de los cubanos. Sin embargo adoptaremos una hipótesis de trabajo adicional para poder proseguir con nuestro análisis concentrándonos en los problemas económicos, sabiendo que la solución final de los mismos depende mucho de las soluciones a los problemas políticos de la transición. Tal hipótesis consiste en suponer que habrá dos gobiernos de transición, uno de facto y provisional que dé los primeros pasos hacia la reconstrucción de la economía y que prepare el terreno para el establecimiento de una democracia y un gobierno que lo suceda elegido por votación libre y universal de la población. Podemos suponer adicionalmente que el primer gobierno durará un máximo de dos años y entregará el poder al gobierno electo cuando corresponda.

Debe aclararse que no obstante lo dicho arriba, la dependencia de lo económico en lo político no es de carácter unidireccional, sino más bien es una interdependencia entre ambos aspectos de la sociedad. Lo económico tiene sus propias leyes y en gran medida restringe o fuerza a lo político a circunscribirse a las mismas. Cuando lo político ignora lo inexorable de los principios económicos, la política pública pierde en eficacia y se queda corta en su capacidad de satisfacer los intereses de los ciudadanos. Por otra parte, lo económico tiende a ser mucho más complejo y técnico que lo político, que muchas veces se concentra en las cuestiones más pedestres de quiénes ostentan el poder, qué coaliciones existen, cómo negociar o combatir con otros, etc. Cuba correrá el riesgo de que sus gobiernos de transición se concentren excesivamente en los aspectos políticos de la transición postcastrista y no presten suficiente atención a las cuestiones económicas o simplemente no sepan manejarlas. Este sería el camino hacia el estancamiento que siguieron países como Ucrania o Bielorrusia que ya hemos señalado y que contrasta con los casos de Vietnam y China que aunque todavía hablan de socialismo le han dado mucha importancia a las reformas económicas. Por supuesto, la recomendación y la esperanza en este libro es que Cuba siga un camino más parecido al de los checos, polacos, húngaros, eslovenios o los países bálticos pero con su estilo y pensamiento propios.

Eficacia, eficiencia y organización del gobierno [40]

Lo perfecto es el enemigo de lo bueno, dice el refrán. Sabemos que la reconstrucción será un proceso lleno de toda suerte de obstáculos y dificultades, una empresa inmensa que pondrá a prueba las capacidades de la sociedad cubana en su conjunto. La transición hacia el mercado será una prueba de la capacidad organizativa del país o, si se quiere, una oportunidad para desarrollar esa capacidad. Cuando estudiamos la reconstrucción de Alemania después de la Segunda Guerra Mundial comprendemos lo que significa la capacidad organizativa de un país. Es interesante observar que la reconstrucción de Alemania marchó significativamente mejor en la zona occidental ocupada inicialmente por Estados Unidos, Gran Bretaña y Francia y que posteriormente se convirtió en la República Federal Ale-

---

40 Eficacia es la capacidad de un sistema u organización de lograr los objetivos para los que fue creado. La eficiencia de ese sistema es su capacidad de lograr esos objetivos con un mínimo de recursos o de tiempo.

mana, que en la zona oriental ocupada por la Unión Soviética y que se convirtió en la República Democrática Alemana. La diferencia entre ambas zonas convertidas en países hasta su reunificación se debía en parte a sus diferencias en disponibilidad de recursos para la reconstrucción.

Esta diferencia se debió primeramente a la infusión masiva de recursos del Plan Marshall a la parte occidental y a la organización de su economía cercana a una de mercado. Alemania oriental sin embargo no contaba con los volúmenes de recursos similares en parte porque los soviéticos los necesitaban para su propia reconstrucción, pero también porque la economía socialista nunca alcanzó los niveles de producción y de productividad de las occidentales. Pero posiblemente más importante que los volúmenes de recursos disponibles a cada lado fue la disponibilidad de libertades ciudadanas para la reconstrucción, ya que el lado occidental, incluso bajo la ocupación, gozaba de más libertades que el sector oriental

Todo esto sirve para establecer la importancia de la capacidad organizativa de un pueblo en sus diversos aspectos, niveles o regiones. Se necesita organización para lograr eficacia, o sea, la capacidad de alcanzar los objetivos que se persiguen. También se necesita organización para que en el proceso para lograr los objetivos deseados no se obtengan resultados indeseables. Por otro lado, se necesita organización para alcanzar los objetivos con un mínimo de recursos, al menor costo posible. Cualquier esfuerzo es costoso, nada se hace gratis. Puede haber una capacidad organizativa que sea eficaz pero no eficiente y que logra sus objetivos pero a un costo muy alto. Por otro lado, no tiene sentido ser eficiente si no se es eficaz. Nadie quiere producir a bajo costo lo que no se desea. De hecho esto sería un desperdicio neto de recursos y por lo tanto la máxima expresión de la ineficiencia.

En Cuba bajo el socialismo, la capacidad organizativa ha estado concentrada en el gobierno que ha sido muy ineficiente en el manejo de sus recursos porque nunca se establecieron los incentivos adecuados. La única excepción parece haber estado en las fuerzas armadas y el aparato de seguridad. Todo indica que estos sistemas se organizaron y lograron un cierto nivel de eficacia especialmente el de seguridad logrando su objetivo principal, la supresión de las libertades ciudadanas. De su eficiencia no sabemos nada, pues no hay datos con qué podamos medirla. Ha sido ostensible, por otro lado, cómo la falta de organización de la actividad económica en Cuba ha sido prácticamente una de las características distintivas del régimen, acaso derivada de su dependencia inicial de los subsidios soviéticos (como si los mismos fueran a durar eternamente) y de una agenda donde lo político internacional primó siempre sobre lo económico doméstico.

El gobierno socialista nunca se organizó para lograr eficacia ni eficiencia en su economía, ni permitió las libertades necesarias para que otros se organizaran. En este contexto, la masa ciudadana cubana quedó al margen del proceso mismo, como un conjunto de seguidores del régimen, recibidora de órdenes y directivas pero sin iniciativa para organizar empresas de ningún tipo que no fuera una decisión del gobierno. La importancia de la organización de la economía quedó dramáticamente ilustrada cuando con la desaparición del bloque socialista y de la Unión Soviética Cuba tuvo que crear una base económica mínima sobre el turismo y se encontró que no tenía la capacidad de organizar ni manejar los hoteles ni las otras empresas que constituyen esta industria. De este modo, el gobierno se vio forzado a importar la capacidad organizativa que había perdido por medio de algunos operadores, empresarios e inversionistas extranjeros, mientras improvisaba urgentemente programas de capacitación para las especialidades que se necesitaban.

Que muchos cubanos hayan quedado al margen de esos procesos no quiere decir que la capacidad organizativa de la población cubana sea nula, pero es lógico esperar que esté muy reducida. Incluso entre los miembros del gobierno, aun cuando los mismos hayan tenido algunos grados de libertad para organizar actividades o empresas e implementar otras iniciativas, no es de esperar que su capacidad organizativa alcance un nivel sobresaliente. De todos modos, en el momento en que comience una transición y se puedan dar los primeros pasos hacia la reconstrucción del país, existirá una capacidad organizativa dada y cualquiera que sea, será la única con que el país pueda contar, por lo menos al inicio, para emprender el esfuerzo. Los cubanos decidirán si deben o no importar capacidades organizativas para la reconstrucción usando los recursos disponibles en entidades externas o contratando firmas especializadas en estos campos. De cualquier manera, se necesita una capacidad organizativa mínima incluso para importar otras capacidades. Es necesario tener en cuenta que civilización y desarrollo son en realidad formas avanzadas de organización y la velocidad con que se reconstruya la economía cubana depende directamente de la capacidad organizativa del país.

La eficiencia del gobierno de transición en la reconstrucción de la economía cubana dependerá entonces de su capacidad organizativa la cual tendrá que desarrollarse a medida que el proceso avance. Es importante que esto se valore adecuadamente no sólo por los miembros del gobierno de transición desde los niveles más altos hasta los más bajos, sino también por la ciudadanía en general. La organización comienza a ponerse a prueba desde el primer momento de la transición y mediante lo que debe ser el primer paso en la reconstrucción del país, esto es, la formulación de un plan de reconstrucción.

El plan de reconstrucción será la primera evidencia sólida de la existencia de una capacidad organizativa del gobierno de transición. Es más, ese plan dará una medida de un aspecto de la capacidad organizativa y un primer indicio de los niveles de eficacia y eficiencia con que cuenta el gobierno para acometer la reconstrucción.

Es relativamente fácil identificar los objetivos del proceso y planificar sus etapas de implementación, movilizar los recursos necesarios y nombrar a las personas a cargo de las diversas tareas. Lo difícil está en la ejecución misma del plan porque es cuando aparecen los elementos que no fueron considerados al planificar, cuando los enemigos de la reforma se muestran en toda su fortaleza y cuando surgen otros imprevistos.

Sin embargo, a pesar de esto, es indispensable tener un plan detallado y bien formulado para organizar el trabajo de reconstrucción económica de Cuba aun cuando sepamos que dicho plan tendrá que ajustarse a las realidades en el camino de su ejecución. El plan es una guía, una ayuda en la organización de los recursos y en la ejecución de las innumerables tareas a seguir. Es también una medida del grado de compromiso que el gobierno tenga sobre la reconstrucción del país. Sin un plan bien formulado no será fácil que los gobiernos de transición convenzan a inversionistas externos (incluyendo a cubanos exilados que deseen estudiar las posibilidades de invertir en Cuba) o a organismos internacionales de adoptar medidas en apoyo a la reconstrucción.

El determinante de la capacidad organizativa

Por encima de las teorías sobre el desarrollo organizativo y todas las disciplinas que tratan de organización se impone el hecho de que el factor humano es el ingrediente principal de la capacidad organizativa de un gobierno, o de cualquier otro conglomerado. El comportamiento organizado de individuos de una misma especie es algo que se observa con frecuencia en el reino animal. Así vemos el clásico ejemplo de las colonias de hormigas y abejas, las manadas de leones, elefantes y lobos, los cardúmenes de peces, etc. Sus diversas formas de organización son esenciales para la supervivencia de los individuos y de la especie y las formas en que se organizan parece estar programada genéticamente por la naturaleza. La capacidad organizativa de las diversas especies que muestran este fenómeno logran que sus respectivos individuos operen con ciertos niveles de eficacia y de eficiencia bajo condiciones normales.

En el ser humano, acaso como resultado de una capacidad superior de raciocinio, no parece existir una tendencia genéticamente programada para la organización más allá de la familia nuclear. Sin embargo, el estudio de los conglomerados humanos a través de la historia, desde los tiempos más remotos, muestra formas de organización diversas en busca de distintos objetivos y de niveles mínimos de eficacia y eficiencia para lograrlos. Así vemos desde las organizaciones tribales que buscan en su cohesión y coordinación de actividades tanto su capacidad de enfrentar amenazas externas como una capacidad productiva, hasta imperios enteros organizados para aumentar su poder sobre otros y una gran acumulación de riqueza.

En todos estos casos, el factor principal en la organización es el ser humano, su deseo y voluntad de organizarse para perseguir sus fines, y su capacidad de hacerlo eficazmente mediante la aplicación de algún método explícitamente dirigido a lograr la organización. El éxito mismo de la revolución cubana fue debido al triunfo de una forma de organización sobre la organización de sus oponentes. Esta lección debe ser claramente comprendida por todos aquellos cubanos que estén seriamente comprometidos con construir una república capaz de evitar que el totalitarismo vuelva a repetirse. Aquí estamos examinando fríamente la importancia y algunas características de los procesos organizativos, los cuales incluyen diversas categorías en cada caso. De este modo, en el desarrollo y consolidación del socialismo en Cuba, el poder organizativo de Fidel Castro y de sus seguidores más cercanos fue crítico y no existieron compromisos éticos de casi ninguna clase para lograr los objetivos del tipo de organización que se buscaba. No obstante, esta lección es también válida para la reconstrucción de Cuba, la cual tendrá obstáculos y enemigos y que sólo triunfará si es organizada mejor de lo que se organicen sus oponentes.

Pero ¿qué quiere decir organización en este caso? Cuando se trata de acciones colectivas, o sea, entre grupos de personas, se dice que hay organización cuando el grupo es capaz de trabajar conjunta y coordinadamente en el logro de sus objetivos. Para esto se requieren entre otros los siguientes elementos:

- Un plan de trabajo con objetivos específicos suficientemente detallados;
- Un cronograma indicando cuándo se debe lograr cada objetivo y los resultados intermedios;
- La designación de las personas responsables por cada objetivo y resultado intermedio y
- Un método flexible de reclutamiento, promoción, democión y remoción de personas según cumplan sus tareas en el plan.

En la organización de un gobierno de transición para reconstruir la economía cubana el factor humano continuará siendo crucial pero supuestamente el esfuerzo organizativo deberá llevarse a cabo bajo premisas o valores éticos diferentes en función de que se supone que se busque una economía de mercado que funcione dentro de un contexto democrático. Estos dos objetivos de la reconstrucción ya implican un compromiso ético que el gobierno a cargo debe cumplir. Por ejemplo, el proceso debe ser transparente, no dedicado al engaño de la ciudadanía, a prometer cosas que se sabe no se pueden cumplir o perseguir a los que se opongan al proceso. En este punto hay que insistir que si el proceso de organización de un gobierno de transición depende de maniobras engañosas y de otras actividades inconfesables, la reconstrucción misma se verá comprometida y los objetivos buscados en términos de los intereses de la ciudadanía serán más difíciles de alcanzar. Esto no quiere decir que algunos aspectos de los planes de reforma no puedan mantenerse con un cierto grado de discreción, especialmente cuando se está en etapas de definición o negociación de acciones. El exceso de información cuando se está en medio de estos procesos definitorios puede interrumpir y hasta detener los trabajos correspondientes.

La historia de los países latinoamericanos, incluyendo a Cuba, está plagada de gobiernos que en demasiados casos oscilan entre la incompetencia y la corrupción. En estos países, frecuentemente caracterizados por economías débiles y de oportunidades restringidas para que sus ciudadanos prosperen, el gobierno tiende a verse como un medio para lucrar aun a costa del interés nacional, lo que crea una cultura ampliamente aceptada de depredación. Un aspecto sintomático de esta situación es la falta de un verdadero sentido de propósito de gobierno, de planes adecuados, de personal idóneo y en general de organización. Pero a la larga, la ciudadanía se percata de estas faltas y acaba generando la expectativa que al gobierno se va a lucrar y que el cumplimiento de las funciones públicas existe sólo en teoría pero que en realidad es una cortina detrás de la cual se esconde la verdadera actividad oficial. Esta triste realidad, sobre la cual se ha escrito y hablado mucho, pero que todavía sigue siendo la patología predominante de muchos países, se debe principalmente a la clase de personas que acaban ocupando los puestos del servicio público de esos países. La calidad promedio del servidor público latinoamericano, en comparación con la de países más desarrollados, es deplorablemente baja.[41]

Una condición *sine qua non* para que la transición alcance un cierto grado de éxito es que esté manejada por personal de alta calidad. Pero ¿qué significa personal de calidad? ¿Cuáles son los factores que inciden o determinan la calidad del personal? Aquí debemos distinguir cuatro dimensiones de la calidad, a saber: capacidad cognoscitiva, valoración ética, motivación al logro y energía. La capacidad cognoscitiva la definiremos como la combinación de conocimientos, experiencia, inteligencia, creatividad y buen juicio. Sin embargo, no basta tener individuos muy capaces intelectualmente si no son lo suficientemente sensibles a las necesidades éticas de la transición, o son simplemente unos oportunistas con

---

41 En la Cuba republicana anterior a la revolución era parte del folklore nacional decir que el que estaba en el gobierno y no robaba era un tonto y también se oía con frecuencia a muchos decir que si llegaban a ocupar un puesto en el gobierno se «robarían hasta los clavos». La corrupción parece haber estado con la república desde su fundación y muchos opinan que cobró más fuerza durante el gobierno de Batista, siendo una de las excusas que utilizó el gobierno revolucionario para destruir la república fundada en 1902. En justicia sin embargo, había muchos servidores públicos cubanos ejemplares en su honestidad y su capacidad de resistir las presiones que les ponía el segmento más cínico de la sociedad. En cualquier caso, la corrupción existe en todas partes aunque en muy diversos grados y lo que hay que hacer es luchar para disminuirla, no usarla de pretexto para destruir lo construido, como hizo Fidel Castro desde 1959.

objetivos contrarios a aquéllos para los que se contrató. La transición abrirá muchas oportunidades para hacer favores, para venderse a intereses que necesitan que el gobierno tome ciertas medidas aun cuando sean contrarias al interés público. Pero personal honesto y capaz no es suficiente si no está motivado a lograr los objetivos para los que fue contratado. La transición, sabemos, será una empresa que consiste de innumerables tareas interconectadas, cargada de desafíos, que requerirá paciencia y perseverancia, de personas optimistas y que puedan aplicar sus talentos sin necesidad de una supervisión permanente sobre sus hombros. Y estos tres atributos necesitan del motor que da la energía para llegar hasta la meta final, la capacidad física y mental, la de los cuerpos en buena forma para ejercer las largas y cansativas tareas que exige la transición.

Es obvio que todos estos atributos no estarán presentes en todos los que estén empleados en la tarea de la reconstrucción, pero el gobierno deberá contratar personal con estos atributos en mente. Es importante que exista una guía práctica para los que contraten personal para las diversas agencias de gobierno. Al mismo tiempo deberá servir para los sistemas de evaluación de personal y de acciones correlativas a la administración de personal que además de las contrataciones o reclutamiento, incluye también promociones, despidos, traslados, aumentos de salarios, bonos por comportamiento extraordinario o por resultados, etc. Todo esto contrasta marcadamente con el estilo de contratación (si se le puede llamar de esta manera) del personal con la revolución en que ha primado la lealtad política del trabajador sobre sus otros atributos, especialmente en posiciones ejecutivas o de supervisión.

Parte del personal que trabaje en las reformas deberá estar asignado inicialmente a las tareas de formular el plan de transición y preparar las condiciones para su ejecución inmediata. Sería un error dedicar todo el talento disponible a la transición. El gobierno, como ya se ha dicho, tiene que organizarse para dos grandes grupos de tareas, las reformas y el manejo de lo que se hereda y que tendrá que continuar operando mientras tanto, se reforme o no oportunamente. Ese manejo también requiere personal de calidad.

Los procesos de reforma pueden ser de tal envergadura que pueden muy bien convertirse en los esfuerzos organizativos de mayor magnitud que cualquier país haya acometido. Sin embargo, las reformas en sí mismas consisten en cambios organizativos, institucionales, de comportamiento y de mentalidad, procesos que son intangibles, no fáciles de observar, mucho menos de medir, mientras están ocurriendo. Esta intangibilidad de las reformas introduce varios elementos que contribuyen a que el proceso sea difícil. Una de las más críticas es que los propios hacedores de las reformas subestiman frecuentemente la envergadura de las mismas y aun cuando están decididos a llevarlas a cabo, su falta de visión hace que omitan componentes críticos en el diseño y en la ejecución de las mismas. En muchas ocasiones se conciben las reformas como declaraciones de política o intenciones de cambio bajo la falsa creencia de que las transformaciones pueden lograrse por decreto. Las reformas requieren cambios concretos en infinidad de frentes, cambios que requieren derogar viejas leyes, promulgar otras nuevas, redefinir instituciones, reestructurar organizaciones, etc. La misma amplitud geográfica o física de las reformas impide que muchos las vean en todas sus dimensiones y magnitudes.

Un segundo grupo de problemas, estrechamente ligado con el anterior, surge cuando la intangibilidad se traduce en falta de indicadores que permitan evaluar la marcha de las reformas, incluso determinar si las reformas están marchando o no. A pesar de que los programas de reforma se pueden definir en detalle y con un alto grado de precisión, la identificación de indicadores de progreso y su monitorización sería una gran ayuda para el manejo de la transición. Esto es así, especialmente para evaluar si se están logrando en la forma planeada, o si hay que introducir cambios o ajustes según el proceso marcha y se descubren condiciones que no fueron previstas en las fases anteriores.

Los procesos de reforma generalmente requieren cambios de personal de diversas clases. Uno es la liberación de personal redundante o incompetente, que en unos casos tiene que ser trasladado a otros organismos o departamentos y en otros tiene que ser despedido. Otras veces, el personal tiene que modificar sus misiones y funciones aun cuando permanezca en sus puestos habituales de trabajo o se queden en los mismos organismos. Todo cambio genera incertidumbre en el personal y por ende oposición. Nadie sabe si el cambio lo va a perjudicar o beneficiar, si va a tener mejor o peor supervisión, mejor o peores condiciones de trabajo, mayores o menores responsabilidades o si incluso tendrá que trabajar más duro.

En este contexto es importante mencionar que los procesos de reforma que se hacen de buena fe no incluyen reemplazos de personal basado en consideraciones ideológicas o políticas. En las organizaciones del estado, lo ideal es que el servidor público sea contratado y promovido exclusivamente en base a sus méritos profesionales. La única excepción que legítimamente puede hacerse es para puestos de alto nivel gerencial que supuestamente responden al ideario político de los gobernantes cuando los mismos son electos en un proceso democrático. Si por otra parte se va a utilizar un cambio de gobierno, como es costumbre en muchos países de América Latina, para cambiar personal de bajo nivel, incluso maestros, por cuestiones de partidismo político, las reformas pierden credibilidad.

Un gobierno de transición en Cuba va a estar presionado para despedir a los funcionarios que se identificaron con el gobierno de Fidel Castro y reemplazarlos con opositores. Aunque tal práctica pudiera justificarse para ciertos cargos, por ejemplo, los fiscales, policía o carceleros, incluso otros funcionarios, que fueron instrumentos en el abuso y la violación de los derechos humanos, es importante que no se generalice por varias razones. La primera es que las reformas perderían legitimidad si se ven como un instrumento de venganza. La segunda es que esa práctica establecería un precedente a ser imitado por cada cambio de administración gubernamental, lo cual sería un regreso a una de las partes más indeseables del pasado cubano antes de la revolución.

Un buen manejo o *management* de las reformas requiere que las mismas sean explicadas a cuatro clases de audiencias con los contenidos adecuados en cada caso. Las explicaciones deben hacerse escalonadamente comenzando por las instancias más altas del gobierno, donde se presentarían los planes de reforma para discutirlos y darles una formulación cercana a lo definitivo. El segundo grupo son los funcionarios o consultores que llevarían a cabo las reformas como líderes o directores en los diversos frentes de la misma. Este grupo es el que debe tener el grado más elevado de comprensión de las reformas en sus respectivas áreas de trabajo y conocimiento detallado de los cambios a llevar a cabo. El tercer grupo son los funcionarios cuyas posiciones y trabajos serán afectados más o menos profundamente por los cambios que se introduzcan. Es importante que las explicaciones sean precisas, tanto de los costos como de los beneficios de las reformas, para ellos y para el país en su conjunto, aunque puede que sea necesario divulgar esta información a plazos. Finalmente, el cuarto grupo a ser informado sobre las reformas es el público en general, al cual se le puede explicar el alcance y los métodos de las reformas al comienzo del proceso además de mantener una comunicación continua por los medios de divulgación sobre la marcha del proceso y sus logros.

Uno de los desafíos en materia de manejo de las reformas es la necesidad de llevarlas a cabo al mismo tiempo que se manejan las organizaciones afectadas para que continúen sus operaciones corrientes. Son dos los grupos de *management* que con frecuencia coincidirán en muchas organizaciones, el equipo a cargo de las reformas y el equipo a cargo de las operaciones tradicionales. En la mayor parte de los casos será imposible que un mismo equipo pueda manejar un organismo y reformarlo. Para tratar de visualizar estos problemas veamos un ejemplo concreto.

El sistema judicial cubano, como vimos en un capítulo anterior, requiere reformas profundas que comienzan con la separación de los otros poderes del estado y llegan hasta la forma en que se procesarán los diversos casos que requieren administración de justicia. Todo el proceso requiere nuevas leyes, más recursos, nuevos jueces, fiscales y abogados defensores, salas para los juzgados, archivos, etc. El proceso de reforma llevará varios años sin duda alguna pues la formación de nuevo personal y la acumulación de experiencia no se logra a corto plazo. Sin embargo, la administración de justicia de los casos que vayan surgiendo no pueden esperar hasta que haya un nuevo sistema, sino que hay que enfrentarla con los recursos existentes aun cuando los mismos se amplíen temporalmente si fuera necesario. Puede verse que las personas que estén a cargo de la administración de justicia día a día no pueden ser las mismas que estén a cargo de las reformas. Esto no excluye, por supuesto, que exista un alto grado de colaboración entre ambos grupos. De hecho la habrá aunque no se planee, como también habrá inevitablemente choques y conflictos.

El manejo de un buen plan de reforma guarda muchas similitudes con un plan militar de invasión de un territorio. El proceso mismo de reformas, tanto en una organización dada, como en un conjunto de ellas, es un proceso invasivo, gradual aunque sea rápido. Las reformas no se consiguen instantáneamente como a veces se piensa, ya lo hemos tratado aquí, pero es mejor que se lleven a cabo con una cierta velocidad. Un proceso vacilante y lento, al igual que una campaña militar, puede fracasar por la sencilla razón de que casi todo programa de reformas tiene muchos enemigos y obstáculos que hay que vencer con estrategias y tácticas apropiadas.

Aunque el proceso de reformas es más complejo que una invasión militar, porque la primera es constructiva mientras la segunda es destructiva, sus similitudes se mantienen en varias fases o aspectos esenciales. Primero, ambos requieren de una buena planificación. La improvisación completa puede ser la fórmula para el fracaso, y sin embargo, como no es posible prever todas las contingencias posibles que pueden surgir en el proceso, es preciso estar preparados para improvisar en el terreno aunque sea dentro del plan general. En este sentido, es muy importante, posiblemente crítico, que estén claramente definidos los objetivos finales a ser logrados con las reformas.

En segundo lugar, es necesario capacitar al personal a cargo de los diversos aspectos de las reformas del mismo modo que se entrenan los soldados para una operación militar. Como parte de este requisito, se seleccionan cuidadosamente los líderes o jefes de las reformas en sus diversos niveles y se preparan como elementos de dirección. Aunque es difícil encontrar muchos líderes idóneos, los que estén a cargo de dirigir otras personas deben ser seleccionados de acuerdo a sus capacidades y no de acuerdo a sus lealtades. La selección del personal directivo o de línea para ensamblar los equipos a cargo de las distintas reformas no es un proceso para generar empleo, si no para cambiar las estructuras del país de una manera eficiente y eficaz. Es además necesario que el personal directivo esté preparado para rendir cuentas sobre la marcha de sus esfuerzos. La reforma de la economía cubana en su conjunto debe ser dirigida por una especie de mando con control y monitorización centralizadas pero con ejecución descentralizada que responda al mando central. En esta especie de estado mayor conjunto se podrá seguir el ritmo de los cambios, evaluar la necesidad de cambiar de dirección cuando se justifique e informar sobre la marcha del proceso y sus logros.

Creo que se puede indicar en este punto que, aunque las reformas deben ser parte de un proceso transparente de administración pública, no debe confundirse con un ejercicio de práctica democrática. Aunque puede ser conveniente que las reformas se definan con alguna medida de participación ciudadana, esta última no debe exagerarse para no demorar o complicar el proceso innecesariamente. Viene a la mente la experiencia en consultas populares de la República Dominicana bajo la primera administración del Presidente Leonel Fernández que prometió reformas profundas del estado que tuvieron un proceso tan prolongado de consultas que nunca se llevaron a cabo. Lo mismo sucedió en Honduras para la reforma de la educación durante el gobierno del Presidente Jorge Flores y el fracaso del Foro Nacional de Convergencia que a pesar de todos los esfuerzos y las asambleas no consiguió cambiar la paupérrima situación educativa del país. Este tipo de consulta popular acaba con un pliego de demandas y deseos de todo tipo con muy poco valor práctico.

Por último, conviene señalar que el proceso reformista de la transición debe ser concebido y ejecutado de acuerdo con los recursos y las posibilidades del país. Las reformas no deben intentar montar una nueva economía utópica en un plazo demasiado corto aunque cumpla con todos los requisitos teóricos de una de mercado. Vale la pena recordar que lo perfecto es el enemigo de lo bueno. Cuando Cuba pueda comenzar con un proceso serio de reformas, no tendrá todos los recursos humanos y materiales para llevar a cabo lo que pudiera ser la reforma ideal en un plazo predeterminado. Volviendo al ejemplo de la administración de justicia que vimos arriba, las necesidades pueden ser tantas que no todos los aspectos de la reforma del sector judicial pueden cubrirse si no hay suficientes recursos financieros al principio del proceso, precisamente cuando no se haya logrado todavía la recuperación plena de la economía cubana y el estado no alcance a recaudar todos los fondos que se necesitan. En este sentido, las reformas tendrán que prolongarse y marchar *pari passu* con el mejoramiento paulatino de la base fiscal del país.

Capítulo V
EL PAPEL DE LAS EMPRESAS

L a empresa es una organización cuyo objetivo cardinal es producir uno o varios bienes o servicios que un cierto número de individuos o empresas necesitan o desean. El conjunto de empresas de todo tipo y tamaño y las relaciones entre ellas y con los miembros de la sociedad es lo que constituye el aparato productivo de una sociedad y, por lo tanto, el núcleo de su economía. Las empresas, operando con las personas que laboran en ellas, incluyendo todo el espectro de destrezas productivas, desde operarios hasta gerentes, son los elementos vitales del sistema que genera la riqueza de un país. No hay nada abstracto ni ideológico en este simple hecho. La transición de Cuba al mercado, por lo tanto, depende esencialmente de la reconstrucción de sus empresas y del desarrollo de su red de relaciones con el resto de la sociedad y con el exterior.

Los gobiernos pueden ejercer un papel muy positivo o muy negativo en la economía de un país, dependiendo de cómo se manejen y de las políticas que adopten para crear condiciones favorables o desfavorables que repercutan en la capacidad productiva de las empresas y en sus posibilidades de intercambio o comercio. Esto no quiere decir que el papel del gobierno sea crear privilegios para algunas empresas. Precisamente, en una economía de mercado, la competencia entre las empresas es un instrumento indispensable en la construcción de un sistema económico vigoroso. El papel del gobierno es crear las condiciones para que las empresas puedan prosperar en base a un sistema competitivo que estimule la eficiencia y la innovación y no la protección artificial o el monopolio a ciertos grupos empresariales.

El objetivo de este capítulo es explicar el papel de las empresas en el desarrollo de una economía y la relación de las mismas con el gobierno. En muchos países existe la noción de que la economía y su desenvolvimiento dependen enteramente del gobierno. En Cuba después de tantos años de un centralismo absoluto, puede quedar la noción de que el futuro de la economía depende también del gobierno. Sin duda que el gobierno tiene un papel crítico que jugar pero la capacidad productiva yace siempre en las empresas, aun cuando sean estatales. En este libro, como ya fue explicado, se ha adoptado el modelo que prefiere la propiedad privada de las empresas, mientras que el papel del gobierno se concentra en crear las condiciones necesarias para que las empresas operen eficientemente. Esto no es un dogma basado en una preferencia ideológica. La evidencia existente hasta hoy indica de manera abrumadora que las empresas privadas son generalmente mucho más eficientes que las empresas estatales. Por eso abogamos por una forma de división social del trabajo en que el sector privado sea el productor y el sector estatal se especialice en asegurar que la sociedad goza de los bienes públicos que requiere para su desarrollo.

Las empresas que operen en Cuba son las únicas que podrán desarrollar la economía cubana y serán los instrumentos principales del mejoramiento gradual pero sistemático del nivel de vida de la población en general. Esta proposición es válida para empresas de cualquier tamaño y sector de actividad, de propietarios nacionales, o extranjeros siempre y cuando todas funcionen en un ámbito competitivo, interno y externo, no protegido ni monopolista y sin privilegios especiales de tipo fiscal o de otra índole.

Una de las primeras lecciones a aprender sobre el papel de las empresas en relación al estado o gobierno es que ellas están especialmente aptas para definir las líneas de producción en que el país debe invertir, ayudadas por la libertad de gestión y contratación, los derechos de propiedad, el sistema de precios y por las posibilidades de realizar una ganancia. Téngase en cuenta que la ganancia de las empresas mide la necesidad que la sociedad tiene de sus productos conjuntamente con la eficiencia productiva de las empresas. La ganancia es perfectamente legítima siempre y cuando se obtenga en condiciones de competencia con otras empresas (nacionales o extranjeras) que produzcan lo mismo, de manera que los compradores o consumidores tengan diversas opciones y no estén cautivos de un solo productor o monopolio. La ganancia también puede provenir de una innovación por parte de la empresa que puede ocurrir en la aparición de un nuevo producto o en el desarrollo de una nueva técnica productiva, administrativa o de mercadeo. El desarrollo de un nuevo producto, en el cual la empresa puede haber invertido mucho tiempo y recursos genera una condición temporal de monopolio que hace que la empresa tenga ganancias extraordinarias por algún tiempo.

Parte del sistema que estimula la innovación son las leyes que garantizan los derechos de propiedad intelectual (conocidas como patentes en muchos países) que protegen la inversión en el desarrollo tecnológico y que pueden tener un cierto límite de tiempo antes de ser replicadas por otras empresas. Desde los tiempos de la Revolución Industrial en Inglaterra hasta nuestros días, la historia de los países más desarrollados está llena de ejemplos de innovaciones productivas. Así van desde la máquina de vapor, a la generación de electricidad, al bombillo incandescente, al aeroplano, la radio y la televisión, los medicamentos y tratamientos médicos, el uso de la energía atómica, al computador y la biotecnología, para citar unos pocos. Sin embargo, las innovaciones o inventos rara vez llegan a desarrollarse por sí solos hasta alcanzar su incorporación a la fase productiva y generar las ganancias de las empresas. El desarrollo científico y técnico en todas sus fases (investigación básica, investigación aplicada y desarrollo o fomento) requiere inversiones que tienen un alto riesgo, o sea, una alta probabilidad de fracaso y de pérdida irrecuperable de los fondos invertidos, por lo que se espera que de tener éxito tengan la oportunidad de producir ganancias extraordinarias a los inversionistas. La televisión, por ejemplo, fue inicialmente desarrollada por la Westinghouse pero ellos no tuvieron la visión o los fondos para continuar perfeccionándola hasta que fuera comercialmente viable. La RCA, sin embargo, vio la oportunidad y decidió correr el riesgo invirtiendo decenas de millones de dólares, ¡en medio de la Gran Depresión de los años treinta!

No se puede exagerar la importancia del desarrollo técnico como factor del desarrollo económico y del alza sistemática del nivel de vida en los países correspondientes. Existen corrientes ideológicas o simples prejuicios políticos que tratan de explicar el desarrollo de las grandes economías del mundo aplicando teorías que carecen de toda base científica o evidencia empírica. Es importante tener en cuenta que las innumerables investigaciones científicas de las causas del desarrollo de los países más ricos establecen sin lugar a dudas que el desarrollo tecnológico ha sido un factor esencial en la creación de esa riqueza, como está resumido teórica y empíricamente por Barro y Sala-i-Martin (1995). Pero ese desarrollo lo llevan a cabo las empresas, aun cuando cuenten con fuerte apoyo de los gobiernos respectivos. Esto se hace evidente especialmente cuando se garantizan los derechos de propiedad y la administración de justicia, cuando se cumplen las leyes y se financia una buena proporción de las investigaciones más atrevidas y de muy largo período de gestación antes de que rindan alguna ganancia. Ejemplo de esto último es la colección de programas de exploración espacial que muchos países financian.

Los diversos tipos de empresa

Cuando se compara una empresa socialista tradicional, característica de las economías centralmente planificadas, con una empresa típica de una economía de mercado, se notan marcadas diferencias. La socialista es mucho más sencilla pues se asemeja más a un taller o a una entidad que produce lo que le ordenan desde afuera, mientras que la de mercado es una empresa que opera con más grados de libertad. La empresa socialista se concentra en producir lo que le mandan, en el caso de Cuba antes del colapso de la planificación, por la Junta Central de Planificación, pero hoy en día por otras autoridades centralizadas. Este tipo de empresa apenas decide lo que va a producir ni en qué cantidades ni a qué precios. Carece de un sistema moderno de gerencia financiera, su capacidad de mercadeo es posiblemente nula y no sabe contratar recursos físicos o humanos en los mercados doméstico o internacional.

Esto hay que apuntarlo porque muchos, sino casi todos, los que estén a cargo de una transición hacia una economía de mercado puede que tengan nociones arcaicas de lo que es una empresa. La empresa tradicional de una economía de mercado primeramente trabaja bajo garantías contractuales mucho más desarrolladas y complejas que las que han sido típicas en muchos países. (Cuba, dicho sea de paso, tenía un sistema legal en este aspecto que podía considerarse muy avanzado hasta 1959). Por otro lado, las empresas que gozan de plena libertad de gestión se desarrollan para ser eficientes, competitivas y rentables. Si el gobierno a cargo de la transición tratara de intervenir en esas empresas, lo único que lograría sería reducir su eficiencia, lo que acabaría afectando su rentabilidad y finalmente desestimularía las inversiones necesarias. El desarrollo empresarial que el país necesita para su recuperación se estancaría.

Para contribuir a que se gane una visión más realista de las empresas que Cuba necesita en el futuro y propiciar que las formas de gobierno que se desarrollen sean compatibles con el desarrollo libre de las empresas, pasaremos a estudiar lo que pudiéramos llamar una especie de geografía abstracta de las empresas. De esta manera, cuando los funcionarios de un gobierno de transición estén construyendo los elementos de una economía de mercado tendrán una mayor comprensión de cómo sus decisiones pueden afectar positiva o negativamente el desarrollo de las empresas y, por ende, la recuperación de la economía cubana.

Examinemos primero una visión de los infinitos formatos que las empresas pueden adoptar, mediante una clasificación de tipo ilustrativo, con fines exclusivamente didácticos no operativos o administrativos de ninguna índole. Las empresas pueden ser de muchas clases, de acuerdo con diversos criterios. Veamos el siguiente cuadro sinóptico:

Por su tamaño
- Microempresas
- Pequeñas
- Medianas
- Grandes
- Conglomerados

Por su régimen de propiedad
- De proprietario único
- Corporaciones
- Sociedades
- Cooperativas
- Públicas
- Mixtas

Por su naturaleza
- De producción
- De servicios
- Comerciales
- Financieras

Por su concentración
- Competitivas
- De competencia monopolística
- Oligopolios
- Monopolios

Por sus objetivos
- Lucrativas
- No lucrativas
- Otras

Por su origen
- Nacionales
- Extranjeras

En las secciones siguientes estudiaremos los diversos tipos de empresas que pueden surgir en una economía de mercado y algunas de sus características esenciales. Debe notarse que la diversidad de formas empresariales es un resultado de las libertades que existen para los ciudadanos de estas economías, pero no son libertades irrestrictas, sino sujetas al marco legal específico de cada país.

Clasificación por su tamaño

En esta categoría las empresas pueden clasificarse de acuerdo a diversos criterios, siendo los más típicos los siguientes: por el volumen de sus ventas, por el valor de sus activos (medios básicos) y por el número de empleados o trabajadores que tienen. Las empresas de menor tamaño, muchas veces operadas por una sola persona que ejerce de dueño, director y trabajador único, tienden a denominarse microempresas. Aunque su valor puede ser pequeño y el volumen de su producción también, su importancia no debe subestimarse pues si bien es cierto que en conjunto no representan un gran volumen de recursos en una economía, por otro lado pueden llegar a representar una buena parte del empleo creado. O sea, estas empresas suelen tener la gran utilidad de servir para crear un puesto de trabajo, el de su dueño, y de esa manera servir de sustento a esa persona y a su familia.

Aunque la microempresa suele ser pobre y trabaja en las márgenes de la economía, hay empresas de este tamaño, medido por el número de personas que emplea, que llegan a alcanzar volúmenes considerables de ventas. Se pueden encontrar empresas a cargo de una persona que puede ser experta en alguna especialidad muy cotizada, como la de evaluación de obras de grandes artistas universales, o de alguna rama de ingeniería o del conocimiento por la que el cliente está dispuesto a pagar grandes sumas de dinero. Otras veces, hay empresas unipersonales que se encargan de transacciones financieras o comerciales también de gran valor y que se manejan desde una oficina pequeña, muchas veces casera, por alguien que posee los contactos y el conocimiento necesarios para su negocio.

Sin embargo, la mayoría de las empresas pequeñas se encuentran en una elevada multiplicidad de actividades como servicio de reparaciones, dispendios comerciales, muchas veces ambulantes, producción y ventas de alimentos, servicios personales como de limpieza, trabajos de construcción, etc. Estas empresas, además de servir como generadoras de empleo del dueño, ofrecen unos servicios útiles a la sociedad, lo cual se puede constatar en Cuba cuando el gobierno permitió el trabajo por cuenta propia para enfrentar la crisis de los noventa.

La empresa pequeña es la que generalmente pasa a tener más de un trabajador y puede comenzar como resultado del crecimiento de la microempresa o simplemente como pequeña desde su mismo comienzo. Estas empresas en conjunto juegan un papel de creciente importancia en la economía de cualquier país, no solamente como generadoras de una buena cantidad de empleo sino también como productoras de bienes y servicios y como contribuyentes al fisco por medio de impuestos (cuando la administración tributaria funciona con un mínimo de eficiencia).

Muchas empresas pequeñas, por la naturaleza misma de su producción, se quedan pequeñas permanentemente, como por ejemplo, restaurantes y cafeterías, barberías y salones de belleza, talleres de mecánica, oficinas de contadores, agencias de publicidad, oficinas de arquitectos o ingenieros, consultas médicas y clínicas, etc. En economías muy dinámicas, donde existe un gran sentido empresarial y ambiciones de progreso, estas empresas pueden crecer en número sin crecer en tamaño y desarrollarse como cadenas o franquicias que se extienden por un amplio territorio, a veces alcanzando dimensiones de verdaderos consorcios.

Las empresas medianas tienden a ser de ese tamaño frecuentemente como resultado de la línea de trabajo que practican, donde la empresa pequeña no es muy eficiente. Por ejemplo, un central azucarero puede que clasifique como mediano, al igual que una destilería, una textilera, o una planta generadora de electricidad de poca capacidad. La empresa incluso puede ser grande y contar con muchas plantas de menor tamaño, como en el ejemplo de las cadenas de algunos negocios que mencionamos anteriormente.

Las empresas mayores, según se clasifiquen, tienden a ser los gigantes de una economía, como son las grandes fábricas de automóviles de las marcas más conocidas, las de productos farmacéuticos que compiten en mercados mundiales, los grandes bancos y empresas financieras, las compañías de transporte aéreo de gran alcance internacional y muchas otras. Es interesante estudiar la historia de muchas de estas empresas y notar cómo la mayoría llegó a tener orígenes muy modestos, pero pudieron desarrollarse cuando los mercados crecieron, el transporte se hizo más barato y la tecnología permitió producir a escalas cada vez mayores, entre otros muchos factores.

Los conglomerados son grupos de empresas que se dedican a varias ramas de la producción, muchas veces disímiles. Por ejemplo un conglomerado puede ser una empresa que tiene varias plantas procesadoras de alimentos, una de maquinaria agrícola, otra de productos químicos y una red de servicios de transporte. Su existencia y concentración en un grupo de accionistas o dueños muchas veces se explica y se justifica económicamente porque el conglomerado usa ciertas facilidades en comunidad, por ejemplo, su gerencia financiera, o el prestigio que representa esa firma por la calidad de lo que hace en cualquier giro, etc.

En términos generales, es bueno que las empresas crezcan libremente sin cortapisas por parte del gobierno, aunque en algunos casos, especialmente para empresas que llegan a convertirse en monopolios, donde la competencia no existe, puede ser necesario que el gobierno intervenga en base a una legislación antitrust o antimonopolio.

Clasificación por su régimen de propiedad

En este grupo las empresas pueden ser de varios tipos, comenzando por la de propietario único o familiar, donde el dueño no tiene que rendirle cuentas a otros propietarios o socios, a menos que sean miembros de la familia, pero ya la relación contractual es distinta. Estas empresas pueden ser de cualquier tamaño y operar en cualquier sector de la economía. Existen muchos casos en que el dueño también trabaja en la empresa y devenga un salario como un empleado más y es probable que sea el presidente o el director de la entidad. En otras empresas el dueño único puede nombrar un administrador o empresario que maneje los asuntos de la empresa aunque, como empleado que es, tendría que reportarle al dueño periódicamente. Dependiendo de los estilos gerenciales y las tradiciones de las empresas, a veces se les da una participación en las ganancias a ciertos gerentes (a veces a todos los empleados, de acuerdo a ciertas fórmulas).

Otro régimen de propiedad es el de la corporación o sociedad anónima en que existen varios accionistas o dueños que hicieron, durante la fundación de la empresa o posteriormente, aportaciones de capital bajo la expectativa de que algún día la empresa les pagaría dividendos provenientes de las ganancias de la misma. En las corporaciones, especialmente en las de mayor tamaño, muchos de los accionistas no trabajan en la empresa. Por otra parte, los accionistas no necesariamente son personas sino instituciones que tienen sus reservas financieras invertidas en varias corporaciones. Los fondos de retiro en muchos países están precisamente constituidos por carteras de acciones de cientos y hasta miles de compañías de todo tipo y de diversos países. Muchos de estos fondos de retiro pertenecen a trabajadores de toda clase y nivel socieconómico imaginable.

Las sociedades suelen ser empresas constituidas por un número dado de socios que aportan principalmente una clientela o una cierta capacidad productiva basada en destrezas individuales y, de manera secundaria, una cierta cantidad de capital. Este tipo de empresa se ve con frecuencia en el sector de servicios profesionales o técnicos como pueden ser de tipo médico, contable, legal, de ingeniería, de publicidad, etc. Estas empresas pueden llegar a crecer y en su evolución asimilar algunos de sus empleados más productivos como socios.

La cooperativa es una empresa donde los trabajadores son los dueños o, más bien, los dueños generalmente trabajan en la empresa, pues puede haber trabajadores que laboren estacionalmente o temporalmente sin llegar a ser propietarios parciales. Las cooperativas suelen verse con frecuencia en ciertos sectores más que en otros, especialmente en el sector agropecuario y en la pesca. El conjunto de actividades, derechos y obligaciones de los miembros va mucho más allá de la esfera de la producción de los bienes o servicios a que se dedique. Por ejemplo, la cooperativa puede estar organizada para proveer o facilitar la vivienda de los miembros, según sus recursos, pueden cooperar en materia de ahorros y préstamos y en otras actividades de la comunidad como la educación y los servicios de salud.

Muchos creen que la cooperativa es una forma ideal de propiedad donde el trabajador es dueño al mismo tiempo y basados en esta noción, suelen tener prejuicios en cuanto al valor social y económico de otras formas de propiedad, especialmente las corporaciones mayores. Es importante que los ciudadanos de una nación que aspira a tener un alto nivel de vida tengan las libertades necesarias y las garantías legales para organizarse como mejor ellos y ellas crean conveniente, sin interferencia del estado ni de una burocracia supuestamente benefactora pero que en general es dictatorial y dedicada a los intereses personales de sus miembros. Toda forma de propiedad de las empresas puede tener ventajas y desventajas, pero eso lo deben decidir las personas directamente involucradas en cada caso. Por ejemplo, puede que una cooperativa bien organizada y productivamente eficiente ofrezca una mayor seguridad de empleo que una corporación muy competitiva que corre mayores riesgos en mercados internacionales y volátiles. La cooperativa, por otro lado, establece un vínculo que tiende a ser de larga duración entre el trabajador y la empresa, crea una cierta inflexibilidad en los mercados de trabajo, haciéndolos menos eficientes y, por ende, frenan de alguna manera el dinamismo de la economía para crecer rápidamente.

Las empresas públicas son de propiedad estatal, aunque en algunas ocasiones se aplica el término a las corporaciones privadas que se hacen «públicas» porque tienen muchos accionistas. Aunque la empresa pública tiende a ser menos eficiente que la privada, no hay por qué excluirla del espectro de posibilidades empresariales de una nación. Como regla general, ya se acepta en muchos países que el número de empresas públicas debe ser reducido a una mínima expresión. Sin embargo, se escucha con frecuencia la falacia de que algunas actividades definidas arbitrariamente como «estratégicas» como por ejemplo, la generación y distribución de electricidad, las telecomunicaciones, el transporte y otras, tienen una gran aceptación incluso en círculos con una fuerte aversión a las formas socialistas de organización de la propiedad. La falacia se demuestra cuando en las economías que gozan de más libertades esas supuestas actividades de índole estratégica están en manos privadas.

De hecho, actividades mucho más sensitivas como las que tienen que ver con la seguridad nacional de las mayores potencias, por ejemplo las empresas que desarrollan y producen equipos militares con tecnologías que se mantienen secretas por largos períodos, tienden a ser privadas aunque sujetas a las regulaciones correspondientes por parte del estado para evitar que caigan en manos de potencias hostiles. En otras ocasiones, la excusa para justificar la propiedad estatal de algunas empresas es su importancia en la generación de ingresos externos mediante exportaciones. Un ejemplo típico es el de la extracción de petróleo que está en manos del estado en países como México y Venezuela pero que en realidad pudiera estar en manos de inversionistas privados.

En general una de las causas primordiales que yace detrás de la promoción de la propiedad pública en contraposición a la privada es que ofrece a los políticos y los burócratas de los gobiernos una fuente de recursos con la que pueden lucrar personalmente. Al fin y al cabo, por muy pública que sea la propiedad la misma tiene que ser manejada por individuos que tienen intereses privados y que generalmente los han de utilizar en desmedro del interés público. Incluso cuando el fin de lucro no es necesariamente la causa principal o única de la existencia de la propiedad pública, como es en el caso de Cuba especialmente al principio de la revolución, la motivación puede radicar en el objetivo político-estratégico de eliminar el poder político que puede emanar del poder económico que tienen las empresas privadas, especialmente cuando la agenda del gobierno es eliminar toda fuente de oposición. No se puede dejar de señalar también que existen los que justifican la empresa pública por su rechazo o sus prejuicios del concepto de propiedad privada, generalmente acompañado de una creencia en la concepción marxista de explotación. Estas creencias pueden llegar a ser sinceras tanto entre fervientes comunistas como personas de tendencias más moderadas de tipo socialista o socialdemócrata.

Como su nombre lo sugiere, en la empresa mixta la propiedad estatal coexiste con la propiedad privada, generalmente en forma de corporación, donde el estado posee un cierto número de acciones, mayoritariamente o no y el sector privado el resto. Las razones para este tipo de empresa pueden ser varias, entre las que más pudieran justificarse en ciertas circunstancias está cuando una actividad en particular en gran escala no encuentra suficientes accionistas o propietarios para toda la actividad y el estado debe cubrir la inversión faltante. En estos casos siempre se puede contraargumentar que el que no haya suficientes inversionistas privados, nacionales o extranjeros ya es una indicación de que la inversión no es lo suficientemente atractiva desde el punto de vista de sus ganancias prospectivas y que por lo tanto no debe acometerse.

Clasificación por su naturaleza

Las empresas pueden dedicarse a la producción de bienes, a la producción de servicios, al comercio o a las finanzas. Estas clasificaciones son arbitrarias y deben tomarse como un recurso expositivo de manera que se tenga una visión panorámica de la complejidad de la geografía empresarial de una economía. No hay que perder el tiempo en discusiones metafísicas (típicas pero no exclusivas de las burocracias socialistas) sobre si el transporte es parte del comercio o es un servicio o si lo que produce una orquesta sinfónica es un bien o un servicio. En general las empresas productoras de bienes elaboran un producto que típicamente puede ser almacenado, aunque se hacen excepciones como la generación de electricidad. A estas empresas pertenece todo lo que se produce en los sectores manufactureros, agropecuarios, construcción, extracción mineral, producción de energía, comunicaciones y transporte.

Las empresas productoras de servicios cada vez son más numerosas en las economías modernas, cubriendo sectores de alta complementariedad con la producción material, especialmente en los campos de manejo de información, contabilidad y auditoría, servicios legales, publicidad, mercadotecnia y consultorías técnicas de todo tipo. En este sector también se incluyen las empresas o instituciones productoras de educación y de servicios de salud y actividades afines. Las empresas de naturaleza comercial cubren un amplio espectro de actividades y tamaños y pueden llegar a ser las de mayor número en cualquier economía. Una subdivisión tradicional de este sector distingue el comercio al por mayor del comercio minorista o al detalle, siendo el segundo el que opera directamente con el consumidor final y el primero el que opera entre las empresas comerciales minoristas. Y el cuarto grupo en nuestra clasificación son las empresas financieras que también ocupan una amplia gama de actividades que incluye los bancos comerciales, los de inversión, los hipotecarios y los que se organicen y especialicen de acuerdo a las leyes y regulaciones bancarias de cada país; las empresas aseguradoras también de diversos tipos; las bolsas de valores; los corredores de bolsa y muchas empresas especializadas en diversas operaciones financieras.

Clasificación por el grado de concentración

En el análisis económico se aplica el término concentración al número de empresas que aparecen en un sector dado. Por ejemplo, si en el sector de la producción de cerveza hubiera una sola empresa, se dice que el sector está muy concentrado, mientras si existen varias empresas de diversos dueños, se dice que el sector está menos concentrado. Por su grado de concentración, las empresas pueden ser competitivas si existen muchas en el sector de que se trate, de competencia monopolística si hay pocas pero compiten en algunos aspectos del producto, oligopolios si son varias empresas pero se combinan para controlar la oferta y subir los precios o monopolios cuando hay una sola empresa en su sector.

La economía de mercado ideal se caracteriza por ser una economía basada en la competencia y, por lo tanto, existen muchas empresas en cada sector de producción de bienes o servicios de todo tipo. Sin embargo, hay sectores en que no pueden existir muchas empresas porque debido a la tecnología prevaleciente solamente una empresa o un número pequeño de empresas puede abastecer todo el mercado con ese producto. Cuando esta condición ocurre, se conocen como «economías de escala» o, en la terminología de la teoría de la firma en el análisis económico, de «costos medios decrecientes».

También se dice que este tipo de monopolio es «natural» en el sentido de que es resultado de las fuerzas del mercado libre y no de una condición artificialmente creada por legislación o alguna forma de privilegio o coacción. Los ejemplos clásicos de estas empresas están en la generación de electricidad, las líneas aéreas y los fabricantes de equipos muy especializados y de tecnología avanzada. Las economías de escala pueden ser tan importantes en algunos productos que incluso el planeta entero representa un mercado estrecho para muchas empresas que se dediquen a lo mismo. Un ejemplo es la producción de aviones de gran tamaño donde la Boeing de Estados Unidos y la Aerobus europea satisfacen la mayor parte de la demanda en el mercado mundial.

Aquí es interesante apuntar que el propio desarrollo técnico cambia de manera continua los grados de concentración de ciertos sectores productivos. Hasta no hace muchos años, la compañía Boeing competía en Estados Unidos con la MacDonnell-Douglas en la manufactura de aviones militares y comerciales, la cual ya era resultado de una fusión anterior de otras empresas, hasta que la primera adquirió la segunda porque esta última no podía continuar compitiendo. Un caso contrario, en que el desarrollo técnico quebró un monopolio natural bien establecido ha sucedido recientemente en el campo de las telecomunicaciones. El servicio telefónico hasta hace unos pocos años se citaba como uno de los ejemplos clásicos de monopolio natural. Sin embargo, la extraordinaria revolución tecnológica en esta materia ha permitido la diversificación empresarial hasta el punto de crear un sector enormemente competitivo en muy poco tiempo.

Lo paradójico de la existencia del monopolio es que el producto en cuestión se puede producir a un bajo costo, pero como se vende sin competencia, debe esperarse que la empresa se aproveche de su condición monopolística para maximizar su ganancia y vender a un precio más allá de lo que sería uno de equilibrio si existiera competencia. Esto puede ser evitado cuando el país tiene una legislación antimonopólica que le permite al gobierno intervenir en este caso y obligar que la empresa venda a precios más bajos. Esto constituye uno de los pocos casos donde se justificaría el control estatal de precios y la intervención gubernamental en los mercados, aunque es un tema sujeto a discusión

En los países de mercados pequeños como Cuba, el monopolio natural puede surgir con alguna frecuencia y la mejor forma de evitarlo eficientemente es con la existencia de una amplia competencia con las empresas extranjeras que venden lo mismo. O sea, que exista un comercio libre para que haya competencia. De este modo el consumidor, que es el elemento principal de toda política económica, se beneficiará pudiendo comprar a los precios más bajos. Al mismo tiempo, las empresas que compran productos que necesitan para su propia producción, o sea los insumos, bienes intermedios o materias primas necesarias, se verán igualmente beneficiadas pues podrán producir a menores costos y vender sus productos a precios más competitivos.

Las empresas que operan en condiciones de competencia monopolística generalmente compiten por la calidad del producto y no por precio. Tal competencia se basa en lo que se llama diferenciación chamberliniana del producto, concepto propuesto por Chamberlin (1962) y que consiste en hacer que los consumidores corrientes y potenciales prefieran una marca a otra por sus características específicas como pueden ser sabor, presentación, prestigio, etc. En estos casos la competencia monopolítica se lleva a cabo mediante la publicidad para convencer a los consumidores de las bondades de cada producto. Los casos mundialmente típicos de estos productos son los cigarrillos, los jabones y detergentes, las cervezas, las cremas dentales y, dependiendo del país, las líneas aéreas. Las empresas correspondientes gastan una gran cantidad de recursos en publicidad y de hecho mantienen con sus anuncios una buena parte de los medios de expresión.

De la empresa monopolística hay que decir que no es compatible con la economía de mercado si van surgiendo privilegios ofrecidos por los gobiernos, aun cuando sean legales por el simple hecho de que fueron resultado de una acción legislativa. Siempre existen intereses privados que buscan ejercer su influencia en los gobiernos de cualquier país para conseguir condiciones privilegiadas en la producción, que consisten generalmente en protección de la competencia. Esta situación generalmente se intenta justificar ante la población con argumentos falaces pero convincentes para el ciudadano que no es experto en cuestiones económicas. Muchas veces se aducen condiciones estratégicas que pueden ser vitales para la seguridad del país y otras veces los argumentos se refieren a cuestiones de prestigio nacional. Un ejemplo del primer caso es cuando se busca protección de la competencia extranjera en la producción de ciertos alimentos de consumo masivo. Un ejemplo del segundo tipo son las aerolíneas que aunque sean incosteables, se les dan subsidios o se les permite cobrar precios inflados para poder operar con alguna ganancia.

Clasificación por sus objetivos

Las empresas pueden ser lucrativas cuando existen para hacer una ganancia que justifica la inversión y compensa el riesgo de haberla perdido en el intento. También existen empresas no lucrativas que se dedican a producir algo o prestar un servicio para el bien de ciertos segmentos de la sociedad. Hay también empresas o asociaciones que se dedican a actividades que favorecen a sus miembros sin mayor repercusión para el resto de la sociedad. La empresa con fines de lucro, tan vilipendiada por la teoría marxista, es perfectamente legítima siempre y cuando no impida el desarrollo de otras empresas y cumpla con todos los preceptos que caracterizan las economías de mercado. Muchos tienen prejuicios contra las empresas con fines de lucro porque piensan que las mismas están dispuestas a cualquier cosa con tal de producir una ganancia. Aunque esto es cierto en algunos casos y siempre existirán individuos avariciosos y sin escrúpulos que responden al cuadro anterior, la realidad es que la combinación de las condiciones de competencia libre entre las empresas, la libertad del consumidor de conseguir la información que necesite, de comprar donde lo desee y de trabajar donde le convenga, junto con la existencia de un sistema de derecho que garantice los derechos de propiedad y las garantías contractuales controlan o restrigen las tendencias a la usura que puedan existir en las empresas.

Muchos de los prejuicios existentes contra las empresas con fines de lucro se basan en la visión que hay de los monopolios en algunos países.

Por eso es importante distinguir entre el capitalismo competitivo y el capitalismo monopolista. En el primer caso, el lucro es el incentivo para producir lo que el ciudadano necesita o desea. La falta de este incentivo es lo que hizo que las economías socialistas sin excepción siempre se caracterizaran por no poder satisfacer las necesidades de los ciudadanos a pesar de toda la retórica en favor del trabajador.

De hecho, la ganancia de las empresas es una forma de medir el valor que la sociedad le asigna a lo que producen. La empresa que no genera una ganancia es porque no puede producir lo que la sociedad desea al precio que está dispuesto a pagarlo o porque no puede producir a un costo lo suficientemente bajo o por una combinación de ambos factores. Además, la empresa que no genera una ganancia, tarde o temprano deberá desaparecer pues no hay razón para mantenerla operando si no es útil a la sociedad en su capacidad productiva. De un modo similar, la empresa que genera ganancias crecientes es porque su éxito es reconocido por la sociedad y debe ser adecuadamente recompensada por ese éxito. También debe tenerse en cuenta que en una economía de mercado, los trabajadores de las empresas tienen libertad para ir a trabajar donde más les convenga, de manera que el éxito financiero de las empresas se transfiere parcialmente a los trabajadores cuando las empresas compiten por los mejores trabajadores, o sea, los más productivos, ofreciendo mejores salarios y condiciones de trabajo.

Las empresas no lucrativas dependen de donaciones y no generan ganancias para repartir entre sus dueños o fundadores. Estas empresas generalmente se dedican a la produción de bienes o servicios públicos, o a obras de caridad.

Empresas nacionales y empresas extranjeras

No es tanto la nacionalidad de los dueños de las empresas sino su ubicación geográfica y el estar sujetas a las leyes de tal o cual país lo que define la nacionalidad de las empresas. Las empresas nacionales cubanas son las que están ubicadas en Cuba. Una empresa de propietarios cubanos ubicada en otro país no necesariamente pudiera clasificarse como nacional si los propietarios residen en Cuba, al menos una parte del tiempo y según lo definan las leyes. La empresa extranjera es típicamente una de propietarios extranjeros no residentes en Cuba y con casa matriz o principal en otro país. Una empresa de propietarios cubanos pero que residen en el exterior puede ser considerada extranjera. Otras empresas, especialmente corporaciones, pueden tener propietarios cubanos y extranjeros.

Las llamadas empresas multinacionales, por otro lado, son generalmente corporaciones de muchos dueños que pertenecen a muchos países pero que además tienen sucursales o representaciones alrededor del mundo. También existen grandes empresas que por un tiempo tuvieron una cierta identidad nacional y, como resultado de fusiones o divisiones, sufrieron cambios en la nacionalidad. Muchas de las grandes empresas automovilísticas del mundo han sufrido transformaciones en este aspecto. Por ejemplo la Nissan originalmente japonesa está actualmente controlada por intereses franceses, mientras que la Chrysler norteamericana se fundió con la Mercedes Benz alemana. La extensión y dispersión geográfica de los derechos de propiedad es parte de la forma actual de la globalización.

Es importante tener en cuenta que, en la reconstrucción de su economía, Cuba necesitará de grandes sumas de capital que serán atraídos por las perspectivas de ganancia que brinde la economía cubana. En este aspecto, el capital no tiene nacionalidad. Por supuesto que algún inversionista, cubano o no, puede encontrar motivos sentimentales para querer invertir en Cuba, pero lo más realista es pensar que el capital es mercenario y oportunista y va buscando una oportunidad de hacer alguna ganancia. Esto es practicamente una ley universal que tiene muy pocas excepciones. El desafío para los países que realmente están comprometidos con su desarrollo es crear las condiciones para que, primero, la economía cubana sea atractiva para la inversión, no sólo la nacional sino también la extranjera y, segundo, que las inversiones se lleven a cabo de acuerdo con las leyes del país y el interés nacional.

Pueden existir situaciones en que se desee limitar o condicionar de alguna manera las inversiones de ciertas fuentes. Por ejemplo, después de la disolución del bloque socialista, hubo inversionistas alemanes interesados en colocar fondos importantes en Polonia, pero dada la historia de la Segunda Guerra Mundial, los polacos no se sentían cómodos con una invasión financiera proveniente de ese país. Cuba podría tener el problema de que durante los primeros años después del socialismo no existan suficientes capitales nacionales, ni siquiera de fuentes del exilio, para sostener un proceso acelerado de reconstrucción. Por ejemplo, algunos banqueros de origen cubano proponen que se restrinja el desarrollo de los bancos extranjeros en Cuba hasta que ellos mismos no hayan llegado a un cierto grado de desarrollo. Este tipo de argumento puede ser igualmente propuesto por cualquier otro sector de actividad económica, sea en la gran industria, en energía o en las comunicaciones. Parece que pudiera repetirse el problema que Cuba tuvo después de ganar su independencia en la cual muchas empresas de propiedad cubana desaparecieron y hubo una gran incidencia de empresas extranjeras. Esta condición se reporta como la creadora del problema de una alta discriminación del trabajador cubano que se sentía desplazado por trabajadores de origen extranjero, especialmente españoles. Este problema fue resuelto cuando bajo el patrocinio de Antonio Guiteras, durante el proceso revolucionario que siguió a la caída del gobierno de Gerardo Machado en 1933, se promulgó la llamada «Ley del Cincuenta por Ciento». La ley exigía a las empresas emplear un mínimo de un cincuenta por ciento de trabajadores cubanos.

Sin embargo, la composición demográfica y la oferta laboral prevalecientes en Cuba en esos años no son las mismas en la actualidad. En aquel período, la oferta laboral de origen español era una consecuencia de los años de la colonia. La inversión extranjera en Cuba, por otro lado, no traería trabajadores extranjeros al país con excepción de algunos muy especializados. La realidad es que reprimir la inversión extranjera en cualquier sector de la economía no tendría sentido pues atrasaría o incluso impediría completamente la recuperación de la economía cubana y condenaría a la mayor parte de la población a un número indefinido de años de pobreza y estancamiento crónico. No hay que olvidar que la inversión es la principal generadora de empleos. Por otro lado, hay sectores cuya recuperación necesita grandes volúmenes de recursos, los cuales pueden no estar en manos de empresarios cubanos por muchos años.

Lo que es importante es que la inversión extranjera se someta a las leyes del país. Especialmente críticas son las leyes de carácter fiscal, de manera que las empresas extranjeras, tanto como las nacionales, paguen los impuestos establecidos basados en sus ganancias. Igualmente críticas son las que establecen las garantías contractuales de los trabajadores, accionistas, clientes y proveedores. Es también importante que se evite completamente si es posible, o se reduzca a un mínimo, las exenciones fiscales que a veces bajo el pretexto de estimular la inversión se otorgan en detrimento del fisco. Y como se discutió anteriormente, es absolutamente necesario que las empresas extranjeras, al igual que las nacionales, o no sean monopolistas y tengan que competir por sus mercados o en caso de ser esta condición imposible, sean reguladas adecuadamente. Se supone que la generación de electricidad será uno de estos casos excepcionales. Si las leyes se cumplen y se exige su cumplimiento, la mayor parte de la riqueza que generen las inversiones extranjeras se quedará en Cuba. Todo esto contribuirá significativamente a que se desarrollen los capitales cubanos. En las economías de mercado, es típico que la proporción del ingreso generado por las empresas que queda en manos de los trabajadores sea de unas dos terceras partes, mientras que la otra tercera parte financia nuevas inversiones, el pago de los impuestos y las ganancias o retorno a la inversión. Además, se comprarían en el mercado doméstico cubano proporciones variables de los insumos y servicios a la producción lo que contribuiría al fortalecimiento de la economía nacional.

Un tema a dilucidar es cuánta propiedad de tierras se debe permitir en manos extranjeras. El extremo empobrecimiento del ciudadano cubano posterior a la revolución de 1959 y los cuantiosos recursos externos que estarán interesados en adquirir propiedades en Cuba puede ocasionar que una elevada proporción de tierras acaben en manos de extranjeros de manera permanente. Cuánta tierra sería admisible que quede bajo propiedad extranjera es una cuestión que trasciende una simple cuestión de nacionalismo y que tiene implicaciones estratégicas para Cuba, como las tendría para cualquier otro país. El o los gobiernos de transición, intentando sacar al país de su empobrecimiento actual tendrá que enfrentarse al dilema de qué volúmenes de inversión extranjera aceptar a cambio de propiedades extranjeras con criterios bien definidos y ampliamente discutidos en el contexto nacional. Tal dilema se presentará aún después que se devuelvan las tierras expropiadas a sus propietarios originales, pues se espera que una proporción desconocida de los mismos estará dispuesto a vender esas propiedades al mejor postor.

Las relaciones entre las empresas y el gobierno

En una economía competitiva, las empresas tienen que trabajar muy duro no sólo para realizar una ganancia que justifique la inversión, sino para mantener su participación relativa en los mercados que abastecen y mucho más todavía para desarrollarse. Los beneficiarios de esta lucha permanente entre las empresas son los consumidores (la mayoría de los cuales son trabajadores) pues, como hemos discutido, la competencia significa precios menores, gran diversidad de productos y abastecimientos estables y colocados donde se les demanda. Cualquier facilidad que se le dé a una empresa, o a un conjunto de ellas, para disminuir la incertidumbre inherente a la competencia y garantizar precios, ganancias o mercados generalmente es bienvenida por los que se benefician. Las empresas, casi siempre por medio de las asociaciones gremiales a las que pertenecen, presionan a los gobiernos para que se creen condiciones favorables para realizar su gestión económica, las cuales pueden llegar a reducir la competencia misma en detrimento de los consumidores, de otras empresas y de la economía en general.

Muchas de las condiciones que las empresas necesitan para poder obtener una ganancia son legítimas, pero otras van más allá de lo que puede considerarse una posición de equilibrio entre los que son condiciones aceptables y de privilegio. Entre las primeras se encuentra la garantía de los derechos de propiedad para toda la ciudadanía, pero hay muchas otras como las que hemos ido discutiendo en diversas partes del libro. Entre las últimas están las medidas proteccionistas, las limitaciones a la entrada de otros competidores y las exenciones de impuestos o la aplicación de ciertas normas de operación, como las de tipo laboral o ambiental. Es natural que las empresas se acerquen a los diversos gobiernos buscando condiciones favorables de todo tipo para mejorar su posición competitiva, y son muchas las formas en que esas relaciones surgen y se desarrollan. En algunos casos, especialmente cuando los gobiernos son débiles o simplemente corruptos, las empresas pueden lograr medidas favorables pero perjudiciales a la economía consiguiendo decretos o leyes que le den una cierta legitimidad a las nuevas condiciones. En otros casos, las empresas consiguen que las propias autoridades no cumplan las leyes que las obligan a operar competitivamente por medio de comisiones o sobornos a los funcionarios o políticos que tienen el poder correspondiente.

Las relaciones ilegítimas de este tipo constituirán uno de los mayores obstáculos para que se monte una economía de mercado en Cuba, como lo es en cualquier otro país. Tales relaciones, encubiertas por un manto legal o abiertamente ilegal, son parte de la patología que se denomina corrupción, la cual llega a alcanzar tal magnitud en algunos países, que se convierte en un obstáculo de mayor envergadura para su desarrollo. Para evitar esta situación es necesario lograr, primeramente, que haya una administración de justicia y unos organismos reguladores y auditores del estado que prevengan estas tendencias o persigan y castiguen tales acciones cuando sucedan. Pero, por otro lado, es necesario que el resto de la sociedad tenga los medios para propiciar la transparencia en las relaciones entre las empresas y los organismos estatales.

En este aspecto, el papel de la prensa y de las organizaciones no lucrativas que se dediquen al bienestar público es esencial. La capacidad que tenga la prensa para reportar y analizar honesta, valiente y certeramente los eventos sobre la economía y los negocios y las finanzas puede ser parte de un mecanismo de rendición de cuentas que ayude a que las empresas y los gobiernos de turno se comporten dentro de la ley y a niveles éticos congruentes con el interés nacional. Por otra parte, la corrupción oficial y empresarial puede extenderse a la prensa, haciéndola un instrumento para ocultar transacciones ilegítimas y proyectar imágenes de una integridad inexistente. Esta es una de las razones por la que debe existir libertad de prensa pero junto con la competencia. Es cierto que la libertad de prensa no garantiza su veracidad, ni la competencia garantiza su integridad, pero le da mayores oportunidades al ciudadano de estar mejor informado.

El desarrollo de las empresas

Con frecuencia encontramos opiniones negativas en cuanto al papel social de las empresas y su valor para la ciudadanía. El marxismo nos deja un legado, de hecho un verdadero catálogo de prejuicios contra la empresa privada, prejuicios que niegan la legitimidad de la propiedad privada, la ganancia, la libertad de comercio, la flexibilidad de precios, la libre contratación de trabajadores, la acumulación de capital, la aplicación de una tasa de interés en transacciones a crédito, etc. Es cierto que existen, en cualquier sociedad, empresas privadas que se caracterizan por prácticas éticamente inaceptables y hasta ilegales. Sin embargo, este tipo de empresa no es la típica en una economía de mercado. Dichas empresas, aun cuando tengan como motivación principal la realización de una ganancia, generan para sus dueños, empresarios y trabajadores un cierto nivel de orgullo al saber que lo que producen va a resolver alguna necesidad de la sociedad. La combinación de los intereses privados de los propietarios, los empresarios o administradores, los trabajadores, los clientes y los proveedores crea un sistema complejo de estímulos que convierte a la empresa en una especie de máquina que combina factores productivos eficientemente para crear los artículos y servicios que la sociedad demanda. Esta combinación de estímulos es la que casi universalmente le ha faltado a la empresa estatal, socialista o no, por lo que las mismas tienden a ser menos eficientes que las privadas.

Debe notarse que el concepto de eficiencia productiva no es una categoría absoluta o dicotómica. No se trata de ser eficiente o no, sino de alcanzar un nivel elevado de eficiencia dentro de un amplio espectro de posibilidades. O sea, la eficiencia es un concepto relativo y aplicado a la producción. Se mide por los costos en que se incurre (incluyendo los salarios de los que trabajan en la empresa) y la ganancia que genera (de donde salen los impuestos que se le pagan al gobierno). De manera que cuando vemos una empresa que se mantiene operando por su cuenta, especialmente teniendo que competir, o una empresa que prospera, estamos viendo una empresa que ha alcanzado un nivel de eficiencia aceptable. Mientras que cuando vemos una empresa que no puede mantenerse en el mercado si no tiene protección o ayuda de algún tipo, estamos viendo una empresa que necesita recursos de otras partes de la sociedad y de hecho es una empresa parásita. Tales recursos tienen que salir de algún lado y siempre vienen de subvenciones del estado que al fin y al cabo salen de los impuestos que pagan las empresas eficientes, préstamos o inversiones que pueden perderse, o las propias reservas de la empresa que pertenecen a los accionistas.

Por eso es importante que existan facilidades para que las empresas en bancarrota se retiren del mercado, aun cuando puedan existir facilidades temporales para reestructurarse y salvarse de la liquidación final. Tratar de salvar empresas ineficientes, que sólo producen pérdidas y que no tienen oportunidad alguna de volver a ser rentables representa una carga para toda economía. Es como premiar a las ineficientes a costa de las eficientes. También es la causa de que muchas economías no prosperen alrededor del mundo, unas veces porque son socialistas y operan bajo principios políticos y no económicos, otras veces por que están protegidas y operan bajo principios económicos debatibles, como son los que corresponden al proteccionismo comercial.

En resumen, el desarrollo de las empresas es la esencia misma del desarrollo de las economías donde operan. La capacidad generadora de riqueza de una economía radica en las empresas que la producen. Parte de la base generadora de esa riqueza está en los empresarios y los trabajadores. El papel del estado es generar la atmósfera o el terreno fértil donde las empresas puedan prosperar, no manejarlas y contribuir a que se desarrolle una masa de trabajadores productivos y una cultura empresarial ambiciosa capaz de fundar y desarrollar las empresas con éxito.

Capítulo VI
OTRAS ORGANIZACIONES PRIVADAS

Hasta aquí hemos estudiado el papel del estado, el gobierno y las empresas productoras de bienes y servicios en manos del sector privado. Ya sabemos que tales entidades son indispensables para el desarrollo de cualquier sociedad libre. Pero en función de esas libertades existen muchos otros tipos de organizaciones o empresas que jugarán un papel muy importante en la reconstrucción de la economía cubana. Aunque muchas de esas organizaciones no tienen un papel estrictamente económico, las tratamos aquí porque es muy difícil separar lo económico de lo no-económico cuando estamos tratando de la reconstrucción de una economía cuya sociedad ha estado sometida a una devastación profunda de todas sus estructuras estatales y civiles por un período que ya cubre cuatro décadas y media. Cuando hablamos de las libertades civiles que son necesarias para la economía estamos hablando prácticamente de las mismas libertades que son necesarias para que la sociedad funcione en toda su plenitud. Algunas de estas organizaciones tienen carácter de empresa, como son la prensa o los medios de comunicación como la radio y la televisión y ahora la internet y sus organismos de acceso. Otras pueden ser hasta de cierto carácter gubernamental, como algunas universidades. Sin embargo, su inclusión en este capítulo obedece a que tales organizaciones tienen un papel muy significativo que jugar en una transición y deben definirlos de una manera muy clara y precisa.

La sociedad civil

Aquí llamamos sociedad civil a toda forma de organización que esté fuera del gobierno o de las organizaciones del estado. La definición de sociedad civil que utilizaremos es muy amplia pues incluye toda organización creada mediante la iniciativa de individuos o grupos de individuos que operan independientemente del gobierno. De esta manera, la sociedad civil en un país con suficientes libertades se compone de una verdadera constelación de organizaciones que van desde organizaciones de intereses especiales políticos, sociales o económicos, hasta organizaciones religiosas, filantrópicas, recreativas, caritativas o educativas. La sociedad civil se

213

desarrolla mediante la organización espontánea de los ciudadanos de un país para tener influencia en los diversos poderes del gobierno, otras organizaciones o la ciudadanía misma. Aunque en rigor el conjunto de empresas productoras de bienes y servicios forma parte de la sociedad civil, aquí las hemos tratado separadamente dada la naturaleza especial de su papel en la reconstrucción. Sí incluiremos las organizaciones gremiales, como las de comercio, agricultura e industria como parte de la sociedad civil a las que le dedicamos una sección separada.

El papel que las diversas organizaciones de la sociedad civil han de jugar en el postcastrismo puede ser decisivo. El grado de comprensión que las diversas organizaciones lleguen a ganar de la complejidad y desafíos del proceso, así como las políticas que adopten y sigan podrán ayudar a definir la dirección y la intensidad de una transición y de la reconstrucción de la economía. El gobierno sólo, por muy bien organizado que esté, no podrá reconstruir la economía cubana sin la colaboración de la ciudadanía y de las formas en que la misma se organice. Es importante tener en cuenta que la dirección que siga el país en el postcastrismo no está garantizada por ninguna fuerza o proceso inexorable. Las probabilidades de que Cuba reconstruya su economía con predominio de los mercados libres y en el contexto de una democracia plena no deben ser consideradas muy elevadas. La probabilidad de que a la dictadura actual le siga otra dictadura es una realidad y dependerá de la capacidad de organización y de acción de la ciudadanía, por medio de la sociedad civil que se pueda llevar al país por un cauce compatible con las aspiraciones que se expresan en este libro. Nada hay de automático en estos procesos que están dominados siempre por poderosas fuerzas políticas que responden a todo tipo de intereses, incluyendo muchos que no son congruentes con el bien público. Las secciones que siguen representan elementos y formatos en que se manifiesta la sociedad civil e incluyen algunas consideraciones sobre cuál podría ser su papel en una transición.

La ciudadanía en su conjunto es la fuente de la que surge la sociedad civil. Las organizaciones constituyentes aparecen simplemente como resultado de la iniciativa de uno o más ciudadanos que quieren unir fuerzas para obtener algún resultado beneficioso para ellos o para otras personas. Estas organizaciones muchas veces surgen con fines legítimos, otras con agendas escondidas donde los fines declarados no son necesariamente los que motivaron su creación. Sin embargo, esta dualidad no debe ser utilizada para justificar la creación de mecanismos que dificulten la creación y el desarrollo de estas organizaciones. En una sociedad libre los individuos deben aprender a juzgar lo que les conviene a ellos, sean políticas del gobierno o de otras organizaciones. Una característica esencial de las sociedades totalitarias es la de controlar casi hasta su extinción el desarrollo de la sociedad civil. Por eso lo que queda en Cuba de la sociedad civil de 1959 son cuando más sus ruinas, donde a duras penas han sobrevivido la Iglesia Católica, otras organizaciones religiosas, algunas logias masónicas y las organizaciones independientes perseguidas o no reconocidas por el gobierno. En general, las iniciativas ciudadanas de alguna trascendencia, aun cuando se lleven a cabo dentro de los cánones de las leyes escritas que se pueden considerar vigentes, tienden a ser ignoradas o reprimidas. Un ejemplo de gran actualidad de este tipo de iniciativa no gubernamental es el llamado Proyecto Varela donde un ciudadano, con el apoyo de otros, llevó a cabo un programa de trabajo con el fin de hacer que el gobierno adoptara medidas reformistas. Este, por supuesto, es un ejemplo de tipo político, además de ser atípico dadas las condiciones que prevalecen en el país.

En la Cuba actual, donde hay grandes restricciones para organizarse fuera del gobierno, los ejemplos que existen de surgimiento de sociedad civil son pocos y por fuerza son de naturaleza política, aunque se han ido multiplicando y diversificando a lo largo del país. Ya desde la década de los noventa, comenzaron a surgir y hacerse visibles organizaciones independientes de profesionales, destacándose entre las primeras la de los economistas y la de los periodistas. También comenzaron a surgir organizaciones más explícitamente políticas que oportunamente pudieran convertirse en verdaderos partidos. Un ejemplo muy notable y de carácter menos político es el de las bibliotecas independientes. Claro que la esencia totalitaria del régimen cubano hace que casi cualquier iniciativa que no cuente con la bendición de las autoridades se convierte en una cuestión política casi por definición.

De estas experiencias se derivan varias lecciones de utilidad para el futuro desarrollo de la sociedad civil en Cuba y su potencial de contribuir a la reconstrucción de la economía cubana. Una de las lecciones es que a pesar de la desconfianza que existe en Cuba entre los ciudadanos, pues nadie sabe quién puede actuar como un agente del gobierno o de la seguridad interna, las fuerzas que motivan la asociación a veces superan el temor a las reacciones represivas del gobierno. Esto es cierto por lo menos para algunos grupos de cubanos en la isla, quizás los de más valor personal, los que más se indignan con las políticas humillantes del gobierno, los más optimistas en sus capacidades de prevalecer, los mejor informados o los más desesperados con la situación que los oprime. Otra lección es que la sociedad civil puede llegar a ser influyente incluso bajo condiciones tan adversas como las que imperan en Cuba. Una tercera lección es la importancia de la espontaneidad y la capacidad de la ciudadanía para organizarse y definir una agenda de acción en torno a los intereses de un grupo incluso minúsculo de ciudadanos.

Nótese también que los elementos aglutinantes de estas entidades son la organización y el sentido de propósito, no los recursos con que cuentan aunque una disponibilidad adecuada de estos últimos puede aumentar su eficacia. Un ejemplo estimulante de las capacidades ciudadanas para crear la sociedad civil y de la importancia de tener un firme sentido de propósito combinado con una inteligente estrategia fue la iniciativa de Ramón Humberto Colás y de Berta Mexidor cuando, aprovechándose de una respuesta del propio Fidel Castro a un periodista en la que afirmó que "en Cuba no había libros prohibidos sino falta de dinero para comprarlos" fundaron la primera biblioteca independiente del país en Victoria de las Tunas. Como se sabe, tal iniciativa fue seguida en toda la isla y en pocas semanas ya existía una docena de estas entidades en otras ciudades. El movimiento llegó a contar con cientos de bibliotecas independientes hasta que unos años después, en el año que este libro se termina de escribir, el gobierno cubano decidió reprimirlas e incluso enviar a la cárcel a muchos de sus organizadores.

Una de las características de las naciones más avanzadas es que sus ciudadanos tienden a ser más activos en organizar entidades de la sociedad civil que los ciudadanos de países o regiones menos pujantes. Se puede suponer que esta capacidad de asociación entre los ciudadanos de una nación es un factor importante en su desarollo económico.[42] ¿Será la ciudadanía cubana capaz de organizarse de una manera congruente con las necesidades de la reconstrucción? ¿Cuántos cubanos habrá con la iniciativa y capacidad organizativa del matrimonio Colás-Mexidor? Yo apostaría a que muchos, pero hasta que Cuba no goce de más libertades no

---

42 Este fenómeno ha sido estudiado por sociólogos interesados en el desarrollo económico, pero basándose en la observación directa de casos particulares. Por ejemplo, Banfield (1958).

sabremos cuántos ni si serán suficientes para impulsar el desarrollo de una sociedad civil plena. Los cubanos han vivido en formas obvias de opresión que a pesar de haber sido sistemáticamente educados e informados con contenidos contrarios a las libertades individuales no han sido suficientes para extinguir el deseo individual de libertad. Pero es necesario que tales deseos estén orientados adecuadamente, que sirvan para canalizar energías ciudadanas hacia la reconstrucción del país y no hacia el conflicto permanente que puede emanar del seguir agendas estrechas de intereses parroquiales que excluyen la consolidación de un nuevo sistema económico.

Lo ideal sería que pudiera haber una estrecha coordinación de propósitos y métodos entre el gobierno de transición y la sociedad civil. Suponiendo que Cuba logre gobiernos de transición adecuados para la reconstrucción y dada la experiencia reciente de los países latinoamericanos y el contraste con los de los países que se liberaron del socialismo, se puede postular que la primera línea de colaboración de la ciudadanía es no comenzar a hacer exigencias irrealistas al gobierno y repetir la triste historia de una gran cantidad de protestas en países latinoamericanos. Mientras este libro se ha estado escribiendo hemos observado cómo se lanzan a la calle en distintos países maestros pidiendo aumentos de sueldo cuando no existen los recursos para cubrirlos, grupos de campesinos que se oponen al libre comercio, otros que se oponen a cualquier aumento de los impuestos, trabajadores que llegan a impedir la privatización de empresas estatales, etc. Toda protesta tiene una base o por lo menos está sustentada por el derecho a la libre expresión. Es también cierto que dado el bajo nivel de confianza que los latinoamericanos tienen en sus gobiernos y políticos, casi cualquier iniciativa reformista va a encontrarse con una seria oposición.

Como hemos discutido en los capítulos anteriores, la situación precaria de la economía cubana deja un legado de necesidades acumuladas que serán la base de una gran impaciencia popular. Prácticamente todos los trabajadores cubanos querrán ver sus salarios aumentados lo más pronto posible, los que ya están retirados querrán que el gobierno decrete un incremento de sus pensiones, los empleados que resulten redundantes en ciertos centros de trabajo querrán nuevos empleo de inmediato. A esto se le suma una infinidad de reclamaciones relativas a los niveles de consumo, la calidad de los servicios de salud, los abusos cometidos por los servicios de seguridad especialmente contra los innumerables cubanos que han estado presos por motivos políticos, las reclamaciones por propiedades confiscadas, etc.

Simultáneamente, las reformas mismas que los gobiernos de transición tienen que acometer para lograr la reconstrucción de la economía habrán de generar desajustes, inconveniencias y temores principalmente entre las personas que laboran en los organismos que se verán más afectados por las reformas. Los cambios, aunque sean para mejorar, siempre generan incertidumbre. Estos dos grupos de factores, combinados con el hecho de que por muy eficaz que sea el proceso de reconstrucción el mismo será paulatino y no beneficiará a todos por igual generará lagunas de descontento que pueden manifestarse de maneras violentas, en lugar de ser encauzadas hacia formas constructivas de colaboración. O sea, si la energía que subyace a la impaciencia ciudadana no se puede canalizar por medio de las organizaciones de la sociedad civil, se puede generar un clima de inestabilidad política y social que puede retrasar el proceso de reconstrucción y hasta impedirlo.

La primera responsabilidad del ciudadano, mujer u hombre, que quiera ejercer alguna influencia sobre su gobierno es llegar a tener un mínimo de comprensión sobre los asuntos públicos o, por lo menos, sobre algunos de los asuntos públicos más importantes para ellos. Que los ciudadanos tengan un elevado nivel de comprensión sobre cuestiones públicas debe ser una meta de la sociedad en su conjunto y debiera ser correspondida con un compromiso o, más bien, una tradición por parte de los gobiernos de explicar e informar a la ciudadanía los objetivos de las decisiones que se toman y sus consecuencias en términos de costos y beneficios para la población.

Son infinitas las formas en que pueden surgir las organizaciones de la sociedad civil y es importante que se facilite su fundación y desarrollo mientras que las mismas funcionen dentro de las leyes del país. El gobierno no debe poner trabas artificiales a su surgimiento y crecimiento y las organizaciones deben contar con las libertades para poder perseguir sus objetivos y ejercer sus funciones eficazmente. Estas organizaciones pueden ser de diversos tamaño; de alcance local, regional, nacional o internacional; especializarse en diversos campos como por ejemplo, el apoyo a la educación, la protección de los desvalidos, la honestidad de los organismos públicos, la protección al consumidor, etc.; pueden ser de orientación religiosa, filosófica, científica o agrupar los intereses de sus miembros como los viajes al exterior, la contemplación de la naturaleza, etc. Toda idea cabe en la organización de la sociedad civil, lo cual ha mostrado un elevado grado de desarrollo en las sociedades más modernas gracias a los adelantos en materia de comunicación y transporte, el desarrollo de la conciencia ciudadana y la capacidad de producir recursos suficientes para su sostenimiento. Estas organizaciones varían también en cuanto a los recursos con que cuentan. Algunas son muy pobres, otras son muy ricas, pero es su organización y la dinámica de su membresía lo que hace que sean más o menos influyentes en los diversos asuntos de una nación.

La prensa

La libertad de expresión en todas sus formas es una de las condiciones esenciales de una economía de mercado y de una democracia. Una medida que debe adoptarse enseguida por un gobierno reformista es levantar el sistema de censura que ha dominado al ciudadano por tantos años y, además, desmantelar el aparato de propaganda y adoctrinamiento del gobierno y del Partido Comunista. Sin embargo, esta medida no sería más que un primer paso hacia el desarrollo de un sistema en que de diversas formas y por diferentes medios los cubanos puedan expresarse sobre cualquier tema o asunto, sin temor a represalias del gobierno o de otros miembros de la sociedad. Parte de este sistema es la prensa organizada en su formas tradicionales, escrita y radiada, aunque ahora se suma la electrónica que tanto se ha ido desarrollando en los países pobres y ricos en que no ha sido restringida. En este sector la primera responsabilidad del gobierno es garantizar la libertad de expresión y conjuntamente evitar la monopolización de los medios, facilitando la libertad de prensa y la diversidad de las mismas. En la radio y la televisión, así como en medios que requieren el uso de ondas radiales o medios electrónicos de diversos tipos, el gobierno debe desarrollar su capacidad reguladora principalmente dirigida a la distribución de licencias a los diversos usuarios. Es particularmente importante tener en cuenta que no estamos hablando solamente de las grandes empresas de los medios de comunicación, sino también de cualquier medio de expresión sin importar su tamaño y siempre que opere dentro de las leyes establecidas que no restrinjan esas libertades básicas.

Además de esta función, no hay que descontar que el gobierno controle algunas emisoras o medios de expresión de manera directa, siempre y cuando no exista un poder monopólico y los medios se comporten de acuerdo a un estricto código ético. El gobierno puede comprar tiempo o espacio en medios privados, o tener sus propios medios con fines informativos y educativos, pero sujeto al escrutinio de otros medios privados y de otras partes del aparato estatal. En lo que sigue nos referiremos más concretamente a la prensa radial y escrita organizada por medio de empresas de diversos tamaños.

Para una economía de mercado y para una democracia es indispensable que exista la libertad de prensa pero por sí sola no es suficiente para ejercer una función constructiva en una sociedad. La libertad de prensa, por ejemplo, no garantiza en modo alguno la veracidad de la prensa, ni el nivel de competencia o precisión con que se tratan los diversos tópicos. Aunque la prensa puede intentar ser «objetiva», siempre hay muchos que critican cómo se seleccionan o se presentan las noticias y discrepan con los editoriales de los diversos medios. Sin embargo la prueba de una democracia está en que exista no sólo el respeto y las garantías legales por la libertad de expresión, sino una verdadera tolerancia hacia el ejercicio de tales derechos.

Muchos se preguntarán, de todos modos, ¿y cómo se evitan los abusos? ¿Cómo se protege al ciudadano de las inexactitudes o posibles manejos inescrupulosos de la información? La respuesta yace en una combinación de factores. Un factor es que exista competencia y diversidad entre los medios como ya hemos discutido. El mismo carácter de la competencia que impide a otras empresas monopolizar un mercado y tener una clientela cautiva sin alternativas, se aplica al sector de los medios de comunicación. La competencia le permite al segundo factor, el libre albedrío de la ciudadanía misma, los clientes de los medios, a seleccionar lo que leen, escuchan y ven y evaluarlo críticamente. Si en definitiva queremos una sociedad que sirva al ciudadano y no a una entelequia estatal o a un principio ideológico abstracto, el ciudadano es el que debe decidir por él y nadie más. Por supuesto que mientras mayor sea el nivel educativo de la ciudadanía, junto con su nivel de interés o responsabilidad cívica, mayor será su capacidad para discernir entre la prensa buena y la mala.

Pero más allá de leyes, regulaciones, organización económica y nivel educativo y cultural de la población, se puede afirmar que la calidad de lo que se produce públicamente a través de los medios tendrá sus bases más sólidas en principios éticos o valores de los que laboren en los mismos, desde los empresarios e inversionistas, hasta los editores, productores y responsables por el contenido del material que se publica o transmite. Los periódicos más prestigiosos e influyentes del mundo se han caracterizado por una ética profesional y un cierto sentido de misión que determina la alta calidad de lo que producen. Es cierto que en una economía de mercado, los medios dependen de la demanda por sus servicios de diversos clientes y que tal condición puede hacer que una empresa prospere o quiebre. Algunos medios se enfocan en realizar una ganancia a toda costa sin importar la calidad de lo que producen. Un ejemplo de esto es la llamada «prensa amarilla» que se dedica a publicar chismes o escándalos que muchas veces son inventados o manipulados de tal forma que pueden atraer un gran número de lectores. Estos medios existen bajo el control de propietarios o de administradores, cuya única motivación es el lucro y que su ética profesional y orgullo en el valor social de su profesión es débil o simplemente inexistente.

Es importante comprender que en una sociedad comprometida con las libertades ciudadanas y especialmente con la libertad de expresión, debe haber espacio para todo con un mínimo de cortapisas como por ejemplo, leyes que pueden castigar el uso demostrado de la calumnia o la difamación sin pruebas o multas a los que anuncian productos de manera engañosa. Pero la calidad de una democracia y una economía de mercado dependen de una cierta cantidad de mujeres y hombres comprometidos con un nivel de profesionalismo que sea ampliamente reconocido por la sociedad. Esta condición no se crea por decreto ni aparece como por arte de magia. La sociedad en su conjunto debe exigirlo, o una masa crítica de individuos deben ser los defensores de esos principios éticos los cuales no necesariamente serán creados por las fuerzas de cualquier mercado.

Crear una prensa de este tipo a partir de más de cuatro décadas de dictadura absolutista donde el papel de los medios se redujo a un simple aparato de control de masas no ha de ser un proceso fácil cuyas metas se puedan lograr en poco tiempo. Desde el comienzo de una transición habrá tendencias hacia usos de los medios que distarán mucho de los ideales, tendencias que se darán tanto por parte de fuentes estatales o privadas. La experiencia de los países ex socialistas es una buena fuente para guiar la reconstrucción de los medios en Cuba como parte esencial de la reconstrucción de la economía y de otros pilares de la sociedad. Un ejemplo que vale la pena tener en cuenta es en Bosnia y Herzegovina, país que además de tener que luchar contra el legado de educación marxista, también ha tenido que enfrentar un fraccionamiento profundo de sus comunidades debido a las grandes diferencias étnicas que lo segmentan. Al escribir estas líneas, los medios en Bosnia y Herzegovina se caracterizan por ser ampliamente utilizados para alimentar las divergencias entre grupos étnicos y políticos sin mostrar una capacidad suficiente para concentrarse en temas más constructivos, aun cuando pueden hacer uso de las libertades de expresión de que ya gozan. Este es un caso donde la libertad de expresión está siendo utilizada para crear condiciones que paradójicamente pueden socavar las bases institucionales de ellas mismas. La realidad es que poco se sabe de cómo usar la libertad de expresión y otras libertades de modos más constructivos, para que contribuyan a la convergencia de opiniones en vez de crear posiciones tan divergentes que llegan a producir conflictos permanentes. En tales condiciones es difícil que se pueda gobernar un país democráticamente y hasta habrá muchos que piensen que la única opción es la restricción de las libertades.

Parte de este fenómeno es que habrá quienes crean que el ciudadano debe ser protegido contra las posibles distorsiones de la prensa. Sabemos que la libertad de prensa o de expresión no garantiza su veracidad. Sin embargo, los que abogan por diversas formas de control tienden a ser los mismos que creen que el ciudadano debe ser protegido contra los posibles abusos de las empresas privadas y que promueven la idea de los peligros del mercado en general. ¿Y a quién proponen para que proteja al ciudadano? Al estado a través del gobierno. Suponen que el gobierno tiene la capacidad y la buena intención de evitar las imperfecciones de la prensa. Omiten el hecho de que el gobierno está formado por personas cuya naturaleza, sus intereses y motivaciones son equivalentes a los de los ciudadanos que supuestamente protegen sin tener en cuenta que cuando las personas tienen un poder excesivo, tienden a abusar de él. El poder de la prensa para controlar el poder del gobierno y de otros grupos es enorme. No fue por casualidad que entre los primeros actos del gobierno revolucionario en su designio de establecer una sociedad totalitaria estuvo la eliminación de la libertad y diversidad de todas las formas en que existía la prensa cubana. Las palabras de Lord Acton vienen al caso: «el poder corrompe y el poder absoluto corrompe de manera absoluta». Los que mantienen la ilusión de que el gobierno debe ser un ente todopoderoso, una especie de ángel guardián del bien público deben tener en cuenta estas palabras a la luz de la experiencia revolucionaria cubana y de las de otros muchos experimentos de gobiernos «benefactores» o paternalistas en el mundo.

Partimos de la base de que el ciudadano sabe cómo cuidarse, sabe lo que quiere o cómo definirlo; en otras palabras, que el ciudadano sabe qué hacer con su libertad. Proponer un poder extraordinario para que el gobierno lo cuide como si fuera un niño eterno es tenerlo miedo a la libertad y sería muy triste que la transición de Cuba del plan al mercado y la reconstrucción de una prensa libre se haga bajo el supuesto de que el ciudadano típico es incapaz de usar sus libertades individuales. Estos principios los exponemos aquí porque es necesario garantizar que en la transición de Cuba se entienda que la libertad de expresión, la libertad de prensa es la piedra clave del edificio que sostiene todas las otras libertades. Esa libertad le permite al individuo tener la información que necesita para tomar las decisiones inherentes al uso de las demás libertades.

Dentro del conjunto de timoratos del mercado y las libertades ciudadanas hay un amplio espectro de actitudes y propuestas. Unos van desde proponer que el estado lo posea todo, incluyendo la prensa y que además el gobierno decida todo, quién debe trabajar y quién no, qué se publica en ella (el caso de la Cuba actual), hasta los más moderados que aunque aceptan grados variables de libertad, siempre contraponen controles o regulaciones a la ciudadanía bajo el pretexto de protegerla. Como se ha afirmado a lo largo de este libro, estas ideas son las que sirven para justificar el totalitarismo en el caso más extremo y las que abren el camino para esas personas que esperan que el gobierno sea su principal fuente de enriquecimiento o de acumulación de poder. Aquí las exponemos como advertencia pues el legado de Fidel Castro incluirá a muchos que proponen un gobierno con poderes extraordinarios para la transición post-castrista, incluyendo personas que hoy son oposicionistas y que incluso han sufrido el presidio político socialista. Nada sería más amenazador para el desarrollo de una sociedad civil libre que tales ideas predominen.

Es probable que el resurgimiento de una prensa independiente y todas las organizaciones de este sector se lleve a cabo con medios privados. Una parte de ese resurgimiento estará basado en la devolución de los activos expropiados por el gobierno, aunque puede presumirse que este proceso se verá complicado por las muchas transformaciones que el sector ha sufrido en más de cuatro décadas, como hemos visto en las secciones anteriores que tratan de la devolución de propiedades confiscadas. Pero es razonable suponer que los recursos físicos disponibles para la devolución a sus legítimos propietarios no serán suficientes para satisfacer todas las pérdidas. Además, como ya hemos visto también, el estado cubano estará arruinado en el momento en que comience una transición y no será posible compensar financieramente a esos propietarios de inmediato, con la liquidez necesaria para la reconstrucción de sus empresas. Esto significa que la reconstrucción de este importante sector dependerá de inversiones privadas frescas, entre las cuales pueden encontrarse importantes intereses extranjeros.

Debemos tener en cuenta que una de las principales restricciones al restablecimento y desarrollo de una prensa libre será de tipo financiero. En estas condiciones es muy posible que en el proceso de transición este importante sector tenga algunas facilidades especiales por parte del gobierno para su pronto restablecimiento. Una de esas facilidades sería alguna forma de exención de impuestos para aquéllos que fueron expropiados y que no podrán ser adecuadamente compensados por sus pérdidas. Es crítico que tales exenciones no se conviertan en instrumentos de presión sobre los intereses afectados o que se apliquen de manera permanente, por lo tanto las mismas deben ser dadas y observadas mediante métodos transparentes.

La recuperación de una prensa libre en Cuba obviamente dependerá del vigor con que se recupere la economía cubana, como hemos visto anteriormente. Antes de la revolución, existían muchos periódicos, estaciones de radio y de televisión que se mantenían sin subsidios del gobierno. Cuba era el segundo país del mundo, o sea seguía a Estados Unidos, en número de estaciones de televisión con seis canales. Aunque el país tenía problemas económicos serios y de hecho sufría un cierto estancamiento en la década de los cincuenta, la economía permitía una actividad publicitaria capaz de mantener a muchas de estas empresas. O sea, los anuncios pagados por las empresas eran la fuente de ingreso primordial de los medios de comunicación en Cuba, lo mismo que sucede en otros países. Se desprende que el resurgimiento de los medios de comunicación dependerá de que surjan las empresas que típicamente pagan los anuncios como parte de sus estrategias de mercadeo.

Esta condición no necesariamente se repetirá automáticamente en Cuba tan pronto se pueda comenzar un proceso de transición. Sin embargo, vale la pena insistir en que la recuperación de la prensa depende en gran medida de la recuperación de la economía que al fin y al cabo generará los recursos que alimentarán los medios. Es por eso de suma importancia que los medios apoyen la transición, primero que nada entendiendo el proceso y sus dificultades, contratando periodistas que sepan reportar y analizar los problemas de una reconstrucción económica aun cuando tengan que ser críticos del proceso y ayudar a que la ciudadanía esté bien informada para que pueda contribuir a la reconstrucción mediante los diversos canales que le ofrece la sociedad civil.

Una prensa obcecada por la maximización de mercados, audiencias y clientes y que usa el drama de la crítica indiscriminada fuera de toda proporción no contribuirá a la reconstrucción del país. Todo lo contrario. Hay quienes creen que un segmento importante de la prensa cubana en los años cincuenta abusó de la crítica a los gobiernos de tal manera que destruyó la credibilidad de todas las fuerzas e instituciones políticas del país. Esto facilitó el camino al movimiento de Fidel Castro en el establecimiento de un régimen totalitario que llenó el vacío institucional creado por el proceso.

Una economía de libre empresa se construye sobre un acervo de credibilidad y confianza ciudadana en las instituciones y organizaciones del estado y privadas, incluyendo los medios mismos. Pero ellos además tienen una misión adicional en la creación (o destrucción) de esa confianza, lo que ahora se ha dado por llamar «capital social». Pero ¿cómo se construye ese capital social, esa credibilidad interciudadana? ¿Cómo puede lograr la Cuba postcastrista que sus ciudadanos adopten formas de comportamiento colectivo que hagan posible el advenimiento de una democracia y de una economía de mercado? Aunque no tengamos una respuesta conclusiva o una solución satisfactoria para este problema, creo que podemos postular que la factibilidad de tal sociedad depende de ciertas formas de participación de muchas organizaciones en ese esfuerzo, lo que hemos estado exponiendo a lo largo del libro y que seguiremos haciendo hasta el final del mismo.

Las universidades

Como centros de producción y distribución de conocimientos, el papel de las universidades es de importancia cardinal en el desarrollo de cualquier sociedad moderna, pero en el desarrollo de una sociedad libre el papel de las universidades es aún más importante. Para eso, las mismas tienen que ser independientes del gobierno, contar con suficientes recursos para cumplir su misión y garantizar internamente la libertad de expresión para sus profesores y sus alumnos y el nivel de la calidad académica, científica y cultural de sus actividades. Cualquier forma de dependencia del gobierno, especialmente de índole financiera, podría convertirse en un instrumento para distorsionar el objetivo de las universidades y su contribución al desarrollo de la sociedad a menos que existan las salvaguardas correspondientes. Además de centros de distribución de conocimientos por medio de la enseñanza, las universidades deben ser centros de producción de conocimientos e intercambio de ideas, mediante el desarrollo del pensamiento, de los estudios, los experimentos y las investigaciones de sus profesores y de sus alumnos. Pero es necesario enfatizar que todas estas actividades requieren recursos para llevarse a cabo con un mínimo de eficacia. Es probable que en Cuba tales actividades estén sujetas a severas restricciones presupuestarias por mucho tiempo, especialmente al comienzo de la transición.

A pesar de estas dificultades, es importante que el sistema universitario del país se reconstituya con suficientes recursos en las carreras o estudios que ofrezca. O sea, debe evitarse ofrecer programas de toda índole sin un criterio que establezca prioridades en función de la transición. Esto requerirá decisiones difíciles, por lo menos durante las primeras etapas pues los diversos especialistas en sus temas defenderán como esenciales sus respectivos campos de estudio. Aquí no es prudente pasar de estas consideraciones generales y proponer prioridades concretas, pues estas tendrían que ser formuladas con más conocimiento de causa. Para establecer esas prioridades, por ejemplo, es necesario saber con mayor precisión la oferta y la demanda de las diversas especialidades universitarias. Por otra parte, consideraciones estáticas de tal índole no son suficientes sin una visión de más largo plazo. Por ejemplo, todo indica que Cuba tiene en la actualidad un excedente de médicos, o por lo menos un número de médicos que parece desproporcionado con relación a otras carreras, como las de administración de empresas o contabilidad. Esto no quiere decir, sin embargo, que deba cerrarse la carrera de medicina por un tiempo, lo cual sería absurdo, pero sí que se restringiera la matrícula por varios años mientras se matiene un nivel de operación adecuado mediante la asignación de los recursos necesarios.

En presencia de tales restricciones presupuestarias, la población cubana, especialmente los estudiantes y todas las instancias del país deben comprender que los estudios universitarios son costosos. Que aunque los estudios han sido «gratuitos» para los estudiantes, no son gratuitos para la economía en su conjunto, pues alguien tiene que pagarlos. Los profesores, el personal de apoyo, las instalaciones, los equipos y suministros de laboratorios, la adquisición y el mantenimiento de los libros y revistas de las bibliotecas y muchas otras necesidades requieren cuantiosos volúmenes financieros. Los profesores deben trabajar a tiempo completo en la universidad sin tener que complementar sus salarios con actividades fuera de ella, como era típico en casi todas las carreras universitarias antes de la revolución y como lo es en universidades de países subdesarrollados.

Pero la nómina de personal docente es sólo una parte de los gastos. Las bibliotecas deben mantenerse al día con las publicaciones necesarias para una educación e investigaciones de alta calidad. Del mismo modo, los laboratorios deben tener los equipos más modernos y los suministros y el mantenimiento que necesitan para operar, mientras que el personal administrativo debe tener las calificaciones adecuadas a sus funciones. Todo esto requiere que se paguen salarios competitivos al personal de las universidades. Es necesario disponer de fondos y asignaciones presupuestarias para comprar los bienes y servicios que requiere toda universidad moderna, además de financiar las inversiones en edificios y equipos así vayan creciendo y modernizándose estas instituciones.

Antes de la revolución de 1959 los estudios en la Universidad de la Habana, la Central de Las Villas y la de Oriente eran prácticamente gratuitos para los estudiantes. Las universidades privadas que comenzaban a aparecer en la década de los cincuenta cobraban sus respectivas matrículas, las cuales ya reflejaban la realidad del costo de los estudios universitarios. Las universidades públicas se enfrentaban a una creciente demanda de carreras por parte de estudiantes que por ser gratis ponían una presión cada vez mayor en las capacidades existentes. Después de la revolución, la matrícula gratuita se hizo universal y se expandió aunque sufrió un fuerte condicionamiento de tipo político e ideológico. De este modo, los estudiantes que se muestran abiertamente desafectos a la revolución pierden su acceso a las universidades lo que da lugar a purgas como la que sucedió en la Universidad de La Habana en 1965 y que parece haber sido ordenada por el jefe de gobierno Fidel Castro.[43] El sistema universitario de la revolución carece de libertad académica en cualquier materia que no sea enteramente congruente con la línea oficial, política o ideológicamente.

La tradición de estudios universitarios gratuitos en Cuba, aun cuando han sido subsidiados con fondos provenientes de otras partes de la economía o posibilitados por los cuantiosos subsidios de la Unión Soviética hasta su disolución, han dejado la impresión en grandes segmentos de la población que tales estudios deben ser gratuitos y que además constituyen un derecho inalienable para todos los que deseen una carrera universitaria. La realidad es que para ofrecerlos con un mínimo aceptable de calidad hay que limitarlos a un número de estudiantes por debajo de lo que puede ser una demanda irrestricta.[44]

Es razonable esperar que tan pronto la transición comience, habrá muchas iniciativas para fundar nuevas universidades y para administrar las existentes y con esas iniciativas, habrá presiones sobre el gobierno para financiar muchas de estas instituciones. Sería de gran valor que Cuba cuente con un verdadero sistema universitario al comienzo de la transición. Las posibilidades de financiamiento del país determinarán el alcance del desarrollo universitario conjuntamente con el pensamiento predominante en

---

43   Este fue un episodio orwelliano a lo 1984 en toda su extensión del cual este autor fue testigo y del que se sabe muy poco todavía. El evento consistió en una serie de asambleas organizadas por los Jóvenes Comunistas, con asistencia obligatoria de todos los estudiantes, en las que se expulsaba de la Universidad de La Habana a todos aquellos estudiantes que de alguna manera se habían manifestado desafectos al gobierno o que deseaban abandonar el país. Llegaron a incluirse en el programa de la llamada "depuración" el denegar la emisión de los diplomas correspondientes a estudiantes que ya habían completado los requisitos para su graduación. Para una versión con más detalles de estos hechos léase a Alvarez (1997).

44   En este caso, la ley de la demanda, uno de los pilares analíticos de la economía como ciencia, se aplica tan inexorablemente a la educación como a cualquier otro bien o servicio que produce la economía. Dicha ley plantea que existe una relación inversa entre la cantidad de un bien o servicio que los ciudadanos están dispuestos a comprar y el precio al cual dicho bien o servicio se está vendiendo. Si el precio sube, la cantidad que se demanda es menor y, viceversa, si el precio baja, habrá una cantidad demandada mayor. Si el precio llegara a ser cero, como es el caso de una educación gratuita, la cantidad que se demanda (en número de estudiantes que demandan puestos en las aulas y en los programas de estudio) tiende a ser máxima. Aquí surgen dos problemas. Uno de ellos es si el sistema va a tener la capacidad o no de satisfacer la demanda a precio cero. El otro problema es quién paga el costo de producir la educación, pues aunque la misma sea «gratis» para el estudiante o su familia, alguien tiene que producir los recursos que se necesitan para pagar los salarios de los profesores y todos los demás gastos de una educación universitaria de calidad.

este respecto. Si predomina la noción de que cualquier ciudadano tiene derecho a una carrera universitaria y que el estado debe garantizar ese derecho, incluso más allá de las propias capacidades de cada persona, el exceso de demanda dañará irremisiblemente el desarrollo universitario en todos sus aspectos. Especialmente sufrirá el nivel de calidad de los estudios universitarios como sucede en muchos países donde abundan universidades que debieran cerrarse. Los estudiantes saldrán diplomados pero sus credenciales valdrán muy poco en el mercado de trabajo y en la sociedad en su conjunto. Esto sin duda dañará también la reputación internacional de las instituciones cubanas y de sus profesionales.

Si por el contrario, lo que predomina es un compromiso con la calidad de los estudios de manera que se ajuste la matrícula a las capacidades financieras que se generen con el propio desarrollo de la economía, entonces el desarrollo universitario será más efectivo para la reconstrucción del país. Aunque el estado pueda financiar algunos programas universitarios, el sistema debe ser flexible en dos aspectos fundamentales. Uno es la necesidad de facilitar el desarrollo de universidades privadas que tengan plena libertad para recuperar los costos de los estudios mediante el cobro de las matrículas correspondientes. El otro es que exista una forma elemental mínima de recuperación de costos de las universidades financiadas públicamente. Esto último puede lograrse de varias maneras, entre ellas con la ayuda de un sistema de préstamos a largo plazo para los estudiantes y de sistemas de becas, financiadas por el estado y por benefactores privados para estimular a los individuos de más talento a perseguir altos estudios.

Además de las diversas formas de financiamiento que puedan surgir y que puedan adoptarse, es obvio que la reconstrucción económica del país y su desarrollo ulterior dependen en gran medida de lo que pueda lograrse en las universidades. Primero que nada, la contribución de las universidades a la reconstrucción dependerá de su capacidad de enseñanza a los grupos profesionales que a corto plazo estén estrechamente ligados con las tareas más perentorias de la reconstrucción, no sólo en lo económico sino también en los otros aspectos de la sociedad. De hecho, esta condición deberá ser una de las que defina las prioridades del desarrollo de las universidades durante la transición. Las profesiones que van a necesitar una atención especial durante la transición son las relacionadas con la instalación de nuevas empresas, como contabilidad y finanzas, administración de negocios, gerencia (management), mercadeo, etc.; la reaparición del sector financiero (banca, seguros, mercados de capital); la recapacitación de economistas y profesionales de la administración pública; periodismo, comunicaciones y publicidad; derecho, etc. Una mención especial merece la carrera docente y la necesidad de reorientar el currículo de los niveles primario y secundario para que sirvan los objetivos educativos de una sociedad de individuos libres y no de una oligarquía totalitaria fundamentada en el culto a la personalidad de los gobernantes y en el oscurantismo ideológico.

Cuba no fue una excepción en la tradición socialista de ofrecer carreras universitarias subsidiadas a números de personas que después no podían ser empleadas en sus campos correspondientes con niveles adecuados de salarios. La economía cubana se ha destacado, entre los países socialistas de antaño, por estar entre las peores generadoras de empleo. Los gobiernos de transición, desde el primer día, posiblemente se enfrenten a demandas para ofrecer carreras universitarias de forma gratuita como se ha venido haciendo hasta ahora y como se hacía por las universidades públicas en el pasado. Además, es igualmente probable que los gobiernos de transición estén sucesivamente bajo la presión de generar empleos en números suficientes. Sin embargo, tales demandas no van a poder ser satisfechas adecuadamente, lo cual posiblemente genere presiones que conduzcan al país a una situación de inestabilidad.

Con el primer gobierno de transición, y desde el primer día del mismo, los cubanos gozarán de las libertades que no han disfrutado en cuarenta y tantos años de totalitarismo. Es lógico esperar que las nuevas libertades se manifiesten en forma de reclamos a los que ostentan el poder. Es también razonable pensar que una de las fuentes de reclamos será de los estudiantes universitarios, pues ellos cuentan con las ventajas de la conglomeración que facilita la comunicación entre ellos y la organización de diversas formas de acción colectiva.

Todo esto significa que desde el primer gobierno de transición en adelante es preciso que las autoridades dediquen un gran tiempo a la comunicación con segmentos de la población como los estudiantes. El objetivo es explicar y debatir libremente las condiciones y las restricciones que el país debe enfrentar en la construcción de nuevos sistemas económicos y políticos. Si las universidades, profesores y estudiantes, pueden ser convencidos que las puras presiones y manifestaciones no lograrán la transición deseada, el país se podrá concentrar en las tareas correspondientes sin distracciones costosas. Es por eso imperativo que las autoridades no pretendan implantar reformas como si fuera una dictadura, sin discutirlas con las instancias más dinámicas y potencialmente más poderosas de la población.

Los sindicatos de trabajadores

El poder de los sindicatos de trabajadores, al igual que el de los círculos universitarios, para apoyar o para obstaculizar la transición al mercado y hacia la democracia no puede exagerarse. La reconstrucción podrá ser más rápida a medida que los trabajadores organizados puedan lograr formas de cooperación mutuamente beneficiosas con sus respectivos empleadores. De lo contrario el país puede llegar a sumirse en una ola de conflictos laborales permanentes que paralizará las inversiones y toda actividad creadora de riqueza y empleo y, por ende, el crecimiento de la economía.

Es importante tener en cuenta que uno de los factores más importantes en la atracción de inversiones será lo barato de la mano de obra en Cuba, legado de la revolución. Esto no quiere decir que las nuevas inversiones creen una condición de permanente empobrecimiento de los trabajadores cubanos. El análisis económico más simple, además de la amplia experiencia que existe sobre estos problemas, indica que una vez que la economía se pone en marcha, los salarios comienzan a aumentar cuando la demanda por mano de obra se expande como resultado del crecimiento. Pero este proceso no ocurre de un día para otro. Ninguna economía por pujante que sea produce milagros o cambios espectaculares de un día para otro. Es necesario darle tiempo para que las empresas movilicen los factores de producción y rindan los frutos esperados. Por eso no es ocioso insistir en que la transición debe llevarse a cabo de la manera más ágil posible sin disturbios que alteren la paz que se necesita mientras el gobierno sigue las políticas necesarias.

En este aspecto, tanto los líderes sindicales como la membresía tienen una responsabilidad que va mucho más allá de sus reivindicaciones económicas y sociales. Es indispensable que todos sepan ajustar las legítimas aspiraciones de los trabajadores a lo que es factible económicamente. Aspiraciones ilusorias, divorciadas de la realidad económica del país en cada momento no sólo impedirán su realización a largo plazo sino que van a impedir incluso alcanzar las que son realistas a corto plazo. Lógicamente, el marco de lo que es factible podrá ir cambiando de acuerdo a como varíen las condiciones económicas. Es probable que si la economía crece, se amplíen las oportunidades para los trabajadores, tanto en su número como en los niveles de remuneración y beneficios que puedan lograr.

Pero si los trabajadores comienzan a hacer exigencias incongruentes con las condiciones económicas del país, la reconstrucción se retrasará y posiblemente se frustre. La gran disyuntiva a la que se enfrentará el movimiento obrero cubano será si debe perseguir sus propias reivindicaciones a cualquier costo, sin mirar al resto de las condiciones del país o si debe equilibrar sus demandas en el contexto de lo que es económicamente racional en una perspectiva de amediano o largo plazo. En el sistema económico que aquí propiciamos para Cuba es perfectamente legítimo que los individuos actúen en función de sus intereses. Los sindicatos no tienen por qué sacrificar a sus miembros en aras del interés de los demás. Pero los sindicatos pueden llegar a concentrar una gran cantidad de poder, especialmente en el marco de una confederación y ese poder puede ser utilizado de muchas maneras, tanto constructiva como destructivamente.

La posibilidad de estas concentraciones de poder, tanto a nivel de confederación nacional, como a niveles más descentralizados, atraen líderes con diversas agendas, algunas de ellas legítimamente interesadas en el bienestar de los trabajadores miembros y otros motivados por intereses más estrechos, por ejemplo, como usar a los miembros de plataforma para perseguir carreras políticas fuera de los sindicatos o incluso para el enriquecimiento personal. Aquí se presenta el llamado «problema del principal y el agente» que explicaremos brevemente. En este caso «el principal» es el miembro del sindicato o la membresía en su conjunto y «el agente» es el líder o los líderes de los sindicatos. El líder o agente es electo o contratado para representar los intereses de los miembros del sindicato y de alguna manera existe un contrato o entendido entre los líderes y sus representados a través del cual el primero trabajará en favor de los intereses de los segundos. Sin embargo, como es legítimo, el líder también tiene sus intereses propios, personales y que no necesariamente van a coincidir con los intereses de los miembros del sindicato. Tales intereses pueden chocar y de hecho muchos tienden a ser antagónicos. Por ejemplo, el líder del sindicato puede desear un gran salario y utilizar las cuotas de los trabajadores sindicalizados para financiarlo, junto con oficinas de lujo, viajes al exterior y otros beneficios que mejoran las condiciones de trabajo y de vida del agente.

Otros ejemplos de diferencias de intereses son que el líder sindical persiga una carrera política fuera del sindicato, para lo cual necesita prestar mucha atención a relaciones con individuos que no son de importancia para los trabajadores, o que simplemente el líder responda a los intereses de los empleadores a cambio de ciertos beneficios. Es importante que los trabajadores estén concientes de este tipo de problema y que sepan actuar en consecuencia mediante un escrutinio riguroso del trabajo de sus líderes, elecciones eficaces que permitan reemplazar a los líderes inadecuados y elegir a los idóneos y en general participar activamente en la política sindical.

Pero, ¿cuál debe ser esa política? ¿Sobre qué bases deben organizarse los sindicatos de trabajadores en Cuba para contribuir eficazmente a la reconstrucción de la economía cubana? Como excluimos al gobierno para que juegue un papel interventor en este problema, la respuesta yace en los propios miembros del sindicato. Ellos son los que determinarán quiénes serán sus líderes y qué rumbo habrán de seguir. Lo ideal, es que los sindicatos, tanto los líderes como los miembros de fila, se asesoren bien, que tengan una buena comprensión sobre cuestiones económicas básicas y de una economía de mercado, muy en especial sobre las relaciones de oferta y demanda en los mercados de trabajo, la determinación de los salarios y la relación entre salarios y productividad. Pero no hay un mecanismo automático y seguro que filtre a los líderes oportunistas y les impida utilizar métodos que los lleven al poder y lo utilicen con fines contrarios a los de sus propios miembros. Si existe un mecanismo para lograr lo opuesto, o sea la elección de líderes conscientes y responsables ese mecanismo radica en el grado de conciencia y conocimiento de los micmbros y su capacidad de actuar colectivamente en favor de los líderes idóneos.

Los mercados de trabajo son una parte esencial de las economías de mercado y si los primeros no son eficientes debido a trabas impuestas por los sindicatos o el estado, los empleadores o el gobierno, podrán reflejar, crear y amplificar distorsiones que obstaculicen la recuperación de la economía. Códigos de trabajo irrealistas o demandas que exijan condiciones que incrementen el costo de la fuerza de trabajo más allá de los niveles de equilibrio entre libre oferta y libre demanda impedirán que la economía alcance todo su potencial generador de empleo en cualquier fase de crecimiento. Por ejemplo, legislación laboral que obligue a los empleadores a dar concesiones al trabajo que elevan significativamente el costo de la mano de obra tiende a desestimular la generación de empleo. Las concesiones aparecen en diversas formas, siendo las más frecuentes los impedimentos en el despido aunque sea justo, salarios mínimos demasiado elevados, beneficios muy costosos e inderinizaciones por despido arbitrariamente altas. Casi siempre los que abogan por iniciativas legislativas de este tipo no prevén que los empleadores pueden ser forzados a cumplir la ley si emplean, pero no pueden ser forzados a emplear una mano de obra que cuesta más de lo que produce. Esta ha sido y sigue siendo una de las plagas que entorpece el desarrollo económico de muchos países en América Latina y que en la práctica ha sido el peor enemigo de la masa trabajadora, pues son sólo unos pocos los que se benefician con estas condiciones.

Los empleadores que no cumplan los contratos de trabajo igualmente obstaculizan el buen funcionamiento de los mercados de trabajo. Por eso es importante que el gobierno, por medio de su administración de justicia, dedique una buena parte de sus recursos a garantizar los derechos de los trabajadores a través de la seguridad contractual. Otro papel del gobierno consiste en regular las relaciones entre empleadores y empleados cuando los primeros lleguen a ser los únicos que generan empleo (monopsonistas) en ciertas regiones igualmente o sectores de actividad económica. Todo poder monopólico es potencialmente capaz de usarse para extorsionar a la sociedad o a una parte de la misma para obtener concesiones especiales, generalmente injustas y propiciatorias a que tales coaliciones se formen en otras partes de la economía. Una fuente adicional de limitaciones innecesarias a la eficiencia de los mercados de trabajo y a la generación de empleo aparece con intervenciones o políticas gubernamentales que regulan excesivamente el funcionamiento de los mercados, como pueden ser los decretos que dictan condiciones de empleo y que limitan las libertades de contratación, por ejemplo, la prohibición de que los comercios abran a ciertas horas o días. Todos los trabajadores deben tener la libertad de ofrecer su trabajo a todo el que lo necesite en el momento y lugar que lo requiera, del mismo modo que todo empleador debe tener la libertad de contratar en las mismas condiciones, siempre dentro del marco de la ley.

Entre las primeras responsabilidades de un sindicato moderno, compatible con una economía de mercado y operando en un régimen democrático se debe incluir la promoción de leyes que aseguren los derechos de los trabajadores, especialmente el derecho a la seguridad contractual. El papel de los sindicatos en este aspecto incluye presionar para que la legislación se cumpla mediante una administración de justicia firme, ayudada por un sistema eficiente y eficaz de inspecciones por parte de alguna oficina gubernamental como el Ministerio de Trabajo. La legislación laboral incluye muchos elementos entre ellos las formas de reclutamiento, promoción y despido; las condiciones de seguridad y salubridad en los lugares de trabajo; la lucha contra todas las formas de discriminación; la eliminación de las formas más abusivas del trabajo infantil; etc.

Un tipo de táctica o política que debe ser evitada por los sindicatos es impedir o restringir la libre contratación de trabajadores por parte de los empleadores. En muchas ocasiones, los trabajadores organizados abogan por formas de seguridad laboral que son incompatibles con el desarrollo de las economías y acaban reduciendo no sólo las oportunidades de empleo para una buena parte de la población laboral, sino también los niveles de productividad y de remuneración. Por ejemplo, ponerle trabas al despido de trabajadores porque hay una reducción de la demanda, una contracción económica o porque siempre hay trabajadores que no cumplen con sus deberes es una manera de desestimular la inversión y el empleo por parte de las empresas. A la larga y contrario a lo que se cree, estos procedimientos acaban aumentando la inseguridad del empleo de los trabajadores más eficientes e impiden que los empleadores puedan beneficiarse de sus servicios, al igual que la economía en su conjunto.

En una economía moderna, las condiciones de trabajo, la demanda de los productos de las distintas empresas y las condiciones económicas nacionales e internacionales están siempre sujetas a fuertes fluctuaciones. Nadie puede estar permanentemente asegurado contra tales fluctuaciones, ni empresas, ni trabajadores. Sin embargo, pueden existir mecanismos que amortigüen la inseguridad laboral que se derive de las fluctuaciones económicas como son los seguros de desempleo que se financian con contribuciones de empleados y de empleadores y que sirven para cubrir una parte de los salarios que pueden llegar a perderse en caso de desempleo. Si están bien organizados y adecuadamente financiados, tales seguros de desempleo pueden cubrir a los desempleados por varios meses, muchas veces lo suficiente hasta encontrar un nuevo empleo.

El fenómeno económico tiende a ser contraintuitivo y muchas veces engaña al que no está entrenado en esta disciplina. La economía del trabajo es una de las áreas donde se presentan frecuentemente situaciones paradójicas que llegan a confundir al lego y acaban conduciendo a malas decisiones de política. La paradoja más típica es probablemente que las economías donde hay mayor libertad de contratación y que en apariencia son en las que menos seguridad tiene el trabajador, son precisamente aquellas donde el trabajador goza de un nivel de vida que supera con creces al correspondiente a los de economías donde imperan más restricciones en los mercados de trabajo. Un ejemplo cercano a Cuba y ampliamente documentado es el de la economía de Estados Unidos y su portentosa capacidad de crear millones de empleos al mismo tiempo que desaparecen otros millones. Tal dinamismo se debe a los cambios constantes no sólo en las condiciones de oferta y demanda de diversos bienes y servicios, sino también al incesante flujo de innovaciones en productos y procesos tecnológicos que imponen sobre las empresas la necesidad de mantenerse al día renovando continuamente sus factores productivos. En el léxico marxista esto se denomina el cambio en las fuerzas productivas. Irónicamente nunca lo lograron las economías socialistas al ritmo y en el volumen de las economías capitalistas.

Es por ende necesario que los sindicatos de una nueva economía cubana sepan asesorarse con aquellos profesionales, especialmente economistas, estadísticos y abogados especializados en cuestiones laborales que los guíen en la interpretación de las condiciones legales y económicas que imperen en el país a cada momento. Tanto los líderes de los sindicatos como sus miembros individuales deben tener una comprensión mínima de los fenómenos económicos que afectan directamente las condiciones de trabajo y los niveles de vida de toda la población, como las cuestiones relativas a la inflación, el costo de la vida, la productividad, el nivel general de los salarios, y muchas otras variables económicas pertinentes. Con el conocimiento mínimo y una buena asesoría profesional, los sindicatos pueden llegar a formular estrategias e influenciar políticas de acuerdo a las realidades del país y lograr de tal modo servir mejor los intereses de los trabajadores.

Las asociaciones gremiales

Una de las consecuencias inmediatas del establecimiento de libertades civiles en Cuba será la aparición de innumerables organizaciones que representarán diversos grupos de intereses. Como he mencionado en el transcurso del libro, la defensa de los intereses privados de los ciudadanos es perfectamente legítima en una sociedad democrática. Las organizaciones que surjan para defender o representar el amplio espectro de aspiraciones reflejarán en una cierta medida muchas de las que existieron en Cuba hasta el advenimiento de la revolución, pero surgirán muchas otras en función de los cambios que han ido operando en el mundo y en Cuba durante todos estos años.

La variedad de organizaciones será tan amplia que resultaría difícil una clasificación pero a manera de ilustración podemos señalar, además de los sindicatos de trabajadores de diversos tipos que se mencionaron en la sección anterior, las organizaciones de empresarios o de sectores de actividad económica en la industria azucarera, los comerciantes, los transportistas, los operadores de hoteles, los representantes del sector financiero, etc. También surgirán asociaciones de profesionales, como colegios de médicos, abogados, periodistas, contadores y otras profesiones. En una sociedad libre, estas asociaciones representan una parte importante del conjunto de organizaciones que componen la sociedad civil ya sea de alcance nacional, regional o local.

Si el estado cubano se organiza para garantizar una amplia gama de derechos y libertades individuales, como se aboga en este trabajo, estas organizaciones deberán tener plenas libertades para funcionar y cumplir con sus respectivas misiones dentro del marco de la ley. Cada gobierno, desde el primero en la transición y los sucesivos deberán dar todas las facilidades razonables para que estas organizaciones se puedan fundar y desarrollar a plenitud. Por supuesto que pueden existir algunos requisitos de inscripción o registro, el pago de algunas tasas y la posible exención del pago de impuestos para las asociaciones que no tengan fines de lucro, pero ninguno de los requisitos debe ser utilizado para impedir el establecimiento y desarrollo de las mismas.

Por su propia naturaleza, muchas de estas organizaciones tratarán de influenciar al gobierno, nacional o local, o a los legisladores y hasta al poder judicial, para lograr medidas favorables a sus objetivos orgánicos o agendas. Algunas de estas iniciativas pudieran ser legítimas y perfectamente congruentes con el interés general, pero otras iniciativas no lo serán. Por ejemplo, una organización destinada a promover los valores democráticos y la participación ciudadana en los procesos electorales puede que trate de influenciar a los políticos para que adopten conductas congruentes con sus objetivos, lo cual puede ser considerado como favorable al bien público. Esas mismas organizaciones pueden querer que se legisle a favor de una ley o enmienda constitucional que establezca la obligatoriedad del voto, medida de dudoso beneficio general. Las asociaciones que representan sectores específicos de actividad económica frecuentemente favorecen medidas del gobierno o del poder legislativo que crean beneficios especiales para ciertos sectores. Si se logra, generalmente, se hace en detrimento de otros sectores de la economía. Por ejemplo, algunos banqueros cubanos en el exilio han propuesto que el desarrollo del sector bancario debe comenzar con la participación exclusiva de banqueros cubanos para que los mismos puedan fortalecerse antes de tener que competir con la banca internacional o extranjera. Tal medida retrasaría y hasta impediría la reconstrucción económica del país que necesitaría de cantidades sustanciales de crédito para que el sector privado pueda desarrollar las empresas necesarias, mientras crearía condiciones cuasi monopólicas en el sector que enriquecería rápidamente a su miembros sin que el sector se desarrolle como lo requiere la economía.[45] Del mismo modo, hay ciertas tendencias entre antiguos intereses azucareros para que el gobierno, incluso la constitución misma, otorgue facilidades especiales para la reconstrucción de esa industria, lo cual sólo puede hacerse creando desventajas para las empresas que operan en el resto de la economía.

Muchos grupos profesionales promoverán también iniciativas legales que reduzcan la competencia de manera de elevar las tasas a las que cobran sus honorarios o salarios, creando una escasez artificial en detrimento de los intereses de los compradores de toda clase. Otra manera de obtener privilegios es abogando por el establecimiento de impuestos especiales destinados a favorecer a una clase profesional. Por ejemplo, en muchos países de América Latina los legisladores (que con frecuencia son

---

45 No hay nada malo con que un sector de la economía o un ciudadano en particular se enriquezca rápidamente siempre que lo haga en condiciones de libertad de mercados competitivos y no como resultado de un privilegio o de restricciones a las actividades económicas de otro.

abogados) han promulgado leyes impositivas que favorecen al gremio mediante el uso forzoso pero innecesario de servicios profesionales para realizar gestiones simples como la obtención de unas matrículas o licencias para vehículos o formas específicas de tramitación con el gobierno.

En una sociedad libre existen muchas tendencias a favor y en contra del interés público o del simple «ciudadano de a pie». Corresponde a las diversas instancias del estado y el gobierno, bajo la vigilancia de la prensa, la sociedad civil y la ciudadanía en general y dentro del marco del sistema legal en que se opere, evaluar esas tendencias de manera que impere un sistema de equilibrio entre las mismas. De ahí surge el concepto de balances y contrapesos, para utilizar la traducción de Armando Ribas del término en inglés «checks and balances» una de las grandes innovaciones con que contribuyeron quienes formularon la constitución americana y que representa una forma de ingeniería de gobierno que impide el abuso del poder en beneficio de grupos privilegiados.

Estas consideraciones no deben ser interpretadas como si estas agrupaciones gremiales, caritativas o de cualquier otra índole sólo obedecieran intereses incongruentes con los del resto de la sociedad. En realidad, las mismas representarán una amplia gama de intereses que son parte de la sociedad en su conjunto. La existencia de estas asociaciones es esencial como contrapartida a la asociación que representa el gobierno. El gobierno absoluto de Fidel Castro representa el monopolio de todas las formas de poder y de organización, todo lo contrario a una sociedad moderna y orgánicamente diversificada.

Los partidos políticos

Estas otras organizaciones son especiales y difieren de las discutidas en la sección anterior porque las mismas aspiran a gobernar o a promover a sus líderes para que ocupen distintos cargos en el gobierno, tanto electos por sufragio universal o nombrados por algún funcionario electo. Si la frase de Joseph de Maistre «cada país tiene el gobierno que se merece» la podemos aceptar axiomáticamente, creo que se pudiera enunciar un teorema indicando que los partidos políticos son los instrumentos finales donde tal merecimiento se consolida. O sea, los partidos políticos pueden llegar a ser el último bastión o filtro de la acción colectiva de los ciudadanos que eligen a sus gobernantes. En la práctica, los partidos hacen «el menú» de donde los ciudadanos escogen a los candidatos para ocupar los cargos en las diversas instancias de gobierno, en los tres poderes.

Los partidos políticos son tradicionalmente verdaderos mercados donde se negocian alianzas sobre diversas agendas o foros donde pueden converger o enfrentarse voluntades patrióticas de diversas tendencias. Son también mecanismos donde tanto los oportunistas sin escrúpulos como las personas con vocación de servicio público pueden hallar el camino hacia la gobernación, sea ésta a cualquier nivel, nacional o menor. Quizás la mayoría de los miembros pueda yacer entre estos dos extremos. La realidad es que cómo se organicen y desarrollen los partidos políticos desde los primeros momentos de una transición impactará la trayectoria que el proceso siga.

Es bueno recordar, como hemos visto en páginas anteriores, que uno de los factores que contribuyó al triunfo del totalitarismo sobre la democracia en Cuba parece haber comenzado, según autores como Aguilar León (1997), en la quiebra del prestigio y la confianza ciudadana en el gobierno y en los partidos políticos. Si es cierto que la prensa cubana exageró las historias de corrupción que existían en Cuba, que ya de por sí eran muchas y verdaderas, los partidos contribuyeron en diversas formas a la veracidad de las mismas por haberse convertido en verdaderos mercados de lealtades y favores políticos. Muchos ciudadanos no veían en los partidos políticos instituciones preocupadas por altas cuestiones de estado, sino trampolines desde los cuales los aspirantes perseguían una posición en el gobierno con fines exclusivamente depredadores del fisco. También debe recordarse que algunos partidos o facciones políticas de la Cuba pre-revolucionaria eran o estaban asociados a grupos de pandilleros armados que crearon un clima de gran violencia e inestabilidad en el país. El propio Fidel Castro surge de esos grupos. La inestabilidad que se derivaba de las luchas entre pandillas es uno de los factores, quizás el más poderoso, que explica la falta de inversiones en Cuba en los años prerrevolucionarios y el relativo estancamiento de la economía cubana en ese período.

Todas estas consideraciones demuestran la importancia crítica de los partidos políticos en Cuba en una transición. Estos serán una de las fuentes de confianza o de desconfianza de la ciudadanía y de los inversionistas nacionales e internacionales en el futuro de la economía cubana. Los que estén observando la economía cubana y considerando invertir en ella estarán al tanto del comportamiento de los partidos, sus miembros y líderes para proyectar o extrapolar el comportamiento de los gobiernos venideros en sus tres poderes. La estatura de los miembros de los partidos será el predictor principal de la estatura de los gobernantes y establecerá la tónica de la Cuba del futuro.

Pero ¿quiénes serán los que organicen los primeros partidos políticos en el postcastrismo? ¿Quiénes serán los líderes y qué características tendrán? ¿Quién o cómo se puede lograr que los partidos políticos del futuro agrupen suficientes miembros capaces de escoger los líderes que el país necesita? La realidad es que ésta es una de las áreas de mayor incertidumbre sobre el futuro de Cuba y de su economía en particular. No hay una garantía ni existe un mecanismo o fórmula para que los partidos tengan un mínimo de calidad ciudadana. Todo depende de las condiciones específicas en que actúen los ciudadanos en el momento preciso en que estos procesos organizativos sucedan.

James Madison (1998), uno de los arquitectos de la constitución de Estados Unidos hace más de doscientos años, insistió en su papel 51 de *El Federalista* que los seres humanos no eran ángeles, queriendo implicar que no tenía sentido intentar organizar al gobierno o al estado como si lo fueran. Pero la realidad inescapable es que la calidad, eficacia y eficiencia de los gobiernos y de las organizaciones estatales dependerá y estará determinada por la calidad de los individuos que los partidos propongan y esto a su vez dependerá de la capacidad ciudadana para organizar los partidos y seleccionar a sus líderes. Se desprende entonces que lo más importante que se puede hacer para contribuir desde ahora al mejor desarrollo posible de los partidos políticos es elevar lo más posible el grado de conciencia de los cubanos sobre la importancia de estos temas y de sus decisiones en materia de partidos.

En la Cuba precastrista predominaba la noción fatalista de que «la política es demasiado sucia para las personas decentes». Nadie sabe cuál es el verdadero legado de la revolución cubana en la mente de los ciudadanos y qué grado de confianza los mismos podrán depositar en las acciones de otros ciudadanos y en sus propias capacidades organizativas. No se sabe si el viejo lema volverá a predominar en la mente de los cubanos. Pero cualesquiera que sean estas actitudes y capacidades la realidad es que mucho dependerá de la acción colectiva de los ciudadanos que organicen los partidos políticos en una transición y de su capacidad para llegar a acuerdos que determinen formas de operación que sin ser perfectas, por lo menos puedan contribuir a una reconstrucción de la economía y de las otras esferas de la vida en Cuba.

En este aspecto es importante señalar que tanto los ciudadanos individualmente como por medio de otras organizaciones de la sociedad civil deben prepararse para una transición. Las organizaciones disidentes en Cuba y otras organizaciones independientes indican poseer una capacidad y un gran deseo de intervenir en las cuestiones de estado en Cuba. Muchos observadores y activistas fuera de Cuba se han dado cuenta que esto constituye un movimiento embrionario de gran importancia para el futuro, pero nadie sabe cuántos otros cubanos están preparándose para el futuro y si efectivamente habrán de participar activamente en tales menesteres cuando llegue la hora. Por estas razones es indispensable que se pueda trabajar en la conciencia ciudadana antes del momento en que sea posible una verdadera transición. Es imprescindible que desde el exterior todos los que se preocupan por el futuro del país puedan llevar este mensaje a los cubanos de una manera masiva utilizando todos los medios a su alcance.

Capítulo VII
LA CONSTITUCIÓN Y LA ECONOMÍA

Ninguna economía moderna opera en un limbo institucional.[46] Escritas o no, casi siempre existen reglas que facilitan, guían, condicionan o restringen la actividad económica de las sociedades, sin importar si tales reglas se cumplen o no. Una economía de mercado, en su versión moderna, depende casi más que ninguna otra del establecimiento de reglas que se proponen para ser cumplidas. Las reglas que se aplican a una economía que opera en una democracia forman parte del estado de derecho del país. Como ya hemos dicho aquí, una economía de mercado no es una economía salvaje, sino una economía que opera dentro de ciertas reglas, dentro de un cierto orden institucional, incluso dentro de un conjunto de principios éticos. Una economía de mercado no tiene necesariamente que ser una economía despiadada carente de valores humanísticos. De hecho, las economías de mercado se han ido desarrollando en el marco de sistemas legales que han ayudado a crear un cierto equilibrio entre los intereses más egoístas de los individuos y el bienestar colectivo. La economía de mercado como tal está organizada como una parte intrínseca de un estado de derecho.

El cumplimiento de las reglas que rigen una economía de mercado no es automático pues muchos ciudadanos encuentran incentivos para violarlas, mientras que en otros casos se presentan disputas sobre la interpretación de las reglas. Esto conduce a la necesidad de establecer sistemas que vigilen el cumplimiento de las reglas, se tomen las medidas necesarias para hacerlas cumplir, penalizando a los que las violan o previniendo lo más posible los incumplimientos y también resolviendo las disputas que surjan por diferencias en su interpretación. No basta promulgar reglas de organización y operación de una economía, o de la organización y funcionamiento del estado en general, sino que también hay que pensar y establecer el sistema para hacer que las reglas se cumplan. De todo esto se desprende que el establecimiento de un estado de derecho no es gratuito ni automático, no se logra por generación espontánea. Hay que gastar

---

46 Este capítulo está basado en un trabajo presentado por Sanguinetty (2003) para la Duodécima Reunión Anual de la Asociación para el Estudio de la Economía Cubana, Miami, Florida, 1-3 de agosto de 2002

recursos para que funcione como debe y que la mayoría si no todas las leyes que se pongan en práctica posean una erogación correspondiente de recursos para que las mismas se cumplan.

La piedra clave del edificio que constituye el conjunto de reglas de una economía es la constitución del país, la cual cubre también los aspectos no económicos de la sociedad y de la cual emanan todas las otras reglas, leyes y principios que habrán de regir las actividades de la nación. Como sabemos, hoy Cuba está regida por un marco constitucional que restringe en gran parte las libertades del ciudadano, tanto en lo político como en lo económico y en otros aspectos de la vida privada y pública. Ese marco constitucional y el sistema legal que se deriva del mismo, cúmplase o no cabalmente son incompatibles con la existencia de una economía de mercado y una democracia. Por lo tanto, desde el primer momento en que las autoridades y la ciudadanía cubana deseen establecer una economía de mercado, se planteará el problema de cambiar el marco constitucional y el sistema legal que emana del mismo.

Uno de los muchos desafíos que en ese momento se le presentarán a la ciudadanía cubana es seleccionar el texto constitucional más adecuado para el país. Pudiéramos incluso postular que lo más deseable es llegar a un texto constitucional óptimo, para utilizar el lenguaje de la programación matemática. Sin embargo, no se puede encontrar una solución constitucional como se resuelve un sistema de ecuaciones o se siguen los pasos de un algoritmo. La selección de tal texto constitucional es un proceso muy complejo donde lo óptimo llega a ser intrínsecamente indeterminable. No obstante, todavía puede constituir una guía para aproximarse lo más posible a lo que mejor puede servir los intereses comunes de los cubanos.

De entrada, puede decirse que antes de pensar en lo óptimo es más fácil tratar de evitar las alternativas peores, las cuales en materia de diseño de constituciones representa un verdadero peligro como lo demuestra la amplia experiencia latinoamericana donde ha predominado (y persiste todavía) la ilusión de que la felicidad ciudadana puede garantizarse por una constitución o alcanzarse por medio de leyes y decretos, mediante mandatos a los gobiernos. Estas tendencias han hecho que segmentos importantes de la ciudadanía de muchos países hayan desarrollado expectativas irrealistas sobre los poderes gubernamentales que más tarde o temprano chocarán con las realidades de cada economía y generalmente acaban socavando o evitando el desarollo de la credibilidad que necesita toda sociedad para ser gobernada, especialmente en un marco democrático.

Pero cualquiera que sea la ruta de diseño o desarrollo constitucional que los cubanos decidan seguir después del castrismo, es importante tener en cuenta que solamente los individuos son los que seleccionan y actúan, como indica Buchanan (1990, pág. 13), que «cualquiera que sea el fenómeno que intentemos explicar a nivel de agregado social, debiéramos mostrar cómo los mismos son resultado de las acciones e interacciones de seres humanos individuales quienes, por separado o conjuntamente, persiguen sus propios intereses tal como ellos los perciben, con base en su propio conocimiento del mundo que los rodea» siguiendo la interpretación de Van den Hauwe (1999) del trabajo de Vanberg (1994, pág. 1).

Estas consideraciones implican claramente que la tarea de diseñar un texto constitucional en abstracto es relativamente fácil; si se quiere, es una cuestión eminentemente técnica. El verdadero problema es que un texto adecuado cuente con la participación y el consentimiento de la ciudadanía en una magnitud y grado de compromiso tal que se pueda alcanzar lo que se conoce como una mayoría o unanimidad «wickseliana» siguiendo el trabajo en teoría fiscal del economista sueco Knut Wicksell. Tal tipo de mayoría tiende a lograrse con mayor facilidad cuando lo que se debate y somete a votación consiste en temas generales de gran permanencia, por ejemplo las reglas por medio de las cuales se organiza una nación, y no de temas muy específicos. Para lograr tal meta, es necesario informar las decisiones al ciudadano cubano para que sepa optar por el texto constitucional adecuado, y de alguna de las varias modalidades en que tal ejercicio puede llevarse a cabo.

El dilema inicial

Tan pronto se pueda comenzar un proceso de reformas económicas en Cuba, se presentará el dilema de cómo y cuándo definir el marco legal para que tales reformas sean legítimas. Tal dilema se tendrá que enfrentar antes de la selección de un marco constitucional definitivo. Pero, ¿cuánto tiempo se requiere para montar ese marco legal? Y, mientras tanto, ¿cómo se puede lograr que las medidas iniciales que se tomen, antes de que exista un marco legal, sean aceptadas como legítimas? Como en el caso de qué vino primero, si la gallina o el huevo, el dilema se plantea con facilidad, pero su resolución no es tan fácil. Uno de los aspectos del dilema es que no es posible contar desde el primer día con el sistema legal idóneo que sirva de marco al proceso de reformas. Los que proponen como Domínguez (2003) que se comience con una modificación de la constitución vigente en Cuba bajo Castro no reconocen la ilegitimidad extrema de tal marco y del posible rechazo, aun sobre bases emocionales, que el mismo pueda provocar en la mayoría de la población.

El sistema legal de una transición hay que definirlo y, para que sea legítimo, debe ser refrendado por una mayoría de la población, posiblemente por una gran mayoría como se hace frecuentemente con las leyes fundamentales o las constituciones de los países. Es a todas luces imposible que la población cubana estará preparada para decidir, mucho menos para diseñar un sistema legal completo, el primer día en que las reformas puedan instituirse. Frente a este dilema, muchos proponen la instalación de una constitución que ya existe y que estuvo vigente por unos doce años en Cuba entre 1940 y 1952, la llamada Constitución del 40, sobre la cual se han librado muchas batallas.

La restauración de la Constitución de 1940 como la ley principal de la República de Cuba ha sido un tema cuya vigencia ha tenido varios ciclos desde su derogación de facto por el golpe de estado del 10 de marzo de 1952. Durante los siete años de conflicto entre las diversas instancias políticas, el restablecimiento incondicional de esa constitución fue el objetivo casi universal de los distintos opositores, como lo plantean Sánchez (1996) y Carbonell Cortina (1997). En esa época no era ni siquiera pertinente discutir el contenido del texto constitucional, ni mucho menos proponer su reemplazo por otro. Parecía ser un objetivo nacional para la restauración de la democracia en Cuba y el cese de la dictadura de Batista que se restableciera la Constitución del 40, lo que se planteaba como condición sine qua non. De hecho, fue ese uno de los compromisos adquiridos por el movimiento dirigido por Fidel Castro durante su lucha contra la dictadura. Hoy acaso se pueda afirmar que no hay evidencia más puntual y precisa de la traición de las expectativas generadas por aquel compromiso que el que esa constitución no se haya restaurado.

Con los años, la Constitución del 40 representó para muchos cubanos el símbolo de la democracia perdida, democracia que todos sabían imperfecta pero que muchos consideraban una alternativa más deseable que lo que sucedió después de 1959. Con la caída del Muro de Berlín y su secue-

la de democratización en Europa Central y Oriental y la subsecuente disolución de la Unión Soviética, la restauración de la Constitución del 40
cobró nueva vigencia, no ya como símbolo sino como una posibilidad
práctica que ayudaría a que Cuba entrara en una transición hacia la democracia. Y tanto como símbolo que como posibilidad, esa constitución guarda una posición cimera en el contexto de todo lo que hoy se puede considerar cubano. Fue un hito importante en la historia de la República cuando surgió de aquella Asamblea Constituyente. Rigió en Cuba durante los
años en que fue en gran medida respetada y ha sido portaestandarte de las
luchas de ayer y de hoy y se ha mantenido vigente en la mente y en los
corazones de muchos cubanos hasta nuestros días.

Desde el comienzo de la década de los noventa, cada vez que un grupo
de cubanos se reúne para discutir cómo contribuir a la democratización de
Cuba, la Constitución del 40 vuelve a cobrar vigencia. Es obvio que el
marco constitucional vigente que consagra el totalitarismo en Cuba no es
compatible con una democracia y tiene que ser reemplazado por uno que
consagre las libertades correspondientes. Esto habrá de suceder a pesar de
los esfuerzos de Fidel Castro para eternizar su marca de socialismo en la
isla. También es obvio que parezca más fácil y expedito que ese reemplazo se efectúe por medio de la Constitución del 40, pues de ese modo el
país se ahorraría el enorme esfuerzo que significa definir y establecer una
nueva constitución. Además, formular una nueva constitución es especialmente más difícil en Cuba después de tantos años de dictadura en que
los ciudadanos cubanos han estado aislados de toda corriente ideológica
y filosófica que no haya sido del gusto del gobierno, además de haber
estado impedidos de debatir libremente sobre cuestiones de estado y
mucho menos sobre alternativas constitucionales.

Sin embargo, muy a pesar de las ventajas de restaurar la Constitución
del 40 y sin querer menospreciar el valor sentimental que la misma siempre tendrá entre muchos cubanos, es necesario examinar críticamente
otros aspectos prácticos de una restauración, especialmente los que se
refieren a las consecuencias que tal restauración pudiera tener sobre la
economía nacional. En este trabajo se presenta una análisis de las implicaciones económicas de la restauración de la Constitución del 40 y, alter-
nativamente, de algunas de las consideranciones que deben tenerse en
cuenta en caso de que la población cubana opte por la promulgación de
una constitución nueva.

El objetivo de este capítulo es contribuir con algunas ideas a este tema y estimular su discusión entre los ciudadanos que en algún momento deberán votar por alguna alternativa constitucional. En tales ocasiones debe tenerse en cuenta que cuanto más informados y conocedores sean los electores en el ejercicio del voto, más sólida será la democracia en que convivan. Si el conocimiento de los expertos no llega al ciudadano común, la estabilidad y eficacia de la democracia es una utopía y los trabajos de los estudiosos se tornan irrelevantes.

Este trabajo es un ejercicio limitado y modesto en lo que se ha venido desarrollando como la nueva disciplina de la economía constitucional, que aunque cuenta con una creciente bibliografía y con un número también creciente de autores y expertos, todavía está en sus etapas inciales de desarrollo. Aquí yo tomo como punto de partida a Sanguinetty (2001a, 2001b), escritos en respuesta a sendos artículos de Carbonell (2001a, 2001b). Este capítulo está dividido en tres secciones además de esta sección introductoria. La segunda sección presenta una análisis crítico de las dimensiones o implicaciones económicas de la Constitución del 40. La tercera sección trata de los elementos económicos a ser considerados en la formulación de un nuevo texto constitucional. Y la cuarta sección, a manera de conclusiones, plantea algunos de los elementos logísticos y de otra índole que deben tenerse en cuenta en el caso de que se adopte una alternativa u otra.

La Constitución del 40 en la economía

Suponiendo que una gran mayoría de cubanos prefiere vivir en un régimen democrático y no bajo la falta de libertades que sufre actualmente, esos mismos cubanos también preferirían disfrutar de un sistema económico más próspero y salir de la pobreza crónica que han sufrido en las últimas cuatro décadas. Y del mismo modo que la instalación de un sistema democrático de gobierno no sucederá automáticamente después del fin del castrismo o del socialismo en Cuba, tampoco será automática la instalación de una economía de mercado. Al mismo tiempo, los dos objetivos guardan una gran asimetría en cuanto a requerimientos y a condiciones para lograrse. Las libertades civiles se pueden obtener casi por decreto de un día para otro y parte de estas libertades tienen un aspecto económico, como son los derechos de propiedad y la libertad de comercio, aunque no hay que olvidar que montar el sistema que garantice esas libertades lleva más tiempo. Pero la prosperidad de una economía no es fácil de lograr. Aunque un marco constitucional dado y el sistema legal asociado al mismo pueden consagrar tanto una democracia como una economía de mercado simultáneamente, el desarrollo de la segunda requiere muchos otros elementos y mucho tiempo para alcanzarse.

Se supone que los ciudadanos de cualquier nación tienen una mayor comprensión de los requisitos legales de una democracia que de los requisitos, legales y de todo tipo que se requieren para que una economía sea capaz de crecer y elevar el nivel de vida de sus ciudadanos. Por esa razón es que en muchos casos, es más fácil promulgar leyes que fortalezcan una democracia que leyes que fortalezcan una economía. De hecho y dado el carácter contraintuitivo de la economía, es hasta más fácil que se implanten leyes que en lugar de favorecer el desarrollo económico, lo obstaculicen. Esto último muchas veces sucede como resultado de expectativas excesivamente optimistas, incluso irrealistas y hasta caprichosas, de los que promulgan las leyes, incluyendo a los que arman marcos constitucionales.

La Constitución del 40 no fue una excepción a esta regla. Fue resultado de los asambleístas que la compusieron con base en el conocimiento de aquella época y del que ellos individualmente poseían. Por supuesto que sería ingenuo suponer que el conocimiento juega un papel predominante en los diseños constitucionales. La política, la ideología y especialmente los intereses individuales de los constituyentes (y de sus representados) pueden ser más influyentes que el conocimiento. Aquella constitución, a la que muchos le atribuyen el carácter de «avanzada» por la manera en que plantea los derechos civiles, como apunta Sánchez-Roig (1996) (calificativo que oímos con frecuencia y que es sinónimo de socialista), en realidad incluye una serie de artículos que no son congruentes con una economía de mercado. Sobre esta noción me baso para afirmar que la restauración de la Constitución del 40 tal cual no sólo impediría el pleno desarrollo de una economía de mercado en el país, sino que también haría muy difícil la recuperación de los niveles de producción necesarios para superar la crisis actual.

Hay muchos que ante tal afirmación reaccionan muy negativa y emocionalmente sin detenerse a analizar las razones de la misma. Sin embargo, aun cuando la afirmación sea discutible, apunta a consecuencias que de ser ciertas son de una gravedad tal para la economía cubana que merece un serio escrutinio. Después de la devastación que ha sufrido la economía cubana desde 1959, sería un ejercicio de gran negligencia e irresponsabilidad pública invitar a la ciudadanía a votar por el establecimiento de condiciones que condenarían al país a un estancamiento crónico de su economía. La razones en que me baso para afirmar que la versión original de la Constitución del 40 sería un impedimento en el desarrollo económico de Cuba, incluyendo la recuperación de los niveles de vida alcanzados antes de Castro se exponen más abajo. Nada de lo que sigue tiene que ver con las otras virtudes que la Constitución del 40 pueda tener y que de hecho tiene. Cuando propongo que la misma no se restablezca no quiero necesariamente decir que partes de la misma no sean dignas de ser rescatadas en un nuevo marco constitucional.

El espíritu intervencionista de mercado que tiene la Constitución del 40 se pone de manifiesto cuando la misma autoriza al estado a interferir en la economía cubana de diversas maneras. Por ejemplo, el artículo 60 convierte al estado en un empleador de último recurso abriendo la gran caja de Pandora que ha mantenido crónicamente estancadas a las economías latinoamericanas.[47] En la medida en que la Constitución responsabiliza al estado a garantizar el empleo de todos los ciudadanos (supuestamente Castro quizo hacerlo también con las consecuencias que todos conocemos) se facilita el descontrol del gasto público y la creación de empleo improductivo (se resucitaría la vieja institución de «la botella» o sea, el salario que se le da a alguien como un favor político y que no requiere que se vaya a trabajar), todo lo cual lleva a los déficits fiscales crónicos que han sido la ruina de tantos países. Las frecuentes crisis fiscales y financieras que vemos en los países latinoamericanos representan dolorosos recordatorios de los límites del estado como empleador.

El artículo 70, que «establece la colegiación oficial obligatoria para el ejercicio de las profesiones universitarias», además de lo absurdo que es que pertenezca a un texto constitucional, es incompatible con los mercados libres de trabajo. Aunque ciertas profesiones requieran alguna forma de licencia, por ejemplo, la contabilidad, la medicina, las de ingeniería, la

---

47 Parte de dicho artículo dice: «El Estado empleará los recursos que estén a su alcance para proporcionar ocupación a todo el que carezca de ella y asegurará a todo trabajador, manual o intelectual, las condiciones económicas necesarias a una existencia digna». Esto refleja la ilusión de que el estado es todopoderoso, que el ciudadano puede descansar en el estado para lograr un trabajo y que si no lo consigue es enteramente responsabilidad de la sociedad sin que el ciudadano tenga nada que ver con su situación.

farmacia y la abogacía, restringir artificialmente el ejercicio de las profesiones representan prácticas monopolísticas que benefician a unos pocos en detrimento de las mayorías, ya que reducen severamente la competencia entre los miembros de un mismo ramo. Hay profesiones que no necesitan licencias para ser ejercidas porque no representan peligros a la seguridad o la salud de los ciudadanos, como son el periodismo, la publicidad, la música, la literatura y algunas disciplinas científicas.

El artículo 77 dificulta la generación de empleo pues exige que antes de despedir a un trabajador hay que hacerle un expediente para determinar «con las demás formalidades que establezca la Ley» si el despido tiene causas justas. Este tipo de precepto se hace bajo la ilusión de proteger al trabajador empleado, pero ignora que su existencia tiende a crear una burocracia que puede abusar de la protección pero no protege al desempleado ni al trabajador empleado de alta productividad o rendimiento. Además, reduce el estímulo para que los trabajadores más eficientes usen al máximo sus capacidades en su propio beneficio y en el de la economía en su conjunto, mientras que también reduce la capacidad de las empresas de seleccionar a los trabajadores más eficaces. A la larga, se crea una economía de poca movilidad laboral y de poca capacidad generadora de empleo, lo cual perjudica tanto a los trabajadores como al resto de la sociedad.

Todo esto reduce la capacidad del país para atraer inversiones pues cualquier inversionista nacional o extranjero lo tendrá que pensar detenidamente antes de invertir en Cuba y aun si decide hacerlo, preferirá modos de producción o tecnologías ahorrativas en mano de obra. La experiencia latinoamericana enseña que éste será uno de los principales obstáculos en la formación de empresas que necesiten contratar empleo y en la promoción de inversiones de las que depende críticamente la recuperación de la producción nacional.

Por otra parte, una economía de mercado, donde las empresas deben competir no sólo por compradores de sus productos sino por contratar y mantener satisfechos a los trabajadores más eficientes y productivos crea los incentivos necesarios para reducir los abusos de personal. Tampoco esto quiere decir que no existan abusos. A veces ciertos empleados de las empresas o sus mismos altos representativos pueden cometer actos que vayan en detrimento de los derechos de los trabajadores. Lo que hay que establecer son mecanismos legales que creen un sistema de equilibrio en que las empresas operen con las libertades que necesitan y que a la vez se respeten los derechos legítimos de los trabajadores que cumplan sus obligaciones.

El artículo 79 carga al estado con la enorme responsabilidad de fomentar la creación de viviendas baratas para los obreros. Esta tarea debe estar a cargo de las empresas privadas, aun cuando el estado pueda crear condiciones para facilitar, más que la construcción, el financiamiento de las viviendas. El mismo artículo, al indicar que «la ley determinará las empresas que, por emplear obreros fuera de los centros de población, estarán obligadas a proporcionar a los trabajadores habitaciones adecuadas, escuelas, enfermerías y demás atenciones propicias al bienestar físico y moral del trabajador y su familia» interviene en la actividad inversionista privada y crea un elemento de incertidumbre para las empresas que además de prestarse para la corrupción, tiende a desestimular la inversión.

En una verdadera economía de mercado, las libertades de gestión y contratación, que se reflejan en las relaciones económicas de oferta y demanda, donde los obreros son libres de optar por las oportunidades disponibles de trabajo, las empresas harán todo lo posible por atraer a los trabajadores que necesiten para lograr una rentabilidad que justifique la inversión. Lo que justificaría la intervención del estado, pero no debe ser parte de un texto constitucional, es que surja la presencia de una empresa monopsonística, o sea, que es empleadora única y por lo tanto monopolista, que pueda aprovecharse de tal ventaja y dictar condiciones de trabajo inaceptables en una economía competitiva.

El artículo 82 dificulta extraordinariamente la contratación de profesionales extranjeros que pudieran ser indispensables para el establecimiento de ciertas empresas. Pone en manos del Congreso la promulgación de una «Ley extraordinaria, para acordar la suspensión temporal» del impedimento caso por caso. Este es un ejemplo del carácter coyuntural de la Constitución del 40 y su obsolescencia actual. Este tipo de regulación corresponde a las leyes o a los decretos que respondan a los problemas de cada época. La Constitución del 40 fue diseñada bajo la influencia de la elevada proporción de extranjeros que radicaban en Cuba en esos años y con la necesidad de asegurar empleo a un mínimo de cubanos nacidos en la isla.

El artículo 84 complica las relaciones entre trabajadores y empleadores. El mismo obliga la creación de comisiones de conciliación para resolver «los problemas que se deriven de las relaciones entre el capital y el trabajo». De este modo se ve recargado el trabajo del sector judicial ya que dichas comisiones tendrán que estar presididas por uno de sus funcionarios cuyas resoluciones son recurribles ante un tribunal nacional. El artículo ignora el volumen de recursos necesarios para enfrentar estas obligaciones en lugar de descansar en mecanismos privados de arbitraje capaces de resolver los problemas con recursos de las partes interesadas.

El artículo 256 autoriza al estado a establecer asociaciones obligatorias de productores a «los efectos de la protección de los intereses comunes y nacionales», lo que abre la puerta para intervenciones en la economía que no corresponden al papel del estado en una economía de mercado. De hecho el artículo delata una desconfianza en la capacidad de una economía de mercado de desarrollarse de manera compatible con los intereses que pretende defender. Son muchos los cubanos que aunque hoy reconocen el fracaso del estado revolucionario en el manejo de la economía, todavía creen que el estado, en el marco de un régimen que concede más libertades y más comprometido con el desarrollo económico, puede jugar un papel rector en la economía. Estas creencias complementadas con la falta de comprensión que existe sobre la naturaleza de una economía de mercado conducirían al establecimiento de muchas trabas a las empresas que son las que realmente conseguirán la recuperación económica de Cuba.

El artículo 271 es posiblemente el más intervencionista de todos y presenta una amenaza para la libertad de empresas competitivas y de mercado al mandar que: «El Estado orientará la economía nacional en beneficio del pueblo para asegurar a cada individuo una existencia decorosa. Será función primordial del Estado fomentar la agricultura e industria nacionales, procurando su diversificación como fuentes de riqueza pública y beneficio colectivo.» Scully (1992) nos recuerda que hace unos cuarenta años Robert Heilbroner, uno de los escritores más persuasivos del marxismo, escribió que había quedado demostrado que la propiedad colectiva y la asignación y distribución de recursos por parte del gobierno lograrían un nivel de vida y un grado de justicia social a la humanidad que no era posible bajo el capitalismo. Recientemente [hace un poco más de diez años] él dijo «que la evidencia de setenta y cinco años de lucha entre el socialismo y el capitalismo era que el capitalismo ganó.»[48]

El artículo 275 es un mandato para la regulación de «la siembra y molienda de la caña por administración» en un intento de reemplazar al mercado, impidiendo toda forma de competencia entre productores e ignorando que la existencia de mercados competitivos es el motor principal del progreso económico que vemos en los países más adelantados. Este impedimento de la competencia permite que los productores mejores acaben subsidiando a los menos eficientes, sin cuya protección estarían forzados a producir más eficientemente o desaparecerían del mercado. Esta proposición, que puede parecer despiadada e inhumana es precisamente la base de la eficiencia de una economía y lo que le permite prosperar. Si una economía protege las formas inferiores de producción, castiga a los más eficientes mediante la transferencia forzosa de recursos de los segundos a los primeros, desestimulando la inversión más productiva.

Otros artículos son simplemente absurdos y no tienen sentido como parte de un marco constitucional. El artículo 52 establece una fórmula tan ridícula como arbitraria para determinar el sueldo mensual de los maestros de instrucción primaria, como si las consideraciones de oferta y demanda no tuvieran importancia. En la práctica tal artículo nunca pudo cumplirse mientras la Constitución del 40 estuvo vigente. El siguiente artículo establece la autonomía de la Universidad de La Habana, bajo el financiamiento del estado, lo cual facilita que dicha institución sirva para extraer recursos que se necesitan en la enseñanza primaria y acaben subsidiando la educación superior de los más privilegiados. Y el 56 llega al extremo de prohibir que alguien que no nació en Cuba pueda enseñar Literatura, Historia y Geografía cubanas, además de Cívica y la Constitución, en cualquier centro público o privado, lo cual tendrá que ser enseñado además mediante el uso de textos de autores cubanos por nacimiento.

Aunque a veces se reconoce que algunos de los artículos arriba mencionados son inadecuados, a la Constitución del 40 se le atribuyen efectos que no tuvo oportunidad de lograr. No se puede demostrar, por ejemplo, que «la Constitución hizo posible que Cuba antes que Castro figurase entre los tres países de Latinoamérica con el más alto estándar de vida» como afirma Carbonell (2001). Los datos disponibles en Martínez Sáenz (1959, pag. 227) indican que el crecimiento medio anual real del Producto Doméstico Bruto desde 1947 hasta 1957 fue de 1.35 por ciento. En términos per cápita, dicho crecimiento se traduce en negativo si se toma en cuenta que el crecimiento de la población se puede estimar como mayor de la tasa de crecimiento del PDB. Efectivamente, de acuerdo con cálculos de Alienes y Urosa (1950, pág. 9), Cuba tuvo una tasa media anual de creci-

---

48 Las citas son: Robert L. Heilbroner, The Future as History (New York: Harper, 1960) y «The Triumph of Capitalism,» New Yorker 64 (January 23, 1989): 98-109.

miento de la población de 1.57 por ciento. Los únicos momentos de auge son claramente atribuibles a factores externos, en especial a la Segunda Guerra Mundial, cuando Cuba consiguió acumular reservas internacionales derivadas de ventas extraordinarias de azúcar. Tales reservas fueron dedicadas a las grandes obras y a otras inversiones durante la dictadura de Fulgencio Batista para reactivar la economía y sirvieron para crear la falsa impresión de que Cuba experimentaba una gran prosperidad económica, impresión que perdura hasta nuestros días entre muchos cubanos.

Aunque es cierto que el ingreso per cápita de Cuba había alcanzado un nivel relativamente alto en América Latina, su economía sufría de un estancamiento crónico en los años previos a la revolución castrista. Además, existía una incapacidad para atraer inversiones fuera del sector azucarero en volúmenes suficientes para reducir el alto desempleo abierto, el cual se ha estimado cercano a un 20 por ciento en el interior de la República. Si la Constitución del 40 tenía un efecto sobre la economía era posiblemente negativo pero los datos existentes no permiten demostrar ni una cosa ni la otra.

La comparación favorable del ingreso per cápita de Cuba con el de otros países de América Latina sirve para demostrar que los cubanos venimos de un país que fue más próspero de lo que es actualmente. Sin embargo, en un análisis comparativo serio hay que tener en cuenta que cuando medimos ingreso per cápita estamos trabajando con promedios, los cuales no dicen cómo está distribuido el ingreso en la población. O sea, la prosperidad de unos no es necesariamente la prosperidad de todos. En esos años, la economía cubana estaba parcialmente subsidiada por Estados Unidos a través del mercado preferencial azucarero, mostraba graves problemas estructurales y una capacidad de crecimiento virtualmente nula en términos per cápita. Aunque se había logrado algún desarrollo, el mismo estaba muy concentrado en la capital mientras que había grandes focos de pobreza en todo el país.

Como resultado de la revolución, se puede afirmar que la economía cubana ha retrocedido varias décadas. La agenda predominantemente política e internacionalista de Castro relegó a un plano muy secundario la economía del país. Cuba perdió grandes oportunidades de desarrollo económico y tecnológico que hubiera podido aprovechar a partir de la aceleración en el desarrollo del turismo que se comenzó a experimentar en la década de los cincuenta, si no hubiera sido impedido por el gobierno revolucionario, a pesar de no tener un marco legal idóneo. Por eso es imperativo que cuando el régimen actual deje de ser un obstáculo para el desarrollo del país, la economía cubana pueda rápidamente aumentar sus niveles de producción para crecer a los ritmos máximos posibles. Pero el proceso de recuperación económica no va a ser automático. Hay muchos que dan por sentada la recuperación de la economía cubana una vez que Castro desaparezca y tienden a ser los mismos que abogan por una restauración constitucional expedita. Pero aun cuando una restauración sea aconsejable, los cubanos tendrían que votar explícitamente por ella.

Muchas veces hemos oído o leído propuestas para la reconstrucción de la República de Cuba que incluyen un llamado a elecciones a pocos meses de la desaparición del gobierno actual. Sin embargo, aun cuando la desaparición del castrismo abra la posibilidad de hacer elecciones en tan corto plazo, es dudoso que la población cubana esté preparada para un proceso electoral después de más de cuatro décadas de totalitarismo. Incluso si las elecciones se hicieran bajo el manto de una restauración impuesta de la Constitución del 40, la ciudadanía no tendría tiempo de comprender el texto y las implicaciones de esa constitución y mucho menos de discutir en tan breve tiempo otras alternativas.

¿Cuántos cubanos han leído y comprenden la Constitución del 40? Los votos deben ser resultado de decisiones informadas de los electores. Democracia es mucho más que la libertad del ciudadano de votar por algo que no entiende. El acto de votar es una condición necesaria en la vida democrática de un país, pero no es suficiente. Una democracia es mucho más sólida y presumiblemente duradera cuando el votante tiene un cierto conocimiento de los funcionarios que elige y una cierta capacidad para evaluar esa información y las alternativas de política pública a las que se enfrenta. De aquí se desprende que para que el votante sepa lo que está haciendo debe tener el beneficio del conocimiento que puede derivarse del debate racional sobre aquellas cuestiones que afectan directamente tanto al interés público como al privado de los ciudadanos.

En un análisis a priori de la Constitución, cualquier economista al tanto de las investigaciones modernas sobre los aspectos legales e institucionales del desarrollo se daría cuenta enseguida que, por su contenido dirigista y semisocialista, tal como está redactada la del 40 le daría el tiro de gracia a una economía enferma como la cubana. Es necesario tener en cuenta que la Constitución del 40 estuvo influenciada por doctrinas económicas ya superadas como la del estado benefactor y las proposiciones de Keynes. Más de 60 años han transcurrido desde que fue concebida y su corta vigencia no le dio la oportunidad de consagrarse ni someterse a la prueba del tiempo.

Antes de que los cubanos decidan restaurar la Constitución del 40 o escoger otra, deben tener la oportunidad de ponerse al día con los conceptos que se han desarrollado durante todos estos años, especialmente desde 1960. Por ejemplo, las ideas sobre contractualismo de Buchanan y Tullock, las de justicia distributiva de Rawls, las implicaciones del costo social de Coase, las investigaciones de Arrow sobre las paradojas de la votación, el análisis económico de las leyes de Posner y la lógica de la acción colectiva de Olson están entre las contribuciones contemporáneas que deben tenerse en cuenta antes de decidir sobre el marco constitucional de una nueva república.

Yo puedo comprender los sentimientos que la Constitución del 40 inspira entre algunos cubanos, pero la reconstrucción de Cuba también necesita una buena dosis de fina y precisa racionalidad. También entiendo la preocupación que muchos tienen de rescatar los aspectos sociales de la Constitución del 40, pero los mismos podrán atenderse más eficientemente fuera del texto constitucional sin obstaculizar la economía.

Hacia una nueva constitución

La evidencia de que las libertades ciudadanas guardan una alta correlación positiva con el progreso económico de los países es ya incontrovertible. Scully (1992) por ejemplo, muestra que «las sociedades políticamente abiertas, comprometidas con un estado de derecho, la propiedad privada y la asignación de recursos por el mercado crecen tres veces más rápido y son dos veces y media más eficientes que las sociedades donde esas libertades están limitadas o prohibidas.» Más recientemente, los estudios sobre el Indice de Libertad Económica de O'Driscoll, Holmes y O'Grady (2002) confirman los mismos resultados.

En esta sección suponemos que los cubanos optarán por un nuevo texto constitucional cuando existan las condiciones para introducir reformas en la economía y que las nuevas opciones incluyen la posibilidad de construir una economía de mercado. El supuesto de que habrá una economía de mercado en Cuba después del fin del castrismo no puede darse por seguro, pues existen muchas corrientes en la isla y fuera de la isla que abogan por una forma de economía de tipo socialista o semi-socialista, con una dosis elevada de intervención estatal. Los que abogan por tal organización económica, aunque son personas con muy buenas intenciones y desean lo mejor para Cuba, desconocen la experiencia existente en esta materia y se basan más en preceptos ideológicos e ilusiones sobre el papel benefactor del estado que en el conocimiento actual sobre la materia.

Es importante tener en cuenta la experiencia de los 27 países exsocialistas en este aspecto y la proporción de la ciudadanía que espera un papel preponderante del estado, al menos en las primeras etapas en el abandono de la planificación centralizada. Aunque muchos están convencidos que un sistema económico dirigista retrasaría la recuperación económica del país, la cuestión debe someterse a muchos debates públicos bien organizados antes de que el país entero se embarque en una u otra alternativa.

Mientras tanto, la economía no puede esperar a que se complete este debate ni mucho menos a que se instalen en el país las concepciones que emanen de un acuerdo dado. Es obvio que Cuba tendrá que funcionar por un tiempo, acaso un año o dos, con un texto constitucional provisional, hasta que se adopte uno definitivo. Se supone que en esa transición inicial se reinstauren las libertades ciudadanas para que Cuba pueda al menos mejorar de alguna manera su capacidad productiva y de comercio. La cuestión es, entonces, cómo convencer a una mayoría lo suficientemente grande, lo que pudiéramos denominar una mayoría wickselliana, que adopte un marco constitucional que combine una democracia moderna con una economía de mercado también moderna.[49] Lo que sigue persigue ese objetivo.

¿Qué clase de constitución?

Aunque pudiéramos creer que se puede definir una constitución óptima para un país dado, en un cierto período de su historia, la realidad es que no existe una fórmula para calcular ese óptimo como si fuera un problema de programación matemática. Lo más probable es que Cuba llegue

---

49 El concepto de mayoría o también unanimidad wickselliana proviene del economista Knut Wicksell y consiste en una proporción lo suficientemente grande de un electorado de manera que las decisiones que se tomen mediante votación sean lo suficientemente estables, o sea, difíciles de derogar por votaciones posteriores.

a una nueva constitución mediante un proceso de negociación entre las facciones que se desarrollen como parte del esfuerzo constituyente. En tal proceso, sería muy beneficioso para el país que los constituyentes y la mayor parte posible de la ciudadanía estén conscientes de que existen principios generales a ser contemplados en el diseño de una constitución. Aun bajo esos principios, lo óptimo o simplemente la bondad de una constitución está determinada por lo que los propios constituyentes y electores crean de la misma. En este sentido es aconsejable que los electores también estén conscientes de que existen muchas alternativas, cada una de ellas con implicaciones que deben ser evaluadas a *priori*.

Cooter (2000) dice que las constituciones políticas pueden llegar a causar mucho sufrimiento o pueden servir de cimientos para construir la prosperidad y la libertad de los ciudadanos de una nación y que, por lo tanto, el diseño, las enmiendas y la interpretación de las constituciones es un juego político que puede resultar en grandes pérdidas o ganancias (stakes). Estas nociones pueden y deben ser aplicadas al diseño de una nueva constitución cuando un grupo de ciudadanos cubanos tome la iniciativa y sean capaces de liderear un movimiento en ese sentido.

Tal empresa no es fácil, pero no es imposible. La alternativa de adoptar un marco constitucional mediocre o simplemente inadecuado no es muy prometedora. Cuba puede repetir la experiencia de los ciudadanos de las Trece Colonias americanas cuando después de haber ganado su libertad en el Siglo XVIII se dedicaron a reflexionar y a discutir qué clase de gobierno querían para su país y qué clase de constitución necesitaban para esos fines. En la práctica definieron qué clase de país querían para ellos y para sus descendientes. En la formulación de una nueva constitución los cubanos se enfrentarán a la cuestión de definir cuál sería la constitución óptima o, por lo menos, cómo definir un texto que satisfaga las necesidades de una democracia estable, una economía próspera y un estado de derecho. La primera cuestión por definir es la fundamentación filosófica que una nueva constitución cubana debe tener.

En este aspecto la primera gran decisión será seleccionar entre las dos grandes corrientes filosóficas que rigen la política y la organización de los gobiernos en el mundo occidental y que se van haciendo evidentes después de la Revolución Gloriosa en Inglaterra en el Siglo XVII, por un lado, y el de la Revolución Francesa en el XVIII por el otro. La primera, como nos enseña Armando Ribas (1992), dio lugar al liberalismo anglosajón donde prevalece el poder del ciudadano sobre el poder del estado, mientras que la segunda supedita el individuo al estado. En el modelo anglosajón los derechos de propiedad se consideran la piedra clave de las libertades individuales mientras que en el modelo europeo la búsqueda revolucionaria y violenta de la igualdad somete los derechos individuales.

Por supuesto, que hay otros factores que decidir en el diseño de una nueva constitución. Cooter, por ejemplo, no limita el objetivo de la teoría constitucional al estudio de la historia y la filosofía de los textos constitucionales, sino que lo extiende a la predicción de las consecuencias de dichos textos para informar al público y oportunamente guiar a los gobernantes y hacer que la administración de justicia llegue a mejores decisiones. En este sentido, los aspectos económicos a los que se refiere Cooter van mucho más allá de los elementos constitucionales que afectan directamente la macroeconomía, o sea, la economía nacional en su conjunto, sino aquellos otros aspectos de la constitución que son susceptibles al análisis económico moderno.

La importancia de lo que Scully (1992) llama «ambientes constitucionales» en el crecimiento de las economías es un tema que se ha venido estudiando recientemente pero que todavía no llega al público general como otras formas del conocimiento. En este aspecto, es aconsejable que se lleven a cabo preferiblemente desde ahora, o si no desde el comienzo de una transición, unas campañas sistemáticas de educación pública para elevar el nivel de comprensión de la población sobre estos temas. Tales ambientes constitucionales no son otra cosa que las «reglas del juego» que rigen los destinos de los ciudadanos mediante las economías de los diversos países del mundo y dichas reglas pueden permitir mayor o menor grados de libertad a los agentes económicos de esos países.

Todo ciudadano es un agente económico concreto e independiente y como tal toma sus decisiones en los diversos aspectos de su vida ciudadana y como las libertades establecidas se lo permitan. El ciudadano, sólo como consumidor, es un agente económico, pero también lo es como trabajador, empresario, ahorrista, inversionista, propietario, legislador, juez, etc. En conjunto, sus decisiones impactan el devenir económico de los países pero esas decisiones pueden estar restringidas en mayor o menor grado por las leyes de cada país. Por ejemplo, las leyes que impiden abrir los comercios los domingos tienden a reducir el volumen de las ventas además de perjudicar a los que desean usar los fines de semana para hacer compras y a los que pudieran o desean trabajar en esos días. Por otro lado, las leyes que facilitan las inversiones y el desarrollo de nuevas empresas tienden a estimular el ahorro y el crecimiento de las economías mediante la creación de nuevas capacidades productivas y oportunidades de empleo. Estos ejemplos ilustran las diversas formas de equilibrio que pueden existir entre las libertades del ciudadano y las del estado.

En el diseño de una nueva constitución, los constituyentes cubanos y posiblemente una buena parte de la población sentirán la inclinación de tratar de resolver los problemas económicos y sociales del país mediante declaraciones o principios plasmados en el articulado del documento. Nada sería más riesgoso que tal tendencia. Muchos países latinoamericanos tiene diseñadas constituciones que de hecho obstaculizan y hasta impiden su desarrollo económico.

Un punto de partida para el diseño de una constitución moderna puede ser el estudio de la propia constitución de Estados Unidos, su historia, su desarrollo y sus enmiendas. ¿Por qué? Porque como apunta Belt (2002), dicha constitución es la más vieja del mundo de entre todas las que están vigentes y es la ley principal del país más próspero y poderoso del mundo con una conocida trayectoria de respeto a las libertades civiles y a los derechos de sus ciudadanos. Que se estudie, no quiere decir que se copie, sino que se use como marco de referencia al igual que otras constituciones. Una de las características de esa constitución que puede ser de particular interés para los constituyentes cubanos, especialmente después de varias décadas de gobierno en que el estado cubano ha tenido un poder ilimitado en la producción de todo tipo de bienes, es limitar el poder del gobierno a la producción y administración de bienes públicos, o sea bienes y servicios que benefician a toda la población sin que se pueda excluir a nadie. Típicamente, estos bienes incluyen la defensa o seguridad de la nación, la sanidad pública, la administración de justicia, la estabilidad de la moneda de curso legal y otros. En lo económico propiamente dicho, la constitución debe limitarse a garantizar las libertades necesarias para que la economía se desarrolle en manos de agentes privados, aunque deben crearse los instrumentos para mantener igualdad de oportunidades de competir y evitar las prácticas monopolísticas que puedan surgir.

263

¿Cómo se logra?

La constitución es el compromiso de una sociedad para cumplir sus partes componentes. Es generalmente el contrato más serio o sacrosanto que los ciudadanos de una sociedad hacen. Además de las virtudes de su contenido, una constitución es un contrato que debe cumplirse o modificarse de acuerdo a métodos acordados previamente y plasmados en el texto constitucional. Cuando los firmantes de un acuerdo lo hacen libremente es porque esperan obtener algunos beneficios del mismo. Si el acuerdo se incumple acarrea el costo representado por la pérdida de los beneficios esperados.[50] Los beneficios que los ciudadanos de un país pueden recibir de una constitución son muchos y de gran valor. Algunos de los más importantes son las garantías de sus libertades, el derecho a perseguir su felicidad y que facilite gobiernos que garanticen esos derechos. Los incumplimientos de la Constitución de 1940 durante los 12 años escasos que estuvo vigente y los de las constituciones anteriores se suman a la violación flagrante de la del 40, el 10 de marzo de 1952 y los incumplimientos del acuerdo implícito de Fidel Castro de restaurarla como la evidencia histórica del costo que ha pagado la sociedad cubana por no tener la capacidad de mantener sus compromisos. Nada puede incluirse en el texto de una constitución que impida o haga más difícil su incumplimiento. Los factores que determinan el respeto a la constitución están fuera de ella misma y radican en primer lugar en los valores que los ciudadanos portan para hacer que se cumplan los compromisos que se adquieren.

La capacidad de una sociedad de mantener ese compromiso dice mucho sobre ella. De hecho, esa capacidad es una medida del grado de civilización que esa sociedad ha alcanzado. Pueden ser muchas las dudas que se puedan esgrimir para evitar el esfuerzo de diseñar una nueva constitución y simplemente adoptar la del 40, siguiendo la ley del menor esfuerzo. Del mismo modo, el debate sobre una nueva constitución puede prolongarse tanto que la instauración de una ley fundamental pudiera demorarse. Esto último no estaría sin precedentes pues Israel, por ejem-

---

50 En una reunión en que discutíamos cuáles podían ser los elementos necesarios para una constitución óptima, Leonel de la Cuesta dijo que lo más importante era que la constitución se cumpliera, pensamiento compartido por Alberdi (1998)en su libro clasico escrito en 1852. Para dos estudios de las constituciones cubanas véase a de la Cuesta (1974) y a Bernal (2003).

plo, funciona sin una constitución porque sus ciudadanos no se han podido poner de acuerdo sobre un texto dado. Por otro lado, existen ejemplos dignos de emular sobre cómo una sociedad superó grandes diferencias para llegar a un acuerdo y comprometerse en cumplirlo. Como nos relata Sunstein (2001), «el asombroso éxito del diseño constitucional de Africa del Sur fue en gran medida posible porque los que tenían un punto de vista estaban en discusión constante con los que tenían puntos de vista opuestos. El respeto por desacuerdos razonables puede producir resultados aceptables para todos».

Con base en estas consideraciones se deben evitar cronogramas de trabajo estrechos e inflexibles para establecer una nueva constitución. Muchas veces oímos decir o leemos que tan pronto las condiciones lo permitan Cuba debe adoptar una marco constitucional y llamar a elecciones en plazos tan perentorios como en seis meses. Tal modo de actuar improvisadamente sería un mal comienzo para una nueva república. Es cierto que muchos cubanos dudan de la capacidad del país de iniciar una acción colectiva organizada y sostenida por un largo período de tiempo y que además alcance un final feliz. Esto es parte de la pobreza que Cuba sufre de lo que ahora se llama capital social una de cuyas dimensiones es el grado de confianza que los miembros de una sociedad tienen sobre las formas de conducta y las capacidades y valores de los otros miembros.

¿Será esa la causa principal o una de las causas que expliquen por qué los cubanos no han podido formular un plan de nación para gobernar el país después que desaparezca el sistema totalitario que hoy lo rige? Olson (1965) nos enseñó que los grupos grandes de individuos son incapaces de actuar colectiva y voluntariamente a favor de sus intereses comunes a menos que existan incentivos adecuados para ello. Es indudable que contar con una buena constitución puede ser congruente con el interés común de los cubanos. Pero, ¿qué incentivos serán necesarios para que los cubanos comiencen a pensar en el futuro después de Castro y por lo menos bosquejen el tipo de país en que quieren vivir? Es obvio que los cubanos residentes en la isla no cuentan con las libertades necesarias para realizar muchas formas de acción colectiva. Las dificultades para llevar a cabo el Plan Varela es un ejemplo de estas dificultades. Sin embargo, los cubanos en el exterior sí han tenido esas libertades pero no han sido utilizadas para formular un plan de nación. Su comportamiento con relación a alguna acción colectiva que cree una economía de mercado y una democracia es la del «que viaja de gratis» o *free rider* en la terminología de la Nueva Economía Institucional. O sea, esperar que sean otros los que resuelvan esos problemas. En tales condiciones, el futuro se presenta como una gran incógnita desde el punto de vista de las perspectivas que Cuba consiga regresar a una democracia e instale una economía de mercado después de Castro.

Comencemos estableciendo los componentes básicos tratados en este capítulo, para lo cual aplicaremos la terminología del famoso experto en economía constitucional Robert C. Cooter (2000). En su libro, *The Strategic Constitution*, nos presenta un diagrama muy similar al de la figura 1.

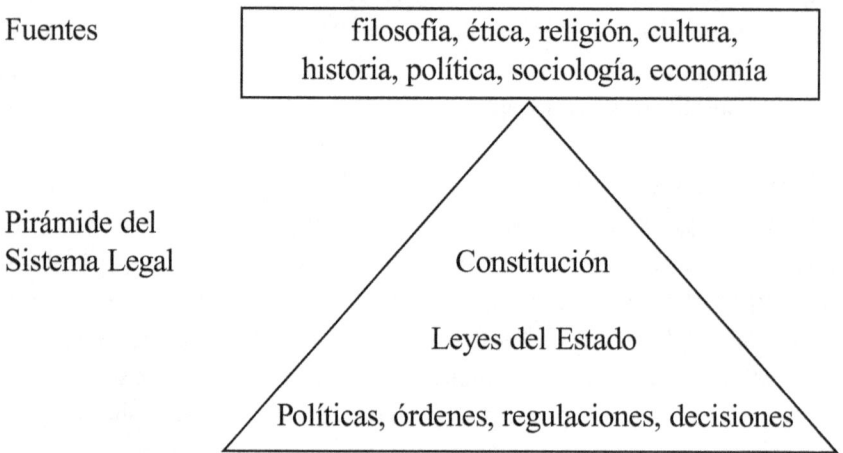

Fuentes

| filosofía, ética, religión, cultura, |
| historia, política, sociología, economía |

Pirámide del
Sistema Legal

Constitución

Leyes del Estado

Políticas, órdenes, regulaciones, decisiones

Fig. 1 Pirámide de las Leyes del Estado y sus Fuentes

Conclusiones

Es difícil creer que Cuba pueda pasar de pronto, sin una transición, de un régimen de despotismo absoluto hacia una democracia plena, después de más de cuatro décadas en que los ciudadanos han estado completamente marginados de toda forma de participación en el gobierno. Muchos serán los caminos posibles de esa transición y ninguno ha de ser fácil. Si aplicamos el análisis de Olson (2000), sobre los factores que inciden en la acción colectiva de los grandes grupos humanos, vemos que son bajas las probabilidades de que la democracia deseada por muchos para Cuba reemplace el régimen actual. Yo soy de opinión que tales probabilidades pueden mejorar si la ciudadanía tuviera un grado de comprensión más elevado sobre las cuestiones de una transición.

La transición tendrá muchos aspectos, entre los más importantes habrá uno político que definirá los cambios de poderes en el gobierno; uno legal, que podrá legitimar o no los cambios políticos y de otra índole y los cambios económicos. Los tres irán estrechamente ligados y si el poder que suceda al régimen actual se legitima, los cambios de tipo legal serán críticos pues se definirán las condiciones de los cambios en las demás dimensiones de la sociedad. Algunos de estos aspectos se han estudiado para Cuba en los últimos años y es importante tenerlos presentes. Acosta (1992) escribió sobre algunos aspectos jurídicos de un gobierno provisional en Cuba y opina que desde un punto de vista estrictamente técnico-jurídico la Constitución del 40 todavía está vigente en Cuba, pues nunca fue «válidamente derogada ni modificada.» Carbonell Cortina (1997) es de la misma opinión.

Otro trabajo de importancia para comprender la logística jurídica de la transición hacia una economía de mercado es el de Travieso-Díaz y Escobar (1994). Estos autores plantean los cambios necesarios en leyes e instituciones legales, legislativas y administrativas que se requieren o que facilitarían no sólo la instalación de un nuevo sistema económico sino la reactivación de la economía nacional bajo una mayor participación ciudadana. El estudio incluye una visión de los períodos pre y post constitucionales y brinda suficiente material para que oportunamente las partes interesadas puedan definir sus contribuciones a la organización de un nuevo orden político y económico.

Pudiéramos adoptar una visión más optimista y pensar que Castro representa un nudo gordiano que una vez que se desate o corte permitirá que se creen los incentivos a las acciones colectivas necesarias para establecer una democracia y una economía de mercado. En ese momento, muchos cubanos se enfrentarían a una gran disyuntiva, «la de preservar un pasado idealizado o señalar un futuro ideal» para usar las palabras de Sunstein (2001, pag. 68) en su libro sobre diseño constitucional. El pasado idealizado sin duda está representado de alguna manera por la Constitución del 40 cuya restauración total a veces se propone más por motivos sentimentales que racionales. Por otro lado, es concebible que una transición constitucional se realice en dos etapas buscando una solución ecléctica. La misma consistiría en la reinstauración provisional de la Constitución del 40 seguida por la derogación de los artículos incongruentes con una economía de mercado y quizás algunas otras enmiendas como lo ha propuesto Gómez Manzano (1997).

El futuro ideal es el que puede lograrse mediante un diseño constitucional racional en función de las libertades que otorgan las constituciones de los países más prósperos. La cuestión es si los cubanos o una masa crítica de los mismos podrán tener confianza en: a) su capacidad para llegar a un diseño constitucional que pueda contar con el apoyo de una mayoría wickselliana y b) la capacidad de la ciudadanía de respetar esa constitución por un tiempo indefinido.

Es difícil definir fórmulas que propicien ambos resultados. Creo que lo mejor que podemos hacer para propiciar las acciones correspondientes es darle una amplia divulgación a las ideas modernas sobre economía de mercado, estados de derecho y diseños constitucionales entre la mayor cantidad posible de cubanos en la isla y en el exterior. Aunque existen algunas iniciativas en este sentido, parece que las mismas todavía no llegan a cubrir segmentos importantes de la población en la isla. Creo que el aumento de la cobertura de estas ideas debía ser una primera prioridad para propiciar una transición eficiente dentro de un marco legal adecuado.

Capítulo VIII
EL PAPEL DEL ESTADO

En el Capítulo III discutimos las medidas que hay que tomar para montar una economía de mercado y, como parte de las mismas, las que corresponden al desarrollo de las instituciones y organizaciones del estado que deben servir de marco a esa economía. En el capítulo anterior, estudiamos cómo se llega a una cierta forma de la organización del estado por medio de la ley fundamental de la república, o sea, su constitución. En este capítulo nos enfocaremos en el papel del estado suponiendo que el mismo esté compuesto constitucionalmente por tres grandes ramas o poderes, a saber, el ejecutivo, el legislativo y el judicial.

Baste recordar que ese estado estaría a cargo de la producción de los bienes públicos que la sociedad necesita, tales como ya han sido definidos aquí.[51] Lo que es importante comprender es que los bienes públicos no son bienes libres o gratuitos, que su producción eficiente y equitativa cuesta y que no se logran por decreto. Entre los bienes públicos más importantes se encuentra una administración de justicia que cubra todos los rincones del país. La misma requiere legisladores, jueces, fiscales, defensores y policías, entre otras muchas profesiones y especialidades, además de recursos físicos de toda índole. Sin estos, los encargados de la administración de justicia no podrán ejercer sus labores y el bien público «una buena administración de justicia para todos» no se logrará. Es obvio que todos estos recursos tienen que ser financiados de alguna manera por la economía de la nación.

Otro bien público de gran importancia es la seguridad del país y el orden público lo cual requiere fuerzas armadas y organizaciones policíacas, no tanto para responder a las violaciones de la ley como para prevenirlas. Al igual que la administración de justicia, el bien público «seguridad nacional y de la ciudadanía» requiere cuantiosos volúmenes de recursos para alcanzar un nivel satisfactorio de operaciones y cobertura con un mínimo de eficacia en todo el territorio de la nación, lo cual debe ser financiado con parte de lo que produzca la economía. Y de aquí en adelante, sigue la larga lista de los bienes públicos que los ciudadanos desean y que las economías más prósperas del mundo llegan a satisfacer en

---

51 Véase la página 98 para repasar la definición de bienes públicos y ver algunos ejemplos.

niveles elevados. Algunos son la educación y salud públicas, la existencia de servicios como parques y alumbrados públicos, un sistema monetario eficiente, un gobierno eficaz y competente, etc.

Como resultado, la piedra clave del estado es su sistema fiscal, o sea, el aparato por medio del cual se recaudan fondos para financiar la producción de los bienes públicos necesarios. Esta responsabilidad recae eminentemente en el poder ejecutivo, pero también participan los poderes legislativos y judicial en diversas medidas. Generalmente, el poder ejecutivo, incluyendo la presidencia del país y sus ministerios, están encargados de administrar las leyes que aplican los impuestos a las diversas actividades económicas del país y sus agentes, leyes que se producen por los legisladores y cuyo cumplimiento está a cargo del ejecutivo y del poder judicial. Además de la recaudación fiscal por medio de impuestos, el ejecutivo está a cargo de la producción de los bienes públicos para lo cual tiene que administrar el gasto público con el cual se costea esa producción. Generalmente, el poder legislativo participa en el proceso del gasto aprobando, modificando y dándole seguimiento a los presupuestos del estado propuestos y llevados a cabo por el ejecutivo anualmente.

La línea demarcatoria que separa la producción de bienes públicos de la de los bienes privados es muy clara y no debe confundirse para que queden muy claros los papeles del estado en la producción de los primeros y de las empresas en la producción de los segundos. Esta división no impide que el estado contrate empresas privadas para la producción de bienes públicos. Por ejemplo, los gobiernos municipales o locales en muchos países contratan empresas especializadas para la prestación de servicios como la recogida de basura y la limpieza o mantenimiento de las calles. Otras veces este servicio está a cargo de los vecinos de una localidad quienes pagan directamente a la empresa por el mismo, con el gobierno local participando sólo como intermediario o poder coordinador. Los servicios de seguridad pueden estar a cargo de empresas especializadas como el cuidado de los aeropuertos, aun cuando sean contratados mediante concurso o licitación competitiva con empresas privadas. Otros muchos bienes públicos llegan a privatizarse como algunas carreteras de alto tráfico cuyos usuarios pagan peaje bajo la operación de una empresa privada.

Parte de esos bienes públicos requieren empresas para poder llevar a cabo sus múltiples actividades productivas y contribuir al crecimiento económico de la sociedad. O sea, existe una relación circular entre las empresas que se benefician de un buen número de bienes y servicios públicos. El estado cobra los impuestos de las empresas con los que se financian dichos bienes y servicios. Por eso es importante tener en cuenta la necesidad de establecer las prioridades de gasto público congruentes con la capacidad de recaudación. La ciudadanía, ayudada por los políticos, frecuentemente pone una gran presión sobre el gobierno para producir bienes públicos y privados que requieren niveles inalcanzables de gasto. Esta situación lleva a veces a los gobiernos a imponer tributos a las empresas a un nivel tal que desalentaria la actividad económica, además de que propiciaria la evasión fiscal y la corrupción.

En el desarrollo de un estado moderno sin embargo, siempre hay fuerzas tendientes a mantener un tamaño hipertrofiado de estado, lo cual conspiraría en contra de los intereses comunes de la ciudadanía. Una de las fuerzas más importantes en ese crecimiento es la noción de que el estado debe ser productor de bienes privados, entre ellos los que algunos denominan falazmente bienes «estratégicos», generalmente la generación de electridad, las comunicaciones y el transporte. Otra fuerza importante en la hipertrofia del estado es la tendencia a regular en exceso la economía o la sociedad en general, lo cual se hace por medio de la consecuente burocracia que obstaculiza la vida económica del país y acaba corrompiendo los servicios públicos. También debe tenerse en cuenta que el abandono de una economía altamente estatizada y la instalación de una economía de mercado con un estado eficiente implica una gran contradicción en el papel transitorio del estado. Esta contradicción radica en el hecho de que el propio estado hipertrofiado sería el que estuviese a cargo de la transición y de su propia reducción, proceso que es contrario a los intereses personales de los que ostentan el poder a través de ese mismo estado. Estos individuos pronto se dan cuenta de que la reducción de los papeles del estado o su simple remodelación, implica una pérdida significativa de los poderes que tienen. Sólo si existe un fuerte mandato o compromiso para la reorganización del estado bajo nuevos principios se logrará la transición hacia un nuevo estado. De nuevo vienen a colación los ejemplos de Ucrania y Bielorrusia y otras repúblicas de la vieja Unión Soviética como casos a ser evitados.

Sin embargo, los intereses creados y las teorías o ideologías a favor de un estado hipertrofiado son abundantes y Cuba no estará exenta de tales tendencias. Independientemente de que en toda sociedad existen individuos que esperan que sus ansias de poder sean satisfechas con oportunidades en un gran aparato estatal, hay muchos cubanos que honestamente le temen a una economía de mercado confundiéndola con una economía «de capitalismo salvaje». No se dan cuenta que acaban utilizando los argumentos típicos de los tiranos y de los estados totalitarios para mantener un régimen de control de las libertades ciudadanas en el país. Estas personas, de buena fe algunas, sueñan con que hay una especie de *deus ex machina* que va a lograr estar por encima de la avaricia de los seres humanos y que será capaz de velar por los intereses más puros y legítimos de la sociedad. Desean resolver todos los males de la humanidad mediante un estado ideal al cual acaban supeditando al ciudadano que, además, suponen debe adoptar normas de comportamiento ignorando la falibilidad del ser humano. Y con estos objetivos acaban propiciando el desarrollo de un aparato estatal que «velará» por las supuestas virtudes ciudadanas.

Estas personas no se percatan que los seres humanos que componen las administraciones del estado son individuos con los mismos intereses e inclinaciones egoístas que los seres humanos que se dedican a actividades explícitamente lucrativas. La excepción es que en el estado los mismos suelen tener poderes mayores que acaban siendo utilizados para perseguir intereses privados y no los idealizados. Una de estas formas concretas de pensamiento es la de los que creen que el estado debe proteger al ciudadano de los desmanes del sector privado y velar para que no haya abusos de ningún tipo. Esta línea de pensamiento supone que el ciudadano común es un ser limitado, incapaz de definir lo que quiere y de cómo lograrlo y que necesita la presencia de una especie de hermano mayor que lo guíe y hasta le ordene cómo conducir los aspectos más importantes de su vida. Cuando se aceptan estas premisas también se acepta el estado todopoderoso y se abren las puertas a la tiranía, sea de tipo fascista o de tipo comunista.

La visión alternativa a la que nos suscribimos es la de una sociedad de individuos libres donde los ciudadanos saben qué hacer con sus libertades y no necesitan que nadie, mucho menos el estado, sus burócratas o un máximo líder les imponga su voluntad o les dicte lo que tienen que hacer, dónde deben trabajar o vivir, si pueden o no viajar, si deben tener propiedades o no, o qué es lo que deben comer o vestir. Las libertades individuales no pertenecen a un conjunto de principios abstractos sino a derechos con un valor práctico inmediato para todo ciudadano. Dentro de esta filosofía, el papel del estado se limita a ser un instrumento al servicio del ciudadano, no un instrumento para suprimir esas libertades. Es cierto que tales libertades se definen, como hemos mencionado antes, dentro de un conjunto de reglas que permiten un equilibrio entre las libertades de un individuo y los derechos de los demás. Vale la pena recordar la máxima del patriota mexicano Benito Juárez que decía que «el respeto al derecho ajeno es la paz».

En una economía de mercado el estado se encarga de la producción de bienes y servicios públicos (especialmente la administración de justicia y la garantía de las libertades) mientras que le deja al sector privado la producción de bienes y servicios propiamente privados. Ya hemos discutido la diferencia entre los bienes públicos y los privados en páginas anteriores y no es preciso repetirlo aquí, aunque es necesario que el lector tenga muy en cuenta tales definiciones. El problema crucial con que se encuentra el estado y el gobierno a cargo es cómo repartir los escasos recursos del estado, que son generados por la economía del país, entre las diversas prioridades en materia de producción de bienes públicos. O sea, el estado debe recaudar fondos de las actividades económicas de los individuos y de las empresas para poder sufragar los gastos necesarios en la producción de bienes públicos, pero ¿cuánto debe ser el monto de la recaudación total? ¿Cómo puede lograrse? ¿Alcanzará para cubrir todas las necesidades?

Centralización o descentralización del estado

Los bienes públicos pueden tener una cobertura nacional, regional, municipal o local. Por ejemplo, la seguridad de la nación en su conjunto, una constitución universalmente respetada y la estabilidad y credibilidad de la moneda nacional son bienes públicos que cubren todo un país y a cada uno de sus ciudadanos. Otros bienes públicos tienen un alcance más limitado, por ejemplo, la calidad del aire que se respira, el alumbrado público o la seguridad con que los ciudadanos pueden deambular por la ciudad o localidad donde viven.

En teoría, tanto los bienes públicos nacionales como los locales pueden ser producidos o administrados por un aparato estatal central, dirigido por un gobierno igualmente centralizado. Sin embargo, tal concentración de poder puede ser indeseable, pero muy especialmente desde el punto de vista de la eficiencia y la eficacia con que los bienes públicos puedan producirse. O sea, es difícil que el alumbrado público de cada calle de cada ciudad de un país pueda ser eficientemente instalado y mantenido desde una administración central. El sentido común nos sugiere que tal bien público se puede producir mejor por unas administraciones locales que estarían más cercas de las necesidades de tal servicio. Pero además de las consideraciones por el lado de la producción, existen otras como la fuente de financiamiento de cada clase de bienes públicos. Se puede argumentar que las necesidades de bienes públicos a nivel nacional deben estar financiadas por todos los ciudadanos capaces de contribuir con impuestos, pero la satisfacción de bienes públicos locales puede estar sujeta a variaciones de localidad en localidad que deben financiarse con recursos locales en función de las preferencias de los ciudadanos de cada sitio. Aparte de esto, la concentración de la recaudación y de las decisiones sobre la administración y distribución territorial del gasto público en un centro genera la tendencia de que los recursos así disponibles no sean distribuidos proporcionalmente a las localidades en relación con lo que contribuyen.

Estas consideraciones son las que sirven de fundamento a la existencia de las formas regionales o locales de estado y gobierno en la forma de administraciones municipales y provinciales. Tales formas de administración estatal o gubernamental pueden desarrollarse con poderes mayores o menores según evolucionen los sistemas fiscales y estatales de cada país. También el desarrollo de una sociedad civil bien organizada puede llegar a influir en los procesos políticos que determinan las diversas tendencias en esta materia. De este modo, hay países que cuentan con administraciones municipales con un bajo poder recaudatorio y se puede suponer que también tengan muy poca influencia en atraer el gasto público en los volúmenes necesarios.

El problema de la corrupción

Aquí utilizamos un concepto de corrupción limitado a una organización dada y no a la caracterización de un sistema en su conjunto. En general, definimos la corrupción como la práctica de una actividad o transacción que viola las leyes o disposiciones vigentes. La corrupción generalmente se practica de manera oculta o secreta ya que presumiblemente puede conllevar alguna forma de castigo para los que la practican o simplemente puede enfrentarse a la crítica de terceros. Sin embargo, en países en que la corrupción está muy extendida y al parecer aceptada por muchos, la práctica se hace más visible y los participantes operan con impunidad. Frecuentemente, la corrupción se interpreta como un fenómeno que sucede en los gobiernos u organizaciones del estado. No obstante, la realidad es que cuando hay corrupción, la práctica se extiende al sector privado y a la ciudadanía en general. Cuando se conoce el fenómeno de cerca, es difícil pensar que un gobierno sea corrupto y no la sociedad en su conjunto. Algunos ejemplos de prácticas corruptas son los siguientes:

• Falsificar los estados contables de una empresa con el objeto de evitar el pago de los impuestos que corresponden;
• Falsificar los estados contables de una agencia del gobierno para ocultar malversación de bienes o de fondos;
• Sobornar a un inspector fiscal que sabe de la evasión de impuestos de manera que no la reporte a las autoridades competentes;
• Ofrecer trabajo a una persona trabajador a cambio de lealtades político-partidistas, por ser un familiar o amiga, o a cambio de favores sexuales o de otra índole;
• Pedir o aceptar un pago a una empresa a cambio de agilizar o aprobar algun trámite necesario para sus operaciones;
• Adjudicar un contrato que en teoría debe ser otorgado por ofertas competitivas a un contratista a cambio de una comisión;
• Hacer pagos a legisladores o jueces a cambio de decisiones favorables;
• Falsificar documentos de identidad como licencias de conducción, pasaportes o visas;
• Cometer fraude en un examen y
• No cumplir con los requisitos sanitarios en una empresa farmacéutica, de salud o de alimentos.

La corrupción está presente en todas partes y la lista que acabamos de ver es una muestra minúscula de las formas en que se presenta. Es como una de esas enfermedades bacterianas o viruses para los cuales no hay una cura que los erradique completamente del planeta. Los países que más éxito tienen luchando contra la corrupción son aquéllos que combinan una serie de factores, principalmente una administración pública transparente con un mínimo de poderes reguladores, un sistema eficaz de administración de justicia y una cultura donde predominan los valores en contra del comportamiento corrupto de toda índole.

Muchos estudios han demostrado que la fuente principal de la corrupción es la regulación excesiva de la actividad económica privada por parte del estado. Los estudios de de Soto (1987) en el Perú son particularmente importantes en este sentido. Sirvieron para demostrar ante el mundo, que una cantidad excesiva de regulaciones de la actividad privada no sólo conduce a la corrupción sino que llega a estrangular la economía de un país. El impacto de los estudios de Soto se logró gracias al carácter exagerado de las regulaciones peruanas las cuales subsisten hasta el presente. Un área típica donde las mismas operan es en los permisos para abrir un nuevo negocio o empresa, donde los trámites requieren una cantidad absurda de gestiones, tiempo y dinero, que obliga a los interesados o empresarios a pagar sobornos o «coimas» para agilizar el proceso simplemente a operar clandestinamente. Esto último es lo que hacen los dueños de empresas pequeñas que no pueden afrontar los gastos correspondientes y mucho menos las comisiones ilegales. Las pérdidas para el estado por esta situación son cuantiosas pues tales empresas no pagan los impuestos que les corresponderían si operaran legalmente. Esta condición representa una parte del círculo vicioso que se cierra con la falta de confianza en que los ingresos fiscales no serán parcialmente malversados.

Lo que se deriva de esta experiencia es que un gobierno comprometido en evitar el imperio de la corrupción debe comenzar impidiendo el desarrollo de un estado sobrerregulador. No basta intentar tener funcionarios públicos que sean unos santos o que estén bien pagados y educados. El exceso de regulación siempre creará condiciones y tentaciones para pagos clandestinos y para agilizar trámites que en realidad son innecesarios. Por supuesto que mantener los controles de la regulación en un mínimo no quiere decir que todos deban ser eliminados. El estado y los gobiernos nacional y locales tendrán algunos poderes de regulación dentro de lo permitido o mandado por la ley. Por ejemplo, la construcción y la operación de un hospital requerirán un cierto número de licencias y es probable que exista una autoridad que emita los documentos correspondientes para la proteger a futuros pacientes. Si el sistema administrativo es lento, de inmediato se prestará para prácticas corruptas, las cuales disminuirán pero no desaparecerán completamente aun cuando se logre un sistema de licencias más expedito.

Se necesitarán entonces mecanismos adicionales para controlar la corrupción. El más importante es una combinación de administración de justicia eficaz y un sistema de auditoría y rendimiento de cuentas que detecte los casos de corrupción y que llegue a ser lo suficientemente eficaz para servir de órgano preventivo. Es necesario tener siempre en mente que la corrupción representa un costo a la sociedad en su conjunto, no simplemente por los recursos directamente involucrados sino por lo que engendra de desconfianza en la administración del estado y su concomitante desestímulo de las inversiones y la actividad económica en general. O sea, la lucha contra la corrupción no es una simple cuestión moral o legal. Es una necesidad de cualquier sociedad que aspire a un cierto nivel de vida, de progreso y de modernidad como suponemos que debe ser el deseo de la mayoría de los cubanos una vez sobrepasado el régimen actual. Y este esfuerzo es una parte intrínseca de cualquier plan serio de reconstrucción económica.

Por lo tanto, los recursos que se dediquen a combatir la corrupción es una inversión que debe generar un retorno a la sociedad. Los sistemas de auditoría cuestan, al igual que el montaje y mantenimiento de un buen sistema de administración de justicia. Pero la decisión gubernamental de cuánto gastar en tales actividades tiene que estar influenciada por una relación costo-beneficio. La cuestión es si Cuba podrá afrontar el gasto necesario, es decir, generar suficientes ingresos fiscales como para montar y después operar estos sistemas a un nivel mínimo de eficacia. Como hemos discutido en páginas anteriores, el problema más serio de índole fiscal al que se enfrentará tanto el primer gobierno de transición como los sucesivos es obtener los fondos necesarios para satisfacer las necesidades más perentorias. Los gobiernos a veces prefieren concentrar el gasto público en obras o proyectos de gran visibilidad para impresionar a la población y ganarse su apoyo. Una buena administración pública y una de justicia no representan proyectos visibles con el atractivo político que tienen siempre las obras educativas, los hospitales o las obras viales.

En el momento de decidir cómo se asignarán los recursos del estado por medio del presupuesto público se pondrá en juego la capacidad gubernamental y de la ciudadanía en su conjunto para conducir la transición de la economía del país hacia el mercado. La disyuntiva de cuánto gastar en justicia y administración pública o en otras obras es sólo uno de los dilemas a los que se enfrentarán el gobierno y el resto de la sociedad. No será la única, pero acaso sea la más difícil de resolver satisfactoriamente dada la naturaleza del gasto y sus resultados en este caso. Se desprende que una ciudadanía madura y capaz de influenciar las decisiones del gobierno por medio de sus organizaciones en la sociedad civil puede tener un impacto decisivo en las decisiones que se tomen. Téngase en cuenta que las decisiones del gobierno no sólo serán las del poder ejecutivo sino también las del poder legislativo. Por otro lado, la prensa, como ya hemos discutido, puede jugar un papel crítico en la toma de decisiones y en mover la opinión pública en una u otra dirección dependiendo del nivel de compresión de los periodistas sobre estos temas, su nivel de responsabilidad ciudadana, su ética profesional y su credibilidad ante la ciudadanía, los partidos políticos y las diversas ramas o poderes del gobierno.

Capítulo IX

LA AYUDA EXTERNA Y LOS ORGANISMOS INTERNACIONALES

Cuando exista un gobierno en Cuba que dé muestras convincentes de estar dispuesto a transformar su economía y liberalizar su sistema político, el país recibirá muchos ofrecimientos de ayuda exterior al mismo tiempo que sus solicitudes serán bien recibidas. En este capítulo tratamos exclusivamente sobre las modalidades disponibles de ayuda exterior para el desarrollo y la diversidad de fuentes de donde proviene. Aquí no se incluye la ayuda destinada a mitigar los efectos de las catástrofes causadas por fenómenos naturales como huracanes, inundaciones, plagas, sequías o terremotos o de situaciones generadas por guerras o conflictos parecidos.

También es importante señalar que la ayuda exterior no debe confundirse con la inversión que hagan las empresas nacionales y extranjeras interesadas en hacer negocios en Cuba a cambio de una futura ganancia. De hecho es razonable suponer que la inversión privada, tanto la extranjera como la nacional, deberá ser mucho más importante que la ayuda exterior en volumen y en impacto sobre el desarrollo económico del país. Esto debe ser claramente entendido por los gobiernos de la transición porque la ayuda externa puede convertirse en una distracción que desvíe la atención de las políticas que hay que poner en marcha para atraer la inversión extranjera. Debe tenerse en mente que la ayuda exterior se presenta como un camino fácil para poner el gobierno en marcha, pero es imperativo que esta característica no lleve a las autoridades a depender excesivamente de la ayuda en detrimento de volúmenes mucho mayores de inversión privada que pueden llegar a movilizarse.

Frecuentemente, la ayuda para el desarrollo tiene dos componentes, uno financiero y otro de asistencia técnica o asesoría. Otra de las disyuntivas más importantes que enfrentará un gobierno de transición en sus comienzos es decidir cuánto depender del consejo y de la ayuda extranjera y cuánto del conocimiento propio y de la inversión privada y estatal para financiar la transición y reactivar la economía. Una de las grandes incógnitas del futuro de Cuba después de Castro es quiénes constituirán el equipo de gobierno, cuál será su pensamiento en materia de ayuda externa y si ese equipo tendrá primero la voluntad y después el conocimiento para utilizar la ayuda y acometer las reformas necesarias.

Es necesario señalar que las autoridades de casi cualquier gobierno rara vez tienen los incentivos para preparse debidamente antes de negociar con los organismos internacionales de ayuda. Mi propia experiencia directa con varios gobiernos de América Latina y de otros continentes es que en el ajetreo por llegar al poder, pocos funcionarios, desde los niveles de presidente y ministros hasta viceministros y niveles intermedios pero influyentes, están preparados para gobernar eficazmente y mucho menos para hacerlo con eficiencia. La gran paradoja de la gobernación o de la gobernabilidad es que las destrezas que los políticos necesitan para llegar al poder, casi no tienen relación con las que se necesitan para ejercerlo con competencia. En las luchas por el poder, ya sea mediante carreras electorales o de otro tipo vemos muy pocos individuos con el nivel de preparación que se requiere para ejercer las funciones de estado como generalmente se espera. Esta paradoja se puede observar con más facilidad y detalle por medio de los programas de ayuda externa ya que es cuando los observadores externos, no comprometidos con ninguna de las facciones políticas que gobiernan, tienen que trabajar dentro del sistema, llegando a conocerlo mucho más íntimamente que los propios nacionales.

Predominan o por lo menos abundan demasiado los que esperan llegar al poder para disfrutar las ventajas del mismo sin tener en cuenta el cumplimiento de sus deberes o de lo que se espera de ellos como servidores públicos. Es una parte de la tradición depredadora y hasta de la misma cultura y folklore de los países latinoamericanos, donde muchos piensan que la ley existe para burlarla y la ética y el interés público no parecen contar con una alta valoración ciudadana. En algunos países, esta situación ha mejorado o no existe en los grados que se observa en la mayoría. Chile, y Uruguay y quizás El Salvador parecen ser ejemplos a seguir, aunque no sean perfectos; México se esfuerza por dejar atrás su tradición de corrupción y Brasil lucha seriamente por disminuir sus niveles de pobreza mientras otros todavía no dan muestras de enfrentarse a los problemas del subdesarrollo y la corrupción seriamente, como Guatemala, Honduras, Nicaragua, República Dominicana y Venezuela, por citar unos pocos.

Si los funcionarios del gobierno de transición no están preparados para lidiar con los organismos internacionales de ayuda o simplemente continúan esta tradición depredadora y no saben qué hacer con el poder que ostentan, el país dependerá de las asesorías de los organismos internacionales y otras fuentes externas y no de los que pueden representar más eficazmente el interés de los cubanos. Del mismo modo, estas organizaciones serán las que propongan (no necesariamente logren determinar o influenciar) el rumbo de las reformas en Cuba, lo cual tampoco será compatible con el interés nacional. De maneras muy sutiles, la soberanía de Cuba durante una transición pudiera verse disminuida en efecto por la incapacidad de sus funcionarios, aun cuando los mismos tengan las mejores intenciones para defenderla y hacer un buen papel en el proceso. Tales organismos generalmente ofrecen programas de asistencia financiera apoyados con volúmenes significativos de fondos pero generalmente condicionados a que el gobierno adopte una serie de medidas que, en teoría, deben contribuir a un mejor uso de los recursos.

Los recursos pueden llegar a darle una inyección a la economía nacional, generando resultados visibles aunque limitados, pero muy importantes para el gobierno de turno pues dan la impresión de que está trabajando por el desarrollo del país. Políticamente, las acciones de estos organismos y el uso de sus recursos son bienvenidos para los gobiernos clientes pero, como ha señalado Easterling (2001), no siempre para beneficio del país. Por eso es que debemos examinar críticamente las ventajas y desventajas de las negociaciones, acuerdos y programas de asistencia con los organismos que ofrecen recursos externos.

El tono negativo de lo dicho en esta introducción al capítulo se debe a mi deseo de enfatizar los peligros de la transición. En los países latinoamericanos, la historia y la experiencia personal nos enseña que las probabilidades de tener gobiernos malos son mayores que las de tener buenos. Usando un lenguaje positivo, que de todas maneras mantengo en las siguientes secciones, puedo dar la impresión de que el camino es fácil y que la buena gobernación se puede dar por sentada. En realidad el modelo, formato o estrategia que se siga para la transición es mucho menos importante que el advenimiento de gobernantes honestos e inteligentes que, aun cuando no tengan experiencia en la administración pública (pocos han de tenerla en la Cuba postcastrista), sabrán encontrar el camino hacia la democracia y la economía de mercado. Si esta última condición se verfica, la ayuda externa puede ser de gran utilidad al país. De lo contrario, la ayuda externa puede ser no sólo inútil sino hasta indeseable, pues sirve para darle legitimidad a un proceso engañoso y ayudar a un gobierno negligente o corrupto a proyectar una falsa imagen de competencia y eficacia.

Las modalidades de la ayuda externa

Por su naturaleza la ayuda exterior puede ser de varios tipos. Los tres más importantes son los siguientes: a) donaciones, b) préstamos y c) garantías de crédito. Las donaciones, como la palabra lo indica, son transferencias de dinero o en especie que se realizan sin que medie pago alguno, aunque algunas veces el país donante pone ciertas condiciones al país recipiente. Los préstamos, por el contrario, son generalmente transferencias de fondos que deben devolverse oportunamente, en plazos más o menos largos con pagos adicionales de intereses. Las garantías de crédito son promesas de terceros, generalmente de gobiernos, de respaldar un préstamo en caso de que el país que lo recibe no pueda pagarlo cuando le corresponde.

Por su origen, la ayuda puede ser de dos tipos: a) bilateral y b) multilateral. La ayuda bilateral proviene del gobierno de un solo país o de un organismo basado en un país en particular. La ayuda multilateral es la que proviene de organismos compuestos por un conjunto de países miembros, como son las diversas agencias de la Organización de las Naciones Unidas, el Banco Mundial (también conocido como Banco Internacional de Reconstrucción y Fomento), el Banco Inter-Americano de Desarrollo, la Unión Europea y el Fondo Monetario Internacional. Quijano (1996) menciona algunos elementos a tenerse en cuenta para obtener recursos de estas fuentes. La ayuda bilateral puede ser de cualquier país, pero los que mayores volúmenes dedican a esta actividad son los más ricos del mundo, generalmente occidentales, como Suecia, Alemania, España, Austria, Francia, Gran Bretaña, Canadá y Estados Unidos, además de Japón y China. Las donaciones suelen ser más típicamente resultado de ayuda bilateral, aunque existen programas de donaciones limitados de tipo multilateral y programas de préstamos de origen bilateral. La ayuda bilateral puede ser de carácter privado, proveniente de alguna fundación filantrópica sin que necesariamente esté vinculada a algún gobierno u organismo internacional. La ayuda bilateral de gobierno a gobierno también puede consistir de préstamos de distintos plazos según se negocie entre las partes. Los organismos de mayor interés para Cuba por los mayores volúmenes de recursos financieros o en asesoramientos que podrán ofrecer son los siguientes:

- Agencia de Estados Unidos para el Desarrollo Internacional, (USAID),
- Agencia de Cooperación Española,
- Fondo Monetario Internacional,
- Banco Mundial,
- Banco Inter-Americano de Desarrollo,
- El conjunto de agencias de las Naciones Unidas,
- La Unión Europea y
- Las agencias de ayuda de países como Canadá, Reino Unido, Japón, Alemania, Suecia, Holanda y otros.

La ayuda de Estados Unidos[52]

Creo que puede afirmarse con certeza que ningún país que brinde ayuda a Cuba estará más genuinamente preocupado porque esa ayuda sea eficaz y logre plenamente sus objetivos que Estados Unidos. La razón es muy sencilla y no está necesariamente basada en consideraciones altruistas (aunque sería injusto desestimar éstas): A Estados Unidos le conviene una Cuba estable, próspera y segura, sin miles de cubanos queriendo emigrar de cualquier manera, que brinde oportunidades de inversión y comercio, que sea una aliada en la defensa de la democracia y los derechos indi-

---

52 Aquí deseo aclarar que esta sección está basada en mi experiencia personal y directa de muchos años de trabajo relacionado con USAID en diversas capacidades. Dicha experiencia comenzó en 1974 cuando la agencia financió parcialmente un proyecto sobre Educación y Desarrollo que yo codirigía desde Río de Janeiro cubriendo 10 países latinoamericanos como funcionario del Programa de las Naciones Unidas para el Desarrollo. Posteriormente, USAID financió algunos estudiantes latinoamericanos para hacer sus maestrías en economía en el Programa Latinoamericano en Economía en American University en la ciudad de Washington del cual yo fui fundador y director entre 1978 y 1984 bajo los auspicios de la Organización de Estados Americanos (OEA) durante los tres primeros años. Desde 1984 hasta la fecha, USAID ha sido y continúa siendo un cliente importante de la firma consultora DevTech Systems, Inc. fundada por mí ese mismo año y de la cual he sido presidente desde entonces. Las opiniones expresadas por mí en esta sección son enteramente de mi responsabilidad y al mismo tiempo están hechas con completa independencia de las relaciones contractuales entre la firma y la USAID.

viduales y que no sea una escala en el tráfico internacional de narcóticos ni una catapulta para lanzar movimientos subversivos alrededor del mundo.

El instrumento de ayuda norteamericano es la Agencia de Estados Unidos para el Desarrollo Internacional, conocida por sus siglas en inglés USAID que significa United States Agency for International Development. La USAID tiene su sede en la ciudad de Washington y es una rama del Departamento de Estado que es el ministerio a cargo de las relaciones exteriores. Además de sus oficinas en Washington, USAID tiene misiones de largo plazo en los países que requieren ayuda por períodos prolongados. Es de esperar que tan pronto las condiciones lo permitan, la agencia estará negociando con el gobierno cubano el establecimiento de una misión en La Habana y la formulación de un programa de ayuda. La misma ofrece ayuda en los tres formatos discutidos aquí, o sea, donaciones, garantías de crédito y préstamos. Los fondos que respaldan la ayuda que USAID ofrece está generalmente plasmada en forma de ley en el presupuesto aprobado por el Congreso de Estados Unidos a petición del Presidente de ese país representado por USAID.

El interés de Estados Unidos en apoyar una transición en Cuba se puede medir en los muchos años, alrededor de diez por lo menos al escribir estas líneas, que USAID ha estado siguiendo los acontecimientos en la isla. Desde 1996, la agencia ha ido intensificando su atención y aumentando el volumen de recursos destinados a preparar de alguna manera el terreno para una futura transición democrática y económica, lo cual ha sido apoyado por el Congreso de EEUU por medio de asignaciones presupuestarias. Esto se ha ido logrando primero preparando personal para comprender la situación cubana y sus evoluciones, lo cual ha incluido la observación de los acontecimientos económicos y políticos en Cuba y el mantenerse al día de estudios y actividades profesionales de cubanos y no cubanos que residen y trabajan fuera de la isla. Al mismo tiempo USAID ha ido financiando algunas actividades de organizaciones no gubernamentales basadas fuera de Cuba e interesadas en promover ideas democráticas, la futura transición al mercado y la organización de una sociedad civil mediante la producción y distribución de materiales de lectura prohibidos por el gobierno cubano.

Es importante tener en cuenta que a pesar del gran interés de Estados Unidos en el futuro de Cuba, no debe exagerarse el monto que debe esperarse de la ayuda que oportunamente estaría disponible. Aunque es muy posible que el monto total llegue a superar al de cualquier otro país donante, hay que evitar caer en la ilusión de que tal ayuda será suficiente para resolver todos los problemas económicos del país. La ayuda externa puede ser muy importante si es bien utilizada, pero hay que insistir en que el impulso principal que se le dé a la economía cubana vendrá de las inversiones de los cubanos residentes en la isla y de las que se puedan atraer del exterior, tanto de cubanos como de extranjeros. La ayuda externa no será el factor decisivo en una transición. Lo verdaderamente importante será el esfuerzo de los cubanos.

Generalmente, los programas de ayuda de la USAID parten de la formulación de una estrategia que posteriormente se desglosa y detalla en proyectos específicos. En la formulación de la estrategia entran en consideración los intereses y las políticas de Estados Unidos y también las preferencias ideológicas de los gobiernos de turno. Por ejemplo, en un momento dado puede haber un gobierno renuente a financiar proyectos de control de natalidad con base en abortos, mientras que otros gobiernos pueden ser más flexibles al respecto. USAID es eminentemente un organismo técnico pero como parte de las organizaciones del estado dirigidas por diversos gobiernos debe seguir las directivas políticas de los mismos. No obstante, tales directivas políticas dejan un amplio margen para los programas de ayuda para el desarrollo. Especialmente sucede en cuanto a cuestiones de salud, educación, medio ambiente, reformas institucionales, políticas económicas, estado de derecho y administración de justicia, comercio, desarrollo agrícola y fortalecimiento de instituciones democráticas.[53] Las misiones juegan un importante papel en determinar lo que es factible o aceptable por parte del país que recibe la ayuda.

Los proyectos que acaban implementando la estrategia pueden tener períodos variables de ejecución, días, semanas o años y también son de diversas formas. Un proyecto, por ejemplo, puede consistir en la evaluación de algún sector necesitado de recursos, digamos educación, salud o

---

53 Por ejemplo, los gobiernos donde el presidente proviene del Partido Demócrata tienden a poner más énfasis en los programas de medio ambiente y son más liberales en programas de planificación familiar y campañas para controlar el SIDA, mientras que los gobiernos del Partido Republicano tienden a enfatizar el libre comercio, las economías de mercado mientras se oponen al uso del aborto como parte de la planificación familiar. Por otro lado hay grandes coincidencias pues todos apoyan con el mismo énfasis el desarrollo educativo, las campañas contra la corrupción, el apoyo al fortalecimiento de las democracias y los estados de derecho y la necesidad de controlar el SIDA, entre otros.

acueductos de manera de recabar datos y establecer necesidades para posteriormente realizar un proyecto de implementación. Otro tipo de proyecto puede consistir en enviar estudiantes a universidades de Estados Unidos o de terceros países para especializarse en áreas que no abundan en su país. Estos programas de estudio o de observación tienden a ser de larga duración y financian los gastos de los estudiantes que aspiran a maestrías o doctorados, pero también pueden ser de unas pocas semanas o hasta días, según sea el caso. También hay programas de ayuda que consisten en transferencias netas de fondos para apoyo presupuestario o de balanza de pagos en condiciones de crisis profunda. Muchos de estos proyectos pueden ser solicitados por el propio gobierno del país anfitrión según sus necesidades. Cuando no hay fondos asignados al acápite general donde se puede clasificar el proyecto, la implementación de la solicitud, en caso de ser aceptada por la misión de USAID y por sus contrapartes correspondientes en Washington, además del Congreso de Estados Unidos, puede demorar uno o dos años.

Entre los proyectos que puede necesitar Cuba cuando comience una transición y que USAID pudiera estar interesada en apoyar con donaciones o hasta con préstamos, se pueden contar los siguientes:

- Reformulación del currículum de la educación primaria y secundaria para limpiarlo de la carga ideológica y política que tiene, producción masiva de nuevos textos y capacitación de maestros;
- Rehabilitación de equipos y suministros médicos a centros de salud y posible capacitación de médicos y personal de la salud;
- Asesoría y capacitación para la reforma económica y reorganización de los organismos del estado;
- Apoyo a proyectos de desarrollo de la sociedad civil, instituciones democráticas y partidos políticos;
- Reconstrucción de la administración de justicia basada en derechos y libertades individuales, capacitación de defensores públicos, fiscales y jueces;
- Asistencia técnica y capacitación para el restablecimiento de las instituciones y órganos del sector financiero;
- Apoyo al desarrollo de los cuerpos legislativos y
- Asistencia financiera para la reconstrucción de infraestructura básica como por ejemplo suministro de agua potable.

Estos proyectos se citan aquí sólo a manera de ilustración y desde la perspectiva actual parecen razonables para una transición, además de ajustarse al tipo de asistencia que USAID ofrece. Por supuesto que esta lista no es extensiva y los proyectos que surjan o se hagan necesarios en el momento que la transición ocurra pueden variar de los citados arriba. Lo que es importante resaltar es que será el gobierno de transición el que establezca las prioridades en materia de proyectos y decida cuáles se pueden acometer por USAID o por otras fuentes de asistencia. Es también importante tener en cuenta que los proyectos de asistencia técnica de USAID no son impuestos por el donante sino que son aprobados aun cuando algunos puedan ser sugeridos por los propios donantes, tanto USAID como otros. Algunas veces los proyectos están sujetos a ciertas condiciones como son la compra de bienes y servicios norteamericanos y el cumplimiento de algunos requisitos contables y de auditoría para asegurar la transparencia y eficacia de la ayuda.

USAID y los demás organismos de ayuda bilaterales o multilaterales han estado preocupados siempre con que sus muchos y diversos programas puedan ser coordinados para evitar duplicaciones y aprovechar las economías que puedan derivarse de la cooperación. Muchas veces, cuando se hace evidente que un país dado necesita un volumen elevado de asistencia, los diversos organismos forman un consorcio (o un grupo de trabajo especial) y se reúnen en alguna capital para discutir y coordinar sus respectivos programas. Es de esperar que esto ocurra cuando Cuba desee emprender una transición democrática y alguna forma de liberalización de la economía. Sin embargo, la experiencia enseña que tal coordinación es limitada. Puede funcionar al comienzo en la repartición de áreas generales de ayuda, pero una vez que cada país donante u organismo de préstamo comienza sus programas siguen su propio curso aunque no se abandone la coordinación inicial. Es en este punto donde se hace especialmente necesaria la capacidad del país anfitrión de ejercer un papel en aras de la coordinación entre proyectos y fuentes de ayuda. Cuba comenzaría una transición sin experiencia en estos menesteres, pero debe prepararse especialmente para seleccionar personal inteligente y dedicado capaz de aprender rápidamente y jugar el papel que le corresponde con eficacia.

El Fondo Monetario Internacional

No cabe duda que el Fondo Monetario Internacional (FMI) es un organismo polémico pero es necesario que las autoridades de los gobiernos que sucedan a Castro puedan tomar decisiones informadas con respecto al mismo. Las críticas al Fondo, unas con sentido y otras carentes de base, se han ido acumulando sobre los años. Economistas defensores de la economía de mercado de gran renombre como Milton Friedman, Premio Nobel de Economía y muchos otros observadores abogan por la total eliminación del Fondo. La Comisión Meltzer, por otra parte, apoyada por el partido Republicano de Estados Unidos propone una reestructuración total de dicho organismo. En una tercera posición existen muchos otros que creen que las fuerzas del mercado no deben dejarse demasiado libres, que debe existir alguna forma de intervencionismo y por lo tanto conviene que exista un prestamista internacional de último recurso como el Fondo para ayudar a los países a enfrentar crisis financieras. Sin embargo, no todos los que creen en alguna forma de intervencionismo, como Stiglitz (2003), también Premio Nobel de Economía creen en las bondades del Fondo.

Como que es probable que este organismo o una versión modificada del mismo exista todavía en el momento en que Cuba pueda montar una economía de mercado, le dedicaremos alguna atención en estas páginas por las opciones que ofrece a los gobiernos en materia de financiamiento externo, opciones que deben ser evaluadas objetivamente. Esta sección la vamos a dividir en dos partes. Primero presentaremos lo que puede representar el Fondo en teoría para Cuba. Después presentaremos algunas ideas que deberán considerar las autoridades cubanas si deciden entrar en negociaciones con este organismo.

Para ser un país miembro del Fondo[54]

Cuba ya fue miembro del Fondo Monetario Internacional desde su fundación hasta que decidió retirarse en 1964 pagando la deuda que tenía

---

54 Esta sección está basada en un trabajo de Joaquín P. Pujol (1991), un funcionario del Fondo actualmente retirado. El trabajo fue presentado en la primera reunión de ASCE en 1991. Sin embargo, también se insertan comentarios míos y de otros autores que no son responsabilidad de Pujol y no tienen por qué coincidir con sus puntos de vista.

con el organismo unos años después. De hecho, Cuba había sido uno de los países fundadores del Fondo en la famosa conferencia de Bretton Woods en 1944 donde jugó un papel prominente por medio de una prestigiosa representación, como nos relata Pujol (1991). Se puede debatir que la decisión del gobierno revolucionario de retirarse del Fondo (algunas fuentes se la atribuyen al Ché Guevara) fue motivada por razones exclusivamente ideológicas y simplemente erróneas, pues hoy en día el gobierno está buscando fuentes de crédito que le permitan elevar el nivel de actividad económica. El hecho de que ahora Cuba no sea miembro del Fondo le representa un gran impedimento en la búsqueda de créditos externos, pues generalmente el acceso a otros organismos financieros internacionales depende de un acuerdo inicial con el Fondo.

Para facilitar la normalización de sus relaciones económicas internacionales Cuba necesita tener acceso a diversas fuentes de recursos que puedan ayudarla no sólo a montar una economía de mercado sino a que la nueva economía crezca a las tasas más altas posibles. Parte de una estrategia de normalización económica deberá ser definir una política con relación a la enorme deuda internacional que Cuba ha ido acumulando sobre los años. Esa política deberá decidir si esa deuda debe renegociarse y en qué términos. Ser miembro del Fondo facilitaría el acceso de Cuba a esta fuente de recursos y de asesoría técnica. Por lo tanto es razonable esperar que el gobierno de transición solicite el reingreso de Cuba al Fondo y decida cumplir con los requisitos necesarios para que el ingreso sea aprobado por los demás países miembros de la organización.

Parte de esos requisitos es el pago de una cuota cuyo volumen sería parte de las negociaciones en el proceso de solicitud de reingreso. Al mismo tiempo, el país se compromete a darle al Fondo suficiente información estadística para que se puedan evaluar las condiciones económicas y fiscales prevalecientes. Tal información, que es de dominio público en las sociedades abiertas o democráticas, sirve para que el Fondo evalúe el volumen y composición en diversos instrumentos monetarios de la cuota a ser pagada por el país a la organización. El país no podrá hacer uso de los recursos del Fondo hasta que no haya pagado su cuota.

Después de solicitar su ingreso al Fondo y cumplir con los requisitos correspondientes, es posible que el gobierno cubano encuentre ventajoso solicitar alguna forma de asistencia técnica o financiera para facilitar su transición hacia una economía de mercado. Lo que sigue tiene como objeto familiarizar al lector con las características de este organismo, pero no debe interpretarse necesariamente como una recomendación o propuesta a seguir.

Las misiones para las que el FMI fue creado se pueden resumir en tres: a) facilitar el crecimiento equilibrado del comercio internacional, como una manera de promover el empleo y el ingreso de los países; b) promover la estabilidad de las tasas de cambio entre las monedas y c) ayudar a establecer un sistema multilateral de pagos con relación a las transacciones internacionales entre los países miembros y a eliminar las restricciones cambiarias que obstaculizan el comercio mundial. En los últimos años, sin embargo, el Fondo ha venido jugando algunos nuevos papeles. Uno de éstos ha sido participar en la transición hacia economías de mercado de los países que abandonaron el socialismo. Al mismo tiempo, el Fondo ha jugado un papel cada vez más prominente en la solución de crisis financieras, cuando comenzó con la crisis de la deuda internacional de 1982 y posteriormente se vio involucrado en las crisis asiática, rusa y nuevamente mexicana en los años 90 y más recientemente en la crisis argentina.

Para ayudar al logro de estos objetivos, el FMI ofrece recursos financieros a sus miembros para ajustar desequilibrios en el balance de pagos sin que haya que restringir el comercio y los pagos pero a cambio de condiciones de política macroeconómica que generalmente son resentidas por algunos países y sectores de su ciudadanía. El FMI también brinda un foro de consulta y colaboración entre sus miembros donde se pueden discutir y resolver problemas monetarios internacionales. En este sentido el Fondo se interesa por problemas de países individuales así como también por problemas de la economía mundial.

El interés del Fondo incluye problemas económicos y financieros a corto plazo de los países y el funcionamiento del sistema monetario internacional. En relación con los países individuales, su atención se centra en el equilibrio de la balanza de pagos y su contribución en el contexto de los demás países, a la estabilidad del sistema financiero internacional.De especial importancia es la vigilancia que ejerce el Fondo en las políticas cambiarias de los países y cuando los mismos se unen al organismo se comprometen a brindar información financiera confiable para tales propósitos. Sin embargo, el Fondo también se interesa por los desequilibrios presupuestarios y sus repercusiones tanto en la economía del país como en las de carácter internacional. El Fondo muchas veces recomienda o incluso condiciona su ayuda financiera a cortes en el gasto público o aumentos de la recaudación fiscal por la vía de impuestos. Los ajustes en el gasto público son muy impopulares pues generalmente se concentran en la reducción de gastos que no se justifican, como los de recortar el exceso de burocracia dejando sin empleo al personal afectado. Por otro lado, el aumento de los impuestos o la recaudación fiscal suscita grandes polémicas incluso entre los economistas cuando pueden retardar el desarrollo económico de los países afectados.

Para enfrentar los desequilibrios financieros temporales de sus países miembros, el Fondo cuenta con amplios recursos que pueden ser utilizados mediante préstamos a corto plazo de manera de aminorar o eliminar las repercusiones negativas en otros países de las restricciones de comercio o cese de pago de obligaciones que de otra manera el país con problemas se vea forzado a realizar. Una vez que el Fondo apoya un programa de ajuste en un país determinado se facilita la obtención de recursos adicionales por parte de otros organismos financieros internacionales. Incluso desde la crisis de la deuda internacional que estalló en 1982 con la declaración del Gobierno de México de que no podía enfrentar sus cuantiosas obligaciones internacionales, el Fondo amplió su papel al convertirse en organismo de préstamo de último recurso cuando la banca privada internacional disminuye los préstamos a gobiernos.

Sin embargo, este papel se debate continuamente pues se puede argumentar que si el Fondo no existiera o no jugara este papel de prestamista de última instancia, los gobiernos de los países serían más prudentes en el manejo de sus finanzas precisamente porque no tendrían a dónde recurrir en caso de una crisis. Al fin y al cabo, los recursos del Fondo provienen, directa o indirectamente de los contribuyentes privados de los países miembros, fondos sobre los cuales la falta de garantías de los derechos de propiedad permite que se plantee el problema de agencia del cual ya hemos hablado. En estas circunstancias los funcionarios públicos (agentes) abusan de sus prerrogativas burocráticas adoptando políticas excesivamente riesgosas en detrimento de los intereses de los verdaderos dueños de los fondos (principales).

Además de esta consideración, es importante tener en cuenta que pueden presentarse condiciones financieras y económicas que hagan entrar en contradicción las políticas a corto plazo de estabilidad financiera o equilibrio macrofiscal con las necesidades a más largo plazo de financiar el desarrollo. Esto ha planteado en muchos casos discrepancias entre el Fondo y su institución hermana el Banco Mundial que está precisamente dedicada al financiamiento no para corregir desequilibrios temporales, sino para el crecimiento económico a largo plazo. Parte de la polémica se basa en que los procesos de crecimiento no siempre se pueden llevar a cabo en condiciones de perfecto equilibrio. Por otro lado, este tipo de consideración era más válida cuando las políticas de desarrollo de los países dependían más del sector público que de las empresas privadas. En la medida en que el crecimiento de la economía dependa de una economía de mercado y de la inversión de las empresas privadas, el gobierno tendrá menos excusas u oportunidades de endeudamiento en la medida que no posea ni administre empresas.

Las relaciones de Cuba con el Fondo

Dos serán los tipos de factores que pesarán sobre la decisión de llegar a algún acuerdo entre el gobierno cubano y el FMI, uno económico y otro político. El corto plazo es importante para todo gobierno. En la práctica, a veces parece que lo único importante es el corto plazo ya que el largo plazo corresponde al próximo gobierno. En función de esa condición, los recursos que el FMI puede ofrecer a un gobierno en el corto plazo pueden tener un gran impacto político pues pueden ayudar a resolver o por lo menos a aliviar problemas económicos perentorios mediante un mejoramiento del flujo de caja en el sistema fiscal. Esto no sólo se lograría con los recursos provenientes directamente del Fondo sino de los otros organismos internacionales que estarían dispuestos a otorgarle préstamos a largo plazo a Cuba una vez que el país llegue a un acuerdo con el primero.

Son muchas las maneras en que un gobierno puede disponer de fondos adicionales provenientes de préstamos para salir de una crisis financiera o presupuestaria y darle la impresión a la población de que se hizo algo positivo. Cuba, como hemos visto anteriormente, enfrentará serios problemas para cubrir las necesidades más urgentes de sus jubilados, incluso para mantenerlos apenas por encima de un nivel de indigencia. Esta situación podrá aliviarse, aunque sea muy parcialmente dada la magnitud del problema, con préstamos de corto o largo plazo, de cualquier manera que dichos fondos sean insertados en la economía. Aquí la disyuntiva es si vale la pena adquirir esa deuda con esos fines o si es preferible dedicarla a proyectos directamente vinculados con el mejoramiento de la capacidad productiva de la economía. En el primer caso, los efectos se hacen visibles al corto plazo, en el segundo, los efectos, si se logran, demorarán en hacerse sentir. Cuando un gobierno está operando bajo serias presiones por parte de la población que exige resultados rápidos, la tentación del endeudamiento a corto plazo es muy fuerte y las consideraciones económicas tendrán muy poco peso frente a las políticas, no importa cuán racionales sean los argumentos a favor de las primeras.

No obstante lo dicho hasta aquí, es preciso tener en cuenta que la solidez de la posición negociadora del gobierno cubano frente al Fondo y los demás organismos financieros internacionales dependerá mucho de dos factores. El primero es la capacidad del gobierno de definir y llevar a cabo con credibilidad una política económica viable que verdaderamente logre una recuperación robusta de la economía cubana con recursos propios. El segundo factor es la capacidad de Cuba de atraer inversiones directas que se materialicen en transferencias significativas de fondos externos. Es concebible que si tales transferencias alcanzaran un cierto volumen, Cuba podrá disminuir su dependencia de endeudamiento adicional por recursos externos. Tales transferencias incluirían también los ingresos por concepto del turismo y de remesas de cubanos residentes en el exterior, más los ingresos de aquéllos que decidan retirarse en Cuba y gastar los fondos de retiros ganados en otros países, especialmente Estados Unidos.

Los bancos internacionales de desarrollo

Los dos bancos de desarrollo más importantes para Cuba son el Banco Mundial (BM), también conocido como Banco Internacional para la Reconstrucción y el Fomento (BIRF) y el Banco Inter-Americano de Desarrollo (BID). El primero se fundó junto con el Fondo Monetario Internacional como parte de los acuerdos de Bretton Woods en 1944, para financiar la reconstrucción de los países que sufrieron la devastación de la Segunda Guerra Mundial, principalmente en Europa Occidental. El segundo se fundó en 1960. Ambos bancos financian proyectos a largo plazo, con préstamos también pagaderos a largo plazo y el mismo tipo de préstamo, sin que haya diferencias sustanciales a nivel de proyectos o de programas de financiamiento más amplios.

Cabe apuntar aquí que la banca de desarrollo, en su papel de prestamista a los países menos desarrollados, se fundamentó en la noción concebida por un grupo de economistas al concluir la Segunda Guerra Mundial de que el fenómeno que se denominaba entonces subdesarrollo era resultado de una insuficiencia de capital en los países en forma de maquinaria, equipos y otros medios básicos o activos físicos. A su vez, se explicaba tal insuficiencia en el acervo de capital en la carencia de un nivel suficiente de ahorros y por ende de inversión de los países afectados.[55] Se concluyó entonces que una manera de resolver el problema era haciendo que los países más ricos transfirieran parte de su riqueza a los países más pobres para financiar proyectos de inversión que crearían las condiciones para el crecimiento sostenido de esos países. Esto, sin embargo, no sucedió del modo previsto pues después de medio siglo de asistencia financiera para el desarrollo, la mayoría de los países que han recibido los préstamos correspondientes todavía mantienen una posición de atraso relativo. De hecho, los datos disponibles señalan que la brecha entre los países más pobres y los más ricos se ha ido ampliando en lugar de reducirse, lo que no significa por otro lado que todos los más pobres hayan retrocedido. Los datos muestran que el ritmo de crecimiento de los más ricos ha sido más rápido que el de los más pobres que han crecido, aunque hay otros países pobres que se han quedado estancados o retrocedido. Por ejemplo, los países de América Latina en general han crecido aunque menos que los más prósperos de Asia, mientras los países africanos en general han perdido terreno.

La gran lección aprendida en todos estos años después de la Segunda Guerra Mundial es que la insuficiencia de capital era más un síntoma que la causa del subdesarrollo. Hoy existen concepciones más complejas sobre los factores que contribuyen al crecimiento económi-

---

55 El término subdesarrollo se acuñó poco después de la Segunda Guerra Mundial, después que algunos autores denominaban a los países afectados como atrasados. Posteriormente, algunos países protestaron la denominación de subdesarrollados como peyorativa y los foros y organismos internacionales comenzaron a utilizar el término de países subindustrializados. Más adelante se utilizó el término «países en vías de desarrollo» lo cual representa un verdadero engaño en un gran número de casos. Habiendo sido partidario siempre de llamarle al pan pan y al vino vino, yo prefiero seguir usando el término de subdesarrollado o menos desarrollado según venga al caso.

co y los que lo obstaculizan. Así se han puesto a contribución teorías sobre la importancia de la educación y las diversas formas de capital humano, el papel del desarrollo tecnológico, la necesidad de garantizar los derechos de propiedad, la fuerza liberadora de las economías de mercado y la necesidad de reducir las prácticas corruptas y depredadoras de muchos gobiernos. Sin embargo, a pesar de que la explicación de insuficiencia financiera ha perdido peso, estos organismos de préstamo han perdurado pero, sin olvidar los debates que existen sobre el verdadero valor de la banca de desarrollo, su existencia puede ser útil en la transición de Cuba si se sabe manejar bien.

En el momento en que Cuba esté dispuesta a normalizar sus relaciones internacionales, lo cual implicará acometer un programa de liberalización económica, ambos organismos se prepararán para enviar misiones preliminares a Cuba para discutir los lineamientos generales de un programa de asistencia. Dicho programa, que a su vez se coordinaría con el Fondo Monetario Internacional como se discutió arriba, incluiría la admisión de Cuba a dichos organismos bajo una serie de condiciones. Después de un acuerdo en principio sobre los lineamientos generales, ambos organismos enviarían otras misiones de alto nivel para discutir con el gobierno el marco general de asistencia financiera que cada banco puede hacer disponible a Cuba, en qué términos y en qué sectores de la economía. Después que cada organismo llegue a un acuerdo con el gobierno y dichos acuerdos estén aprobados por las respectivas juntas directivas donde están representados los países miembros, enviarán misiones especializadas para discutir formas de financiamiento de proyectos específicos por sector. Recordemos que el producto principal de estos bancos está constituido por préstamos, no donaciones.[56] Esto no excluye algunas cooperaciones técnicas noreembolsables, como se les llama en el BID a pequeños montos para financiar asistencias técnicas de corta duración. El BM tiene vehículos similares.

---

56 Es importante tener en cuenta que los bancos son propiedad de los países miembros cuyo poder de votación en las juntas de gobierno está dado por la contribución de fondos al capital de cada uno. Inicialmente Estados Unidos tenía una participación muy elevada en cada banco pero su poder ha ido disminuyendo cuando otros países, como Japón por ejemplo, han ido aumentando sus contribuciones.

Es de esperar que entre ambos bancos se logre un cierto grado de coordinación entre los proyectos a financiar. El primer nivel de coordinación es en el tipo o destino de los préstamos de cada uno. Por ejemplo, El BID generalmente se concentra en financiar proyectos específicos como pueden ser hospitales, carreteras o un programa de construcción de escuelas. Mientras que el BM, aunque también financia este tipo de proyecto, se encarga por igual de los préstamos que complementarían un programa de reformas. Esta tarea tiende a complementar las intervenciones del Fondo como se explicó en la sección anterior. Además, el BM puede financiar préstamos de ajuste sectorial cuya intención es mejorar las condiciones de operación de sectores enteros, como pueden ser los de educación, las telecomunicaciones, la seguridad social y la salud.

Pero cualquiera que sea la naturaleza de los préstamos a recibir, sería aconsejable para Cuba que los que negocian estos préstamos y programas de ayuda tengan bien definido sus objetivos estratégicos y que comprendan su impacto en la economía nacional. Aunque los funcionarios de estos bancos pueden ofrecer consejos útiles al gobierno que ayude a definir los mejores proyectos, la parte cubana no debe depender a ciegas de tales consejos. Sería preferible evitar toda negociación antes de estar preparados para ella y contar con el personal con las calificaciones mínimas necesarias para enfrentarlas con éxito.

También es importante tener en cuenta que el dinero es fungible, que se puede usar en muchas cosas. Poco se logra con que los bancos financien algún sector si los dineros destinados a un uso dado se malgastan en otras actividades o sirven para que el gobierno reduzca su compromiso en esa actividad. Muchos gobernantes se han enriquecido más y con mayor facilidad porque estos organismos han facilitado la disponibilidad de fondos. El caso de Mobutu Sese Seko, antiguo dictador del Congo, es muy notorio pero no es ni será el único. Aunque los fondos de los organismos financieros internacionales tengan un destino bien definido, tales fondos alivian la presión sobre los fondos propios del estado y acaban facilitando los usos clandestinos e ilegítimos de los mismos en países donde no existe transparencia ni mecanismos auditores adecuados ni una administración de justicia capaz de castigar a los gobernantes corruptos. Pero aun cuando no exista corrupción es importante ver otros efectos de los préstamos. Por ejemplo, recientemente la prensa mundial reportó el hecho de que George Soros, el multimillonario que ayuda filantrópicamente a una serie de países en el mundo descubrió que los fondos donados por él para reforzar un programa de becas en la República de Africa del Sur habían servido para que la fuente financiadora original en el mismo país retirara su apoyo al programa, dejando a Soros solo en el esfuerzo.

Sería una pérdida muy grande para Cuba que no pueda usar estos fondos por el peligro de que sean malversados, pero es preferible que los mismos no estén disponibles de manera que no puedan contribuir al endeudamiento del país sin nada a cambio. Serán los funcionarios cubanos y no los bancos los que eviten este tipo de anomalía. Los bancos, a pesar de sus declaraciones, no se preocuparán demasiado por el destino final de los fondos, mientras no haya mucho escándalo y los préstamos se paguen a tiempo en las condiciones acordadas.

Es también importante tener en cuenta que los funcionarios del país a cargo de negociaciones con los bancos pueden estar sumamente interesados en pasar a formar parte de la planta de tales organismos. Las condiciones salariales y de trabajo en general, los planes de salud y de retiro además del estatus de funcionario internacional con residencia en la ciudad de Washington, D.C. son poderosamente atractivas y puede ser un medio por el cual exista una comunidad de intereses entre el funcionario del país y el del banco que no sea compatible con el interés del país. Cuba no es un miembro actual de estos organismos y una vez que pase a serlo tendrá a su disposición una cuota para que un buen número de profesionales cubanos puedan trabajar en los mismos y hacer sus carreras completas como funcionarios. Esto en principio plantea un conflicto de intereses para un funcionario cubano que tenga en miras trabajar para el organismo de financiamiento, mientras negocia un programa con el organismo.

En presencia de las paupérrimas condiciones de vida de los profesionales cubanos, habrá una gran demanda por parte de muchos cubanos profesionales, especialmente economistas jóvenes y especialistas de los que emplean los bancos, para lograr el apoyo del gobierno en las puestos de trabajo que surjan vacantes. Aunque esto es perfectamente legítimo, en las condiciones actuales una fuga de cerebros sería dañina al país pues se perderían algunos de sus mejores profesionales. Por otra parte, el que algunos profesionales cubanos vayan a trabajar a los organismos internacionales tiene ventajas formativas importantes para el país, en función de la experiencia que pueden adquirir y su eventual aplicación a Cuba en caso de que el profesional regrese.

Las agencias de las Naciones Unidas

La Organización de las Naciones Unidas representa una amplia familia de organismos internacionales que se ocupan de diversos grupos de actividad económica y de otra clase. El Ministerio de Relaciones Exteriores del gobierno de transición en Cuba deberá revisar las políticas vigentes con los diversos organismos y reformularlas en función de los nuevos objetivos oficiales. No obstante, algunos de esos organismos serán más importantes para la transición que otros. Por ejemplo, el Programa de las Naciones Unidas para el Desarrollo (PNUD) puede ofrecer asistencia técnica en una variedad de situaciones. [57] Otro organismo que puede ser especialmente útil para Cuba durante la recuperación económica es la Organización Mundial del Comercio, pues el acceso de Cuba a mercados internacionales de exportación para generar los ingresos que necesita será uno de los desafíos más serios del país. Puede esperarse que la Organización Mundial de la Salud brinde asistencia en el ámbito de la salud pública y especialmente asistencia técnica en caso de que algún problema específico de tipo epidemiológico pueda estar afectando al país. Otros organismos importantes en la transición serán la Organización Internacional del Trabajo (OIT), ofreciendo sus conocimientos y experiencia en materia de legislación y protección laboral; la Organización de las Naciones Unidas para la Educación, la Ciencia y la Cultura en la reorganización del los sectores correspondientes y así sucesivamente.

No es ocioso insistir que las autoridades del gobierno de transición a cargo de negociar con estas instituciones deben estar debidamente preparadas para ejercer sus funciones. Al igual que lo dicho para otros organismos, aunque los funcionarios cubanos deben poder aprovechar los recursos técnicos de estos organismos, no deben tampoco depender ciegamente de los mismos si no tienen la capacidad de evaluar los servicios que puedan brindar.Ningún organismo internacional, por prestigioso que

---

57 El PNUD puede ofrecer valiosos y muy útiles servicios a los gobiernos anfitriones, pero muchas veces funciona como una firma consultora o de servicios administrativos que cobra por su trabajo. Estos servicios deben ser evaluados críticamente por los funcionarios cubanos para asegurarse que no existen mejores alternativas para el país. En un pasado, el PNUD tenía suficientes fondos como para financiar ciertos programas de asistencia, pero esa capacidad ha estado severamente restringida en los últimos años.

pueda llegar a ser, es un sustituto aceptable del interés nacional cuando está representado por los funcionarios conscientes y competentes del país anfitrión. Pero del mismo modo que esta última condición no siempre se logra, los organismos internacionales tampoco son infalibles con relación a la calidad técnica y ética de los funcionarios o consultores que forman parte de sus misiones.

La ayuda de otros países

Aunque es de esperar que la ayuda que provenga de otros países no sea de la misma magnitud de la que vendría de Estados Unidos, esta ayuda debe ser considerada favorable en principio y bienvenida por las autoridades cubanas. Sin embargo, al igual que con relación a la ayuda de Estados Unidos y la que provenga de organismos multilaterales, es imprescindible que las autoridades cubanas tengan ideas bien claras de los resultados finales de esa ayuda. Los diversos países tienen agencias de asistencia externa que varía en estilos administrativos. Muchas veces el país anfitrión quiere coordinar los planes de ayuda de diversas fuentes, incluyendo las bilaterales junto a las multilaterales y muchas veces tal coordinación fracasa, por lo menos con relación a su diseño inicial.

La ayuda bilateral más importante que se puede esperar Cuba reciba será de los siguientes países (en orden alfabético): Alemania, Canadá, España, Francia, Holanda, Italia, Japón, Reino Unido, Suecia y Suiza. También pueden esperarse organismos no gubernamentales o fundaciones de diversos países que operando fuera de las esferas oficiales lleguen a ofrecer ayuda exterior.

Uno de los elementos más importantes a tener en cuenta con la ayuda bilateral es que los requisitos de los países donantes muchas veces demandan una gran cantidad de atención por parte de los anfitriones. Esta condición puede convertirse en una distracción de gran magnitud para los funcionarios cubanos que supuestamente tienen que atender otras muchas tareas con los recursos propios de Cuba en el proceso de transición. Y digo supuestamente porque hay muchos casos, a los que ya nos hemos referido en este texto pero que vale la pena repetir, en que los funcionarios no tienen ideas claras de sus misiones y funciones y dejan que sean las agencias extranjeras las que determinen sus agendas. Esta proposición no carga en lo más mínimo un prejuicio o rechazo xenofóbico sobre la ayuda externa. El punto es que no tiene sentido que los funcionarios cubanos, como sucede en otros muchos países que reciben recursos de estas fuentes, no sean los principales agentes decisorios en la reconstrucción de la economía del país.

Muchas veces la ayuda bilateral viene en formas que, aunque bien intencionadas, no son necesariamente las más aconsejables para el país que las recibe. Este fenómeno muchas veces se explica cuando los funcionarios del país donante, que muchas veces residen en el país anfitrión y llegan a tener un cierto grado de conocimientos sobre el mismo, no confían en la capacidad de los nacionales de definir lo que quieren o lo que el país necesita. Esta triste situación se verifica con demasiada frecuencia y es un preámbulo o indicador de la vulnerabilidad de que el país acabe con proyectos indeseables.

Esta condición tiende a afectar las relaciones con los países donantes excepto con Estados Unidos pues este país tiene posiblemente el sistema de asistencia internacional mayor del mundo y con tanta experiencia que tiende a ser más flexible con relación al país anfitrión que los otros. Existen países que presentan planes de ayuda tan rígidos que en algún momento se puede decidir que la ayuda no es conveniente al país anfitrión. El país anfitrión debe tener la capacidad de negociar la ayuda que le conviene y rechazar la que se le impone.

Lo arriba dicho significa que los funcionarios a cargo de coordinar y ayudar a implementar la asistencia bilateral deben tener un nivel de competencia y de autoridad compatible con las funciones descritas en el párrafo anterior. Si, por otro lado, dichos funcionarios no tuviesen el nivel adecuado, los problemas de la ayuda bilateral tiende a escalar los niveles de la burocracia estatal llegando a distraer la atención de niveles jerárquicos que tienen otros deberes. Cuba, en su transición, no debe tener ningún tipo de complejo de inferioridad frente a los representantes de gobiernos extranjeros que pueden impresionarlos excesiva e indebidamente desde el primer día a su llegada a Cuba.

El primer día
en el despacho de cualquier alto funcionario

Mujer u hombre, joven o viejo, con experiencia de gobierno o sin ella, todo alto funcionariuo del gobierno de transición estará sometido a la misma rutina que durante décadas se repite de país en país casi siempre que se inaugura una nueva administración gubernamental. Antes de que el recién estrenado funcionario entre en su despacho, es muy probable que ya tenga varias llamadas telefónicas de representantes de diversos niveles de varios organismos internacionales, embajadas, empresas privadas, organismos no-gubernamentales y muchas otras organizaciones del más variado tipo imaginable. El conjunto de llamadas y su variedad dependerá en gran medida del giro del funcionario. Si se trata del Ministerio de Hacienda o Finanzas, o del Banco Nacional o Central, algunas de las llamadas vendrán del Fondo Monetario Internacional y del Banco Mundial. Si se trata del Ministerio de Educación, habrá una gran incidencia de llamadas de los funcionarios dedicados a préstamos sobre educación entre otros. Algunos representantes de organismos internacionales residentes en Cuba en el momento de una transición estarán llamando a todo el mundo, tratando de conocerlos a todos rápidamente para poder ubicarse en medio de la aparente desorganización inicial de todo gobierno y poder operar eficazmente tan pronto sea posible. Los embajadores o diplomáticos de menos rango de diversos países vendrán en algunos casos a ofrecer programas de ayuda o donaciones, unas más atractivas que otras, mientras que empresarios o sus representantes tratarán de conocer a sus posibles nuevos clientes y hasta comenzar a venderles algo.

El hecho es que el teléfono y sólo el teléfono, en combinación con la avalancha de misiones que siguen en poco tiempo a las llamadas, pueden llegar a definir la agenda y el programa de trabajo entero de todo funcionario o funcionaria si ésta no sabe qué hacer con su cargo. Por increíble que parezca, y por muy lamentable que sea, la incidencia de este fenómeno es abrumadora en países subdesarrollados, unas veces porque el recién nombrado funcionario es un incompetente que ocupa el cargo por amistad, relación familiar o simple lealtad política; otras veces por que no tiene la menor intención de hacer un buen trabajo sino más bien de aprovecharse de la posición para usufructo personal y un tercer grupo de casos por una suma de los dos anteriores. Esta será la primera disyuntiva que enfrente cada funcionario cubano cuando sea nombrado para ejercer un cargo que de por sí sería difícil en condiciones normales, sino que va a ser varias veces más difícil porque el mismo cargo tiene que ser reformado en comparación con el que existía bajo el absolutismo castrista hacia el que corresponde a una economía moderna en una democracia.

A todas esta llamadas telefónicas hay que sumarles una serie interminable de misiones que visitarán el país varias veces al año, por una, dos y más semanas a la vez; más un elevado número de invitaciones a reuniones fuera de la oficina del funcionario y del país, recepciones, inauguraciones, fiestas, entierros, seminarios de capacitación en el extranjero, conferencias internacionales, etc. El costo de estas distracciones es prácticamente inmensurable y generalmente nadie protesta, mucho menos los funcionarios que se benefician y entretienen con tanta actividad, mientras dan al público la impresión de que están trabajando y hasta se sacrifican por el beneficio del país.

El antídoto principal para enfrentar todas estas condiciones contrarias al interés público es que el gobierno de transición y los sucesivos tengan un programa de trabajo bien definido y lo suficientemente detallado que se traduzca en programas de trabajo para cada alto funcionario, que responda a los intereses de la nación y no a los intereses de los solicitantes. Los sistemas administrativos correspondientes deben estar organizados de manera que tales programas de trabajo incluyan metas de logros verificables de manera que cada uno rinda cuentas por su labor periódicamente. Todo esto puede estar complementado con la supervisión de órganos legislativos y también por los reportajes de una prensa independiente que pueda interesar a la ciudadanía en darle seguimiento a las labores de gobierno.

Capítulo X
ESTRATEGIA PARA UNA TRANSICIÓN

En las sociedades no abundan los visionarios y la cultura cubana o quizás pueda decir, el cubano típico, no es una excepción. Con pocas personas he podido comenzar y mantener un intercambio serio y sostenido sobre el futuro de Cuba, no sólo sobre su economía sino además sobre otros aspectos de la sociedad. En general, han sido pocos los interesados en hablar del futuro de Cuba más allá de querer saber cuándo «se cae» Fidel Castro. La atención del devenir cubano parece haberse concentrado en determinar cuándo va a desaparecer el castrismo o cómo puede acelerarse el proceso. La denuncia ha predominado sobre el análisis y, especialmente, sobre la preparación para el futuro. Y en este proceso se ha dado a veces la impresión de que muchos creen que el retorno a la república prerrevolucionaria incluso a la prebatistiana ha de darse automáticamente una vez el poder absoluto de Fidel Castro haya desaparecido.

Tampoco es una característica frecuente en el ciudadano promedio de cualquier nacionalidad que sea propenso al pensamiento estratégico, especialmente cuando se enfrenta a problemas de gran trascendencia y complejidad. De hecho, es poco común para cualquier ciudadano que se vea precisado a meditar sobre las grandes cuestiones nacionales. Incluso cuando muchos se enfrentan a las grandes cuestiones de estado, una elevada proporción reacciona como si tales problemas estuvieran fuera de su alcance, incluso como si algunos de los problemas que se plantean no fueran solubles o que la solución esté completamente fuera de sus manos.

Sin embargo, quiérase o no, el estado en que la revolución está dejando a la economía cubana y al resto de la sociedad invita a pensar que es necesario que algunos cubanos reflexionen sobre el futuro del país, qué es lo que se desea y cómo lograrlo. A menudo se escuchan consignas martianas como la de construir una patria «con todos y para el bien de todos» que son muy bonitas pero no incluyen un átomo de la fórmula para construir ese país.

Esta actitud esconde un fatalismo sobre el cual podemos discutir si es debido a una incapacidad intrínseca para resolver grandes problemas, o si en nuestra cultura hay inherente un pesimismo o desconfianza en nuestra capacidad para la acción colectiva que nos convierte en espectadores y no en autores de nuestros destinos. La realidad es que cien años después de la fundación de la República de Cuba repetimos la historia y hoy como ayer seguimos sin proyectos concretos de nación. Sin duda existen grupos en Cuba que piensan en el futuro, como existen en el exilio y reconocemos más abajo, pero en el discurso cubano lo que predomina es la crítica al régimen y la denuncia de sus abusos, especialmente en el área de los derechos humanos, labores necesarias pero insuficientes pues no incluyen la preparación ciudadana para el futuro. No tenemos muchas propuestas claras, mucho menos algún consenso sobre cuestiones críticas de nuestra nacionalidad como qué clase de educación debe impartirse a los jóvenes, qué clase de administración de justicia, cómo va a reconstruirse la economía cubana, de qué tamaño deben ser las fuerzas armadas, cómo se va a llegar a un nuevo marco constitucional, cómo se va a organizar la transición a una democracia y muchas otras cuestiones.

El énfasis de la mayor parte del material cubierto hasta aquí se ha colocado en qué hacer en una transición y cuáles son los objetivos de una economía de mercado. En el transcurso de las presentaciones de los diversos temas, hemos podido ver que hay que trabajar en muchos frentes al mismo tiempo. Una economía de mercado no se monta simplemente por decretos del gobierno, sino que se requiere el concurso de muchas instancias ciudadanas y estatales.

El énfasis de este último capítulo está en cómo llevar a cabo una transición. Primeramente, cómo hay que concebir y planear un gigantesco esfuerzo de desarrollo institucional y organizativo y al mismo tiempo manejarlo y llevarlo a cabo materialmente y con éxito. En este punto cabe añadir una tercera deficiencia en nuestra cultura y es la carencia de suficiente comprensión del concepto de lo que en inglés se llama *management* y que nunca hemos podido traducir con precisión al castellano sin que el término pierda el verdadero significado de este concepto.[58] Se ha intentado la palabra gerencia, la de gestión y también la de administración pero

---

58 Es un hecho que el inglés es la lengua de las culturas más creativas de la actualidad, sin desdecir de las otras culturas que también han contribuido al desarrollo de las ideas y la tecnología moderna. El flujo constante de nuevas palabras no es sino el reflejo lingüístico de esa creatividad y dinamismo. Pero ha sido el inglés, que además tiene una riqueza de raíces y una flexibilidad que le permite inventar palabras con absoluta libertad, el que ha desarrollado últimamente más términos y conceptos, lo cual lo convierte en un idioma que toda persona que desee estar al día de los últimos adelantos tiene que aprender, por lo menos a leerlo.

todas se quedan cortas en cubrir el concepto en todas sus aristas. Por estas razones y con el fin de mantener el concepto vivo en la mente del lector, utilizaremos el término en inglés con frecuencia. Lo reemplazaremos intermitentemente por la voz *manejo* o *dirección* cuando venga al caso. *Management* es el manejo integral de todos los recursos que intervienen en la realización de una obra, proyecto o tarea hasta su conclusión. El concepto es inclusivo del manejo de personal y de recursos materiales. También se refiere al manejo de todo aquel factor que intervenga en el proceso correspondiente, por ejemplo, el financiero, el sicológico, las situaciones, las relaciones públicas, etc. Si en su lugar queremos usar el concepto de gerencia enseguida encontramos que implica autoridad y mando. Pero si empleamos el concepto de administración introducimos el concepto de manejo de una operación de rutina, de manera estructurada y en ciertos de sus aspectos, no de una manera integral. *Management* implica no sólo el uso de la autoridad para dirigir personal y tomar decisiones, sino la responsabilidad de que el sistema funcione eficientemente como un todo.

Con estas definiciones dadas podemos proseguir con el material del capítulo que está dedicado a cómo concebir una estrategia de transición, sino también cómo manejarla en el sentido amplio y moderno de *management*. El problema es cómo poner estos conceptos a contribución de manera de lograr una transición exitosa, aun cuando no pueda ser perfecta.

Consideraciones generales

Sabemos que Castro es el principal obstáculo a una reforma profunda de la economía cubana. Sin embargo, esto no quiere decir que sea el único obstáculo. Si una vez desaparecido Castro no hay una cambio significativo, incluso radical, en las esferas más altas del gobierno, también puede suponerse con un alto grado de confianza que otros altos dirigentes se opondrán a llevar a cabo reformas en la economía para modernizarla y desarrollarla.

Este libro ha sido escrito para el estudio de aquellas personas dentro y fuera del gobierno cubano, residentes en la isla o en el exilio, que tengan interés en una transformación seria, profunda y organizada de la economía cubana basada en amplias libertades individuales. El objeto primordial es que esa transición sirva para mejorar los niveles de producción y eficiencia de la economía y, en última instancia, el nivel de vida de los cubanos. Por lo tanto, en este capítulo abordaremos el problema de cómo el país en su conjunto debe prepararse para una transición o proceso de reforma cuando la misma sea factible.

Aunque es difícil que una nación entera se prepare al unísono para una transformación de la naturaleza que aquí se plantea, es obvio que algún grado de preparación es mejor que ninguno. Muchos ciudadanos esperarán que los cambios se sucedan unos a otros para identificar las oportunidades que ellos sepan y decidan aprovechar. Eso no está mal. El comportamiento ciudadano individual es parte de la recuperación de los volúmenes de producción. El problema está en que los comportamientos individuales no pueden por sí sólos crear las instituciones y la organización de una economía de mercado. Se necesita una medida de acción colectiva, una cierta convergencia o coordinación de acciones individuales para dar todos los pasos que se han descrito a lo largo de este libro. Las reformas necesarias no se darán automáticamente o por generación espontánea. Lo paradójico de una transición de una economía estatizada hacia una de mercado es que tiene que hacerse a partir del estado, pues es en el estado donde se encuentran concentradas las fuerzas y los recursos capaces de transformar la economía.

Lo ideal sería que el gobierno que va a realizar la transición tenga definidos, por lo menos, los lineamientos generales de un plan de trabajo. A estas alturas del libro, el lector habrá podido apreciar que los problemas de una transición son muy complejos, aunque hay principios generales que pueden seguirse, la estrategia concreta debe adaptarse a las condiciones existentes en Cuba y las decisiones correspondientes no pueden formularse en corto tiempo. Una vez que exista un gobierno dispuesto a llevar a cabo una reforma profunda, no pasará mucho tiempo sin que la población comience a exigir medidas y resultados concretos. Sin embargo, si el gobierno a cargo de la transición comienza en ese momento a pensar por primera vez cómo hacerla, el proceso no sólo habrá de demorarse sino que probablemente siga trayectorias insospechadas y posiblemente indeseables. Pocas cosas pueden ser más dañinas al comienzo de una transición que una política vacilante o zigzagueante por parte de las autoridades a cargo de la misma o la carencia de un programa claro de reformas. Los cubanos van a querer que se tomen medidas rápidas tan pronto las reformas sean factibles, pero además de las medidas van a exigir resultados rápidos, lo cual no ocurre con frecuencia en los asuntos económicos de ninguna nación.

Por consiguiente, si existen grupos u organizaciones políticas que aspiren a participar o incluso estar a cargo de la transición y los mismos esperan tener el proceso encima para entonces nombrar comisiones asesoras para discutir qué hacer, formular planes de acción, nombrar al personal ejecutivo de las reformas, buscar los recursos necesarios, etc., la transición será seguramente muy difícil, lenta, ineficiente, incompleta y errática en el mejor de los casos y posiblemente será un desastre. Cabe preguntarse, sin embargo, como lo hemos hecho en otras partes de este libro ¿quiénes serían esos grupos? ¿Quiénes serían sus miembros? ¿Cómo llegarían a una posición de poder? Como que las respuestas a estas preguntas no se sabrán hasta el instante mismo en que la transición sea factible, hay que enfrentarse a una especie de paradoja, la imposibilidad de preparar la reforma colectivamente con suficiente anticipación. Parte de esa paradoja es resultado de que el régimen actual prohíbe la organización de cualquier grupo político por considerarlo una amenaza para su estabilidad. No obstante esta paradoja, hay que encontrar una manera de marchar hacia un proceso de reforma con el mayor grado posible de preparación a pesar de las circunstancias, si no es en grandes grupos organizados, tendrá que ser en forma individual o de pequeños grupos.

Pero, cabe preguntarse también, ¿qué sentido tiene prepararse para una transición antes de que la población manifieste sus preferencias sobre el tipo de sistema político y de economía que desea en el futuro? ¿No será más práctico o sencillamente factible esperar a que se den los cambios necesarios en el gobierno actual para entonces a) definir qué sociedad quieren los cubanos y b) formular la estrategia de transición para llegar a ella?

Proponer que exista un cierto grado de definición y de preparación para el futuro puede sonar utópico, especialmente a una población que ha estado marginada de casi toda acción política y que, por ende, por los últimos cuarenta y cuatro años ha jugado un papel eminentemente espectador y pasivo en las decisiones del país. Es sabido que el comportamiento preventivo o el anticiparse a los acontecimientos, especialmente si los comportamientos necesarios son de acciones colectivas entre números elevados de personas, no forma una parte destacada de la cultura cubana.

No obstante, si la población cubana adopta la posición pasiva que se puso de manifiesto con la desaparición del orden constitucional el 10 de marzo de 1952 y con la desintegración de la nación cubana dirigida por Castro, Cuba corre el riesgo de que la historia se repita y de quien se apodere del gobierno en el postcastrismo siga una trayectoria totalmente divorciada del interés de los cubanos. Frente a esta posibilidad, no creo que exista otra alternativa que prepararse para evitarla, pues el interés nacional cubano no va a lograrse automáticamente después de la desaparición de los gobernantes actuales. Por difícil que parezca, será una medida de la capacidad de una sociedad, o más bien, de la capacidad de una masa crítica de sus habitantes de dirigir los destinos de la nación.

Pero antes de examinar o proponer acciones específicas para lograr la reconstrucción de la economía cubana y el advenimiento de una república como la que vagamente muchos vienen definiendo desde antes de 1902 pero pocos consiguen definir con precisión, forcemos nuestra imaginación y tratemos de proyectar o extrapolar hacia el futuro lo que parece que sucedería en Cuba si las tendencias actuales prevalecen. Pocas parecen haber sido las organizaciones cubanas que se han esforzado en vislumbrar un futuro para el país con proyectos concretos de reforma. Entre ellos hay que mencionar, en orden cronológico, los trabajos y esfuerzos de la organización Cuba Independiente y Democrática fundada y dirigida por el Comandante Hubert Matos y los de la Fundación Nacional Cubano-Americana bajo la dirección del fallecido empresario Jorge Más Canosa. También es justo reconocer que Felipe Pazos, el fundador del Banco Nacional de Cuba en 1949, ya fallecido fue el primero en escribir un trabajo sobre la reconstrucción económica de Cuba a principios de la década de los ochenta.

También deben mencionarse los numerosos trabajos sobre el futuro de Cuba que se han ido publicando anualmente desde 1991 por un gran número de autores en el contexto de la Asociación para el Estudio de la Economía Cubana (ASCE) con sedes principales en las ciudades de Washington y Miami y que al momento de escribir este libro ya alcanzan los trece volumenes. Estos trabajos están accesibles por computador en http://ascecuba.org/. Igualmente hay que reconocer los trabajos y las publicaciones del Instituto de Estudios Cubanos y Cubano Americanos de la Universidad de Miami, disponibles en el portal http://ctp.iccas.miami.edu/ correspondiente al Proyecto Transición en Cuba. Aunque hay muchas otras organizaciones y personas individuales preocupadas por el futuro de Cuba y laborando de alguna manera para facilitar el triunfo de una democracia, no son muchos los que han formulado planes para el establecimiento de alguna forma de democracia o para la reconstrucción de la economía. Una excepción han sido los trabajos de Antonio Jorge, profesor de la Universidad Internacional de la Florida. Finalmente y cuando la redacción de este libro llegaba a su fin, la Comisión para la Asistencia de una Cuba Libre (Commission for the Assistance of a Free Cuba, 2004) del Departamento de Estado de Estados Unidos emitió su Informe al Presidente proponiendo una serie de medidas que incluyen diversas formas de apoyo que se le pudiera dar al país, a petición del gobierno de transición, una vez que se pueda comenzar un programa de reformas.

Aunque sabemos que los disidentes en Cuba han elaborado trabajos sobre el futuro del país, no se puede descartar que otros grupos de personas residentes en la isla hayan formulado planes con cierto grado de detalle o existan preparativos para el futuro, pero los mismos no son conocidos en el exterior. Recientemente, Osvaldo Payá está dirigiendo un proceso de discusión sobre el futuro de Cuba que se ha denominado «Diálgo Nacional».

Consideraciones específicas

Un programa de transición apropiado (evito decir ideal) debe tener un conjunto mínimo de elementos para que verdaderamente sea un instrumento eficaz para las reformas y debe tener las siguientes características:

- Ser completo, no omitir los componentes esenciales de una economía de mercado;
- Identificar específicamente los cambios que deben llevarse a cabo en las distintas áreas de la economía, como se han descrito en los capítulos anteriores;
- Identificar y obtener los recursos necesarios para las reformas;
- Nombrar al personal ejecutivo a cargo de los cambios en cada área o frente de trabajo;
- Nombrar un estado mayor a cargo de dirigir las reformas al nivel más alto;
- Entrenar al personal a cargo de los cambios;
- Formular un cronograma de trabajo para darle seguimiento a las diversas tareas y asegurar su cumplimiento en los plazos establecidos;

- Vigilar o monitorear la ejecución del programa y
- Mantener a la población informada a través de los medios de comunicación.

Al decir que el programa para la transición debe ser completo se quiere enfatizar que una economía de mercado requiere de diversos componentes institucionales para funcionar. Es una necesidad análoga a la del diseño y construcción de un automóvil con un motor de combustión interna. El automóvil puede tener diversas características pero es imprescindible que el motor cuente con todos sus componentes esenciales pues si uno falta, el motor no funciona. Del mismo modo es necesario que tenga sus sistemas de dirección, de frenos, las ruedas, la suspensión, etc. Muchas veces se critican programas de reforma económica porque no producen los resultados deseados sin que los críticos se percaten o sin que quieran reconocer que las reformas fueron incompletas.

Cada componente de un programa de reforma debe ser debidamente identificado, como se ha ido explicando en los diversos capítulos de este libro. Además, los cambios deben estar claramente detallados, pues no bastan planteos generales como el de «desarrollar el sector financiero» o «resolver las reclamaciones de la propiedad» sin que se formulen programas específicos de trabajo en cada caso. Es posible que en el instante que la transición sea posible no todos los componentes o sectores de la transición cuenten con programas de trabajo detallados, pero los mismos deberán formularse cuanto antes para que la transicion no se retrase. Tal situación se presentará, por ejemplo, en el programa de reformas del sector judicial y en el desarrollo de un nuevo marco constitucional para el país.

Los recursos humanos y financieros que se requieren para diseñar y llevar a cabo las reformas deben definirse y obtenerse a tiempo para las mismas. Es importante que las reformas estén diseñadas de manera realista desde el punto de vista de los recursos que estarán disponibles en cada fase del proceso. Por ejemplo, le reforma del sector judicial requerirá nuevo personal y fondos para llevarse a cabo, pero ¿en qué cuantía? Lo mismo se ha de plantear para otros muchos sectores, donde las limitaciones financieras y de personal han de presentar serios problemas a corto plazo para el gobierno de transición. No todo lo que se desea hacer podrá hacerse desde el primer momento. Siguiendo el ejemplo del sector judicial podemos ver cómo la construcción de nuevos juzgados o la reconstrucción de algunos de los existentes puede tener que demorarse en la medida en que otras necesidades demanden atención rápida, como pudiera ser las reparaciones de hospitales o escuelas en manos del estado.

Debe evitarse a toda costa la improvisación del personal que ha de llevar a cabo las reformas, comenzando con la fase de formulación de programas concretos. Muchas de las tareas a realizar son complejas y todas son importantes y deben planearse y llevarse a cabo de la manera correcta. Estas tareas no son para aficionados o para personas que van a utilizar la oportunidad para hacer predominar sus ambiciones políticas o de otra índole. Es imprescindible que este personal tenga una capacidad de planeamiento y diseño de programas y también de ejecución de los programas que se formulen. Los que no den la talla en sus responsabilidades deben ser reemplazados cuanto antes, del mismo modo que los que se destaquen deben ser debidamente reconocidos y, si es posible, recompensados. Las personas a cargo del diseño no tienen que ser las mismas que estén a cargo de la ejecución, pero deben trabajar en coordinación. Es fácil diseñar lo que no se puede llevar a cabo o llevar a cabo algo que no fue precisamente diseñado o incorporado en un plan.

El trabajo de las reformas es a tiempo completo. No es realista intentar manejar las diversas instancias del estado al mismo tiempo que se intenta reformarlas. El personal a cargo de las reformas debe ser distinto al personal a cargo del manejo diario de los sistemas administrativos heredados del gobierno anterior. Intentar hacer las reformas con el mismo personal que está a cargo de la administración pública es una fórmula segura para el fracaso de las reformas. Eso no significa que no haya colaboración entre los dos grupos de personas pues hacer que los sistemas administrativos continúen haciendo algunas de sus funciones mientras se reforman requiere una cierta cantidad de coordinación de esfuerzos. Sin embargo, hay que tener en cuenta que el programa de reformas es prioritario y que, en general, no debe detenerse o desviarse de los planes originales, a menos que existan razones de fuerza mayor para hacerlo o adaptar las formas específicas de implementar las reformas a las necesidades de las operaciones que deben llevarse a cabo sin mayores interrupciones.

Debe haber una oficina a cargo de la visión de conjunto, de la planificación estratégica del proceso y de la dirección general del programa de reformas como parte de la transición. Esta oficina debe estar constituida por una planta pequeña de personas pero de gran capacidad ejecutiva, con autoridad suficiente para nombrar, promover o despedir al personal a cargo de programas específicos de reformas en la economía. Esta oficina debe estar dirigida por una persona de alto rango que reporte directamente a los niveles más altos del gobierno de transición. Al mismo tiempo, la oficina estará a cargo de coordinar la diseminación de información al público sobre la marcha de las reformas cuidando de que la información ofrecida sea veraz y completa, mientras se facilita al mismo tiempo el acceso de los medios de comunicación a las diversas fuentes de información que puedan surgir sobre la marcha del proceso.

Es imprescindible preparar a todo el personal a cargo de las diversas tareas del programa de reforma. Dicho programa es una tarea única para la cual casi nadie tiene experiencia o conocimientos muy concretos. El objetivo de la preparación del personal es hacer que las reformas sigan el plan preestablecido y se eviten improvisaciones indeseables. Por supuesto que no todo puede preverse en este tipo de esfuerzo y se haría necesaria la improvisación si los diversos equipos de trabajo encontrasen situaciones imprevistas en los planes. Pero tales improvisaciones debieran ser la excepción y no la regla del programa de reformas. El objetivo de la preparación del personal para las reformas es que cada actor conozca su papel y sus reponsabilidades en las áreas correspondientes de trabajo, que tenga la descripción de las mismas por escrito y que sepa quién es su supervisor directo.

El programa de reformas debe estar plasmado en un cronograma de trabajo donde se definen con precisión las metas a alcanzar en cada fase del proceso. Este cronograma debe seguir el método de la llamada Ruta Crítica o PERT que puede aplicarse mediante computadores con uno de los muchos programas existentes para tales efectos. La elaboración de una red de PERT debe ser el mapa por medio del cual se definen las tareas del programa de reformas, se asigna el personal a las diversas actividades y se le puede dar seguimiento a la ejecución de los trabajos y al cumplimiento de las diversas metas. Este último aspecto cubre las necesidades de monitoreo y control de la ejecución de las reformas. Este tipo de programa también produce automáticamente hojas de trabajo para cada una de las personas identificadas en las tareas de manera que les sirva de derrotero o guía a seguir en el proceso.

En un programa de reformas que se lleve a cabo a la vez que se intenta desarrollar un sistema democrático de gobierno es indispensable que la ciudadanía tenga a su alcance la información que necesita para hacer sus propias evaluaciones de la marcha del proceso. La producción de información precisa sobre el proceso es tarea de la oficina coordinadora o «estado mayor» de las reformas lo que se hace necesario para que la población genere algún grado de confianza en las autoridades a cargo de la transición después de décadas de decisiones secretas por el gobierno castrista donde la población ni siquiera pudo jugar el papel de un espectador bien informado.

Por último, es necesario destacar que todo proceso de reformas tiene opositores y hasta enemigos. La planificación estratégica del proceso consiste en mucho más que un catálogo de cambios donde se listan las reformas sin definir cómo se van a llevar a cabo. El plan estratégico debe identificar los obstáculos a vencer, específicamente las áreas de resistencia que pueden surgir de parte de las agencias que sufrirán cambios y también de parte de la población que puede sentirse afectada por algunos de los cambios. (Esto aparte de los elementos de la población que puedan ser movilizados para protestas callejeras bajo diversas banderas o agendas políticas.) Una parte de la planificación estratégica es preparar a la población para las reformas informando y discutiendo amplia y sistemáticamente los planes correspondientes incluso antes de que las reformas comiencen. Un elevado grado de comprensión de la población sobre las reformas ayudaria a disminuir la resistencia al cambio y facilitaria el proceso.

Capítulo XI
EPÍLOGO

Muchos han sido los temas que se han tratado en este libro y, sin embargo, muchos han sido también los que no se han podido tratar por consideraciones de espacio. Incluso algunos de los temas discutidos merecen un tratamiento mucho más extenso y profundo. Pero esto no era compatible con el objetivo del libro que es ofrecer una visión general, sintética y amplia de los problemas de la transición en Cuba. En el mejor de los casos, el libro es un catálogo parcial de temas que merecen seguir siendo tratados con mayor detalle y profundidad en otros trabajos o libros más especializados. Por ejemplo, el tema de la reconstrucción del sistema educativo debe estudiarse más detenidamente, indicando los problemas actuales y proponiendo soluciones alternativas y modos de lograrlas como lo hacen Cruz-Taura (2002) y Gómez (2002). Dentro de la temática educativa, cabría todo un tratado para hablar de cada uno de los niveles, o sea, el primario, el secundario y el universitario o terciario, además de las formas vocacionales o técnicas.

El tema de la seguridad social, como lo demuestran los trabajos de Pérez (1998), Mesa-Lago (2000 y 1998), Díaz-Briquets (2002) y Donate-Armada (2002) también necesita un detenido análisis pues la gravedad y complejidad de los retos que presenta, en especial las consecuencias del alto grado de envejecimiento de la población cubana, serán de gran preocupación y de altísima prioridad para cualesquiera que sean los futuros gobiernos de la nación. Junto con la seguridad social en materia de pensiones la cuestión de los servicios asistenciales y preventivos de la salud también merece una atención que aquí no se les ha podido prestar por su extensión. Dentro de esta temática hay que estudiar el papel del estado en la provisión de esos servicios y qué se puede esperar de un sector privado inexistente y cómo crearlo y promoverlo. El envejecimiento de la población cubana también tiene una incidencia muy significativa en este sector y en su financiamiento.

Un tópico de suma importancia que brilla por su ausencia en el libro es el del medio ambiente, lo que ha sucedido bajo el socialismo y los problemas que se presentarán en una transición futura. Un desarrollo inversionista en que las empresas no tengan que preocuparse por restricciones de tipo ambiental puede ser muy favorable a una rápida recuperación de la economía, pero ¿a qué precio a largo plazo? Las consideraciones que hay que tener en cuenta para lograr un rápido desarrollo con un equilibrio aceptable en materia ambiental merecen un amplio y cuidadoso tratamiento. La omisión de estos temas es principalmente resultado de mi propia falta de conocimientos, que aunque son problemas que me preocupan sólo conozco de manera fragmentaria y superficial. Cabe mencionar los trabajos de Daley (2002), Díaz-Briquets y Pérez-López (2001) y Leiva (1998) y la necesidad de que se elaboren más estudios al respecto.

Otro tema que no ha sido tratado aquí es el de la organización de los gobiernos provinciales y municipales y el grado en que los mismos deben tener alguna autoridad tributaria y gozar de formas de centralización política y fiscal para que puedan manejar sus propios asuntos y recursos. Un asunto correlativo al de los poderes regionales y locales que merece atención es la reconstrucción de las ciudades cuyo mantenimiento fue abandonado por el gobierno cubano por espacio de varias décadas, con las ruinosas consecuencias que ya se han hecho visibles y la necesidad de preservar el patrimonio histórico y cultural del país por medio de su arquitectura y su planificación física.

De igual modo podemos citar otros temas omitidos como: los métodos más aconsejables para resolver las reclamaciones sobre propiedades confiscadas y otras reclamaciones, la necesidad de definir políticas sobre sistemas de comunicaciones, qué hacer con las medidas que se tomaron inicialmente por el gobierno revolucionario en cuanto a las reformas agrarias, qué políticas energéticas pueden ser aconsejables, lo mismo sobre las políticas de investigación y desarrollo, etc.

La ausencia de estos temas y otros en el libro no debe interpretarse como que son menos importantes y pueden ser ignorados en el plan de gobierno de una transición. Tales problemas requieren un tratamiento inmediato aunque sepamos que las soluciones que cada caso requiera probablemente necesite muchos años y, especialmente, una recuperación robusta de la economía cubana. Por otra parte, no todas las soluciones dependerán de las acciones gubernamentales. Hay que tener en cuenta que el gobierno de transición tendrá una capacidad limitada para formular políticas y soluciones para todos los problemas que aquejan al país y una capacidad también limitada para llevar las políticas y las soluciones a la práctica.

En resumen, los temas discutidos en el libro sólo constituyen un punto de partida para continuar los estudios sistemáticos sobre una transición y la preparación de los cubanos en tal esfuerzo. El libro es sólo un intento de contribuir a que la transición sea una oportunidad para que los cubanos logren su plena libertad tanto en lo económico como en lo político mediante acciones colectivas deliberadas y coordinadas de los ciudadanos, evitando la prolongación de la tiranía actual.

REFERENCIAS BIBLIOGRÁFICAS

Acosta, José D., «El marco jurídico-institucional de un Gobierno Provisional de Unidad Nacional en Cuba» en *Cuba in Transition*, Vol. 2, ASCE, Miami, Florida, 1992.

Aguilar León, Luis, *Todo Tiene su Tiempo: Tiempo de Llorar, Tiempo de Reir, Tiempo de Soñar y Tiempo de Pensar*, Ediciones Universal, Miami 1997.

Alberdi, Juan Bautista, *Bases y Puntos de Partida para la Organización Política de la República Argentina*, Ciudad Argentina, Editorial de Ciencia y Cultura, Buenos Aires, 1998.

Alienes y Urosa, Julián, *Características Fundamentales de la Economía Cubana*, Banco Nacional de Cuba, La Habana, 1950.

Álvarez, Ignacio, *Cuba, Sometimiento, Razón de Estado*, edición privada impresa en los talleres de U.S. General Printing, Miami, Florida, 1997.

Amuchástegui, Domingo, «FAR: Mastering Reforms» en *Cuba in Transition*, Vol. 10, ASCE, Washington, D.C. 2000.

Åslund, Anders, «Problems with Economic Transition in Ukraine,» en Blejer, Mario I. y Skreb, Marko (editores), *Transition: The First Decade*, The MIT Press, Cambridge, Massachusetts, 2001.

Banfield, Edward C., *The Moral Basis of a Backward Society*, The Free Press, New York, 1958.

Barro, Robert J. y Sala-i-Martin, Xavier, *Economic Growth*, McGraw-Hill, New York, New York, 1995.

Belt, Juan A. B., «The U.S.» Constitution and Private Property: Reflections for Cuba en *Cuba in Transition*, Association for the Study of the Cuban Economy, Miami, Florida, 2003.

Bernal, Beatriz, *Las Constituciones de Cuba Republicana* o *Cuba y sus Constituciones Republicanas* (el primer título aparece en la portada y el segundo dos veces en las páginas 1 y 3), Instituto y Biblioteca de la Libertad, Miami, Florida, 2003.

Betancourt, Ernesto, «Cuba´s Balance of Payment Gap, the Remittances Scam, Drug Trafficking and Money Laundering», en *Cuba in Transition*, Vol. 10, ASCE, Washington, D.C. 2000.

Betancourt Roger R. y Seigle, Carlos, «Economic Development in the Tropics: Fiction or Possibility», en *Cuba in Transition*, Vol. 8, ASCE, Miami, Florida, 1998.

Buchanan, James M., «The Domain of Constitutional Economics», *Constitutional Political Economy*, Vol. 1, 1.

Carbonell-Cortina, Néstor, *Grandes Debates de la Constituyente Cubana de 1940*, Ediciones Universal, Miami, Florida, 2001.

—— «Redescubrimiento de la Constitución» en *El Nuevo Herald*. Miami, Florida, septiembre 2001.

—— «Y sin Embargo Pervive» en *El Nuevo Herald*, Miami, Florida, octubre 2001.

—— «La Constitución de 1940: Simbolismo y Vigencia» en *Cuba in Transition*, Vol. 7, ASCE, Washington, D.C. 1997.

Chamberlin, Edward Hastings, *The Theory of Monopolistic Competition*, Harvard University Press, Cambridge, Massachusetts, 1962.

Commission for Assistance to a Free Cuba, *Report to the President*, U.S. Department of State, Washington, D.C., 2004.

Cooter, Robert D., *The Strategic Constitution*, Princeton University Press, Princeton, New Jersey, 2000.

Córdova, Efrén, *Clase Trabajadora y Movimiento Sindical en Cuba, Volumen I, (1819-1959)*, Centro de Investigaciones y Estudios Laborales, Florida International University & Ediciones Universal, Miami, 1995.

Cruz-Taura, Graciella, «Rehabilitando la Educación en la Cuba que Transita», en *Cuba in Transition*, Vol. 12, ASCE, Washington, D.C. 2002.

Daley, Larry S., «Restoration of Cuban Gallery Forests, Especially on the Banks of the Bayamo and other Rivers of the Cauto Basin» en *Cuba in Transition*, Vol. 12, ASCE, Washington, D.C. 2002.

Dawkins, Richard, *The Selfish Gene*, Oxford University Press, Oxford, 1976.

De la Cuesta, Leonel, *Constituciones Cubanas: Desde 1812 hasta nuestros días*, Ediciones Exilio, New York, 1974.

De Soto, Hernando, *El Otro Sendero: La Revolución Informal,* Instituto Libertad y Democracia, Lima, 1987.

Díaz-Briquets, Sergio, «Cuba´s Future Economic Crisis: The Ageing Population and the Social Safety Net» en *Cuba in Transition*, Vol. 12, ASCE, Washington, D.C. 2002.

B y Pérez-López, Jorge, *Conquistar la Naturaleza: El Legado Ambiental del Socialismo en Cuba*, EDAMEX, México, 2001.

Domínguez, Jorge I. «A Constitution for Cuba´s Political Transition: The Utility of Retaining (and Amending) the 1992 Constitution», *Cuban Transition Project*, Institute for Cuban and Cuban-American Studies, University of Miami, Miami, Florida, 2003.

Donate-Armada, Ricardo A., «The Aging of the Cuban Population» en *Cuba in Transition*, Vol. 11, ASCE, Washington, D.C. 2001.

Easterling, Richard, *The Elusive Quest for Growth: Economists= Adventures and Misadventures in the Tropics*, Cambridge, Massachusetts, The MIT Press, 2001.

Friedman, Milton, *Capitalism and Freedom*, The University of Chicago Press, Chicago and London, 1962.

Gómez, Andy S., «The Role of Education in promoting Cuba´s Transition into the International Society: Lessons in Transition from the Post-Communist States of Central and Eastern Europe» en *Cuba in Transition*, Vol. 12, ASCE, Washington, D.C. 2002.

Gómez Manzano, René, «Constitución y Cambio Democrático en Cuba» en *Cuba in Transition*, Vol. 7, ASCE, Washington, D.C. 1997.

Hernández Catá, Ernesto, «Economic Policy in Cuba´s Transition to a Market Economy: Lessons from the Russian Experience», en *Cuba in Transition*, Vol. 3, ASCE, Washington, D.C. 1993.

—— «Long-Term Objectives and Transitional Policies-A Reflection on Pazos' "Economic Problems of Cuba», en *Cuba in Transition*, Vol. 1, ASCE, Miami, Florida, 1991.

Jorge, Antonio, «Reconstrucción Socio-Económica: Sugerencias y Recomendaciones para la Cuba Post-Castro», *Cuban Transition Project*, Institute for Cuban and Cuban-American Studies, University of Miami, Miami, Florida, sin fecha.

—— «Privatización, Reconstrucción y Desarrollo Económico en la Cuba Post-Castro», *Cuban Transition Project*, Institute for Cuban and Cuban-American Studies, University of Miami, Miami, Florida, sin fecha.

Leiva, Aldo M., «Promoting and Financing the Development of an Environmental Infrastructure in a Post-Castro Cuba», en *Cuba in Transition*, Vol. 8, ASCE, Washington, D.C. 1998.

Madison, James, El Federalista # 51 en Barniol, Juan (ed.), *Las Ideas Democráticas: Armas de la Libertad*, Freedom House, Washington, D.C., 1998.

Madrid Aris, Manuel, «Education's Contribution to Economic Growth in Cuba», en *Cuba in Transition*, Vol. 10, ASCE, Washington, D.C. 2000.

Martínez Sáenz, Joaquín, *Por la Independencia Económica de Cuba: Mi Gestión en el Banco Nacional*, Editorial Cenit, La Habana, 1959.

Mesa-Lago, Carmelo, «La Globalización y la Seguridad Social en Cuba: Diagnóstico y Necesidad de Reformas», tomado de www.cep.cl/UNRISD/References/Ref_Cuba 2003.

—— *Market, Socialist, and Mixed Economies: Comparative Policy and Performance; Chile, Cuba, and Costa Rica*, Baltimore, The Johns Hopkins University Press, 2000.

—— Comments on «The Pension System of Cuba: The Current Situation and Implications of International Pension Reform Experiences for A dressing Cuba's Problems by Pérez en *Cuba in Transition*, Vol. 8, ASCE, Washington, D.C., 1998.

Miles, Marc A.; Feulner Jr., Edwin J.; and O'Grady, Mary Anastasia, *2004 Index of Economic Freedom*, The Heritage Foundation and The Wall Street Journal, Washington, D.C. and New York, 2004.

Mora, Frank O., «The FAR and its Economic Role: From Civic to Technocrat-Soldier», ICCAS Ocasional Paper Series 2004

Nuti, D. Mario, «Belarus: A Command Economy without Central Planning,» en Blejer, Mario I. y Skreb, Marko (editores), *Transition: The First Decade*, The MIT Press, Cambridge, Massachusetts, 2001.

O'Driscoll, Jr., Gerald. P., Holmes, Kim R., & O'Grady, Mary Anastasia, *2002 Index of Economic Freedom*, The Heritage Foundation, Washington, D.C. y The Wall Street Journal, New York, 2002.

Olson, Mancur, *The Logic of Collective Action: Public Goods and the Theory of Groups*, Harvard University Press, Cambridge, Massachusetts, 1965.

—— *Power and Prosperity: Outgrowing Capitalist and Communist Dictatorships*, Basic Books, New York, 2000.

Pérez, Lorenzo L., «The Pension System of Cuba: The Current Situation and Implications of International Pension Reform Experiences for «dressing Cuba's Problem», en *Cuba in Transition*, Vol. 8, ASCE, Washington, D.C., 1998.

Pérez-López, Jorge F., «Cuban Military Expenditures: Concepts, Data and Burden Measures», en *Cuba in Transition*, Vol. 6, ASCE, Washington, D.C., 1996.

Press, Larry, «Cuban Telecommunication Infrastructure and Investment», en *Cuba in Transition*, Vol. 6, ASCE, Miami, Florida, 1996.

Pujol, Joaquín P. , «Membership Requirements in the IMF: Possible Implications for Cuba», en *Cuba in Transition*, Vol. 1, ASCE, Miami, Florida, 1991.

Quijano, Carlos N., The Role of International Organizations in Cuba's Transition, paper presented at the Cuban Transition Workshop jointly organized by Shaw, Pittman, Potts, and Throwbridge and the Asssociation for the Study of the Cuban Economy, Washington, D.C., 1994.

Ribas, Armando P., *Entre la Libertad y la Servidumbre*, Editorial Sudamericana, Buenos Aires, 1992.

——— *¿Quién es Occidente? Reflexiones Acerca de la Cultural Occidental, su Identidad, sus Orígenes y su Destino*, Editorial Atlántida, Buenos Aires, 1997.

Sánchez, Ignacio E., «Constitutional Protection of Cuban Property Rigths» en *Cuba in Transition*, Vol. 6, ASCE, Washington, D.C. 1996

Sánchez-Roig, Rebeca, «Cuban Constitutionalism and Rights: An Overview of the Constitutions of 1901 and 1940» in *Cuba in Transition*, Vol. 6, ASCE, Washington, D.C., 1996.

Sanguinetty, Jorge A., «El Fetiche de la Constitución del 40» en *El Nuevo Herald*, Miami, Florida, 9 de septiembre de 2001.

——— «Los Nuevos Debates sobre la Constitución del 40» en www.cubafuturo.net, 25 de octubre de 2001.

——— «Capítulo III: La Industria» en Córdova, Efrén (Ed.), *40 Años de Revolución: El Legado de Castro*, Ediciones Universal, Miami, Florida, 1999.

Scully, Gerald W., *Constitutional Environments and Economic Growth*, Princeton University Press, Princeton, New Jersey, 1992.

Smith, Adam, *An Inquiry into the Nature and Causes of the Wealth of Nations*, The Modern Library, New York, 1937.

Sunstein, Cass R., *Designing Democracy: What Constitutions Do*, Oxford University Press, Oxford y New York, 2001.

Travieso-Díaz, Matías F., y Escobar, Steven R., «Overview of Required Changes in Cuba's Laws and Legal Institutions During its Transition to a Free-Market Democracy» en *Cuba in Transition*, Vol. 4, ASCE, Washington, D.C., 1994.

Van den Hauwe, Ludwig, «Constitutional Economics» in Bachaus, Jürgen G., (ed.), *The Elgar Companion to Law and Economics*, Eward Elgar, Cheltenham, UK, 1999.

Vanberg, V.J., *Rules and Choice in Economics,* Routledge, London, 1994.

Wedel, Janine R., *Collision and Collusion: The Strange Case of Western Aid to Eastern Europe*, Palgrave, New York, 2001.

www.ingramcontent.com/pod-product-compliance
Lightning Source LLC
Chambersburg PA
CBHW031116020426

42333CB00012B/110